Las recetas de Rosalía

Cocina saludable basada en la dieta mediterránea

VOLUMEN 1

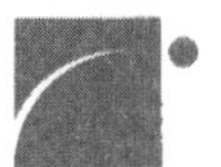

Rosalía Montalbán

Las recetas de Rosalía

Cocina saludable basada en la dieta mediterránea

VOLUMEN 1

Rocaeditorial

Primera edición en este formato: abril 2015

Av. Marquès de l'Argentera, 17, pral.
08003 Barcelona
info@rocaeditorial.com
www.rocaeditorial.com

Impreso por Egedsa

ISBN: 978-84-9918-927-7
Depósito legal: B. 6.657-2015
Código IBIC: WBA

Código producto: RE89277

Índice

A mis hijas Andrea y Aurelia

A José Luis

Agradecimientos

La obra que se presenta es fruto de largos años de trabajo tanto a nivel de investigar y atesorar recetas como de la práctica de las mismas. Con lo cual he aprendido mucho y me he divertido muchísimo pero, sobre todo, me ha permitido compartir mi pasión culinaria con muchas personas, familiares, amigos, compañeros de trabajo y conocidos, que a lo largo de tantos años han enriquecido mi cocina a través de su participación activa «degustando mis recetas». Esta prueba fue esencial para el desarrollo de mi cocina y me permitió seguir avanzando día a día, ya que sin la pasión que despertaban mis platos, mi cocina no hubiera llegado a ser lo que es. Por ello gracias a todos por su generosidad.

Quisiera recordar a mi madre, como experta artesana en los fogones, que desempeñó un papel esencial en mi trayectoria culinaria al trasmitirme el amor por la cocina bien hecha, además de abrirme el camino, al heredar de ella la misión de preparar los alimentos de mi familia durante una década. Todo ello me ayudó a conocer la cocina de mi tierra y además, a aprender a planificar y preparar la comida, al mismo tiempo que adquiría unas habilidades en la cocina desde una edad muy temprana.

También me gustaría recordar a Marita Moscardó que despertó en mí la pasión por la buena cocina y me donó en 1975 sus preciadas recetas familiares, las cuales fueron conformando la base de mi cocina y hoy forman parte de la estructura de este recetario. También quisiera recordar a Margarita Hernández, valenciana de adopción, por su generosidad al ofrecerme los mejores arroces que recuerde haber comido. No puedo olvidarme de Claudette Cugnac del Club de cocina de la Alianza Francesa de Oviedo, en su época de profesora del Club de cocina, por todas sus aportaciones.

Por último, me gustaría agradecer muy especialmente a la doctora Menéndez Patterson, catedrática de Fisiología y profesora Honoraria de la Universidad de Oviedo, su dirección nutricional, sugerencias y apoyo incondicional hacia esta obra; gracias a su aportación y supervisión mi trabajo ha mejorado notablemente.

Mi punto de partida en el mundo de los fogones comenzó a los quince años, en Aragón, cuando empecé a cocinar para mi familia las recetas de mi madre en mi lugar de origen. Años más tarde pasé a vivir en la Comunidad Valenciana donde entré en contacto con la cultura Mediterránea. Aquí tuve la oportunidad de conocer a fondo su cocina y ponerla en práctica, formando alrededor de mi mesa un lugar de encuentro y celebración, donde se compartían y se degustaban parte de las recetas de esta obra a la vez que se socializaba mi cocina. La estancia en Andalucía, concretamente en Sevilla, me facilitó el conocimiento de la cocina andaluza y Asturias, mi residencia actual desde hace casi tres décadas, ha sido la cuna de la gestación y consolidación de esta cocina. Mi pasión por la gastronomía me llevó a investigar en mis viajes las cocinas de los lugares que visitaba. Durante los más de cuarenta años que llevo cocinando he conocido y practicado muchos tipos de cocina y bien podría decir que he preparado comida en la mayor parte de las comunidades de nuestro país, así como en Inglaterra, Francia, Italia, Grecia, Suiza, Alemania y Marruecos. Todo ello me ha permitido conocer otras culturas, otros tipos de cocina y hábitos alimenticios diferentes, filosofías del gusto que fueron enriqueciendo mis conocimientos gastronómicos.

Para terminar diré que en la última década me he centrado exclusivamente en el análisis del patrón de la Dieta Mediterránea y sus efectos positivos sobre la salud, fuentes documentales, aspectos concretos etc., y he tratado de interrelacionar la alimentación como fuente de placer y la salud, la armonía y la proporción, además de explorar las fuentes de la riqueza gastronómica de nuestro país.

Deja que el alimento sea tu medicina y
la medicina tu alimento

HIPÓCRATES 460-377 a.C.

Introducción

La cocina es el arte de guisar y preparar los alimentos adecuadamente para su incorporación al organismo, arte complejo en donde los alimentos no solo deben aportar el placer al paladar y a los sentidos, sino que además, deben cumplir unas funciones nutricionales básicas de crecimiento y reparación del organismo, que nos permita mantener un estado saludable y una buena calidad de vida.

Este recetario se fundamenta en la Dieta Mediterránea y sus patrones saludables de alimentación, «La pirámide alimentaria» por ser una dieta de las que mejor se adapta a la alimentación española. Si bien hoy en día no existe ningún patrón perfecto en alimentación. De acuerdo con la doctora María Dolores Raigón en la introducción del libro *Alimentos Ecológicos Calidad y Salud*, «es casi imposible escoger una dieta que esté libre de todos los riesgos potenciales a los cuales están expuestos los alimentos».

La cocina de este recetario trata de interrelacionar la alimentación como fuente de placer y la nutrición, además de combinar lo mejor de las raíces y la vanguardia pretende ser goce del paladar y de los sentidos. Este tipo de cocina se presenta como una alternativa a la cocina de consumo, representada por la comida rápida y barata, que tan buena acogida tiene entre nuestra juventud y tantas consecuencias negativas les está aportando en su salud corporal bien sea por desnutrición, déficit en algunos elementos al no ser consumidos, o por el contrario por excesos de los mismos con el consiguiente trastorno de obesidad.

Todos los ingredientes utilizados en este recetario son productos frescos y de temporada, donde se prima el aceite de oliva como eje articulador de la receta, contemplando, además, los elementos propios de nuestro país y la ecología. Se utiliza en todas las recetas la sal yodada, debido a la carencia de yodo en la población joven, según las conclusiones de los últimos estudios realizados al respecto.

Entre los objetivos del libro está el de incentivar a la población joven el interés por la gastronomía, adquirir habilidades en la cocina y generar valores en una alimentación saludable, atractiva, equilibrada y variada. Según la doctora Menéndez Patterson, «la regla de oro en la alimentación debe ser la VARIEDAD: Por lo que los modelos para establecer los «menús saludables» deben partir desde la variedad y el equilibrio. Metodología utilizada: cada una de las recetas se ha establecido empezando por una exposición organizada de todos los elementos que constituyen el plato a elaborar y un desarrollo lineal, matizando los puntos más críticos de la misma que evite cometer errores en la elaboración de los platos. Se trata de recetas pensadas para cocinar, fórmulas sencillas y estructuradas, con un lenguaje claro, preciso y ordenado, donde prima la proporción; peso, medida y tiempo, para que a través de su desarrollo se facilite la comprensión de la receta a la hora de su elaboración.

Todo ello tiene una finalidad clara, servir de apoyo a los jóvenes y de utilidad a la hora de ponerse a preparar sus propios menús, para que a través de la participación activa vayan adquiriendo la capacidad de planificar junto con unas habilidades básicas para preparar una comida adecuada, así como aumentar la confianza en la cocina. Las cantidades de cada receta están pensadas, como norma general, para cuatro personas. Especificándose la cantidad de personas, en cada receta, cuando haya un aumento de comensales.

En principio, elaborar platos ricos, apetitosos y saludables puede estar al alcance de nuestra mano y además ser una experiencia divertida, si bien va a estar en función de la materia prima que elijamos, la manera más adecuada de tratar los alimentos y dar con el buen punto de los platos, pero ante todo, va a estar en función de «la pasión» y en «el amor» que se ponga a la hora de elaborar cada una de las recetas.

La dieta mediterránea

OVEJA Y CAB
ARROZ
COPOS
MAIZ

De acuerdo con Antonia Trichopoulou: «La Dieta Mediterránea puede ser definida como el modelo alimentario encontrado en las áreas de la región mediterránea donde crece el olivo, descrita en los años 1950-1960 cuando las consecuencias de la segunda Guerra Mundial habían sido superadas y la cultura de la comida rápida no había alcanzado aún estas zonas».

La Dieta Mediterránea fue definida y puesta de moda por el doctor Ancel Keys (Estados Unidos) a través del estudio de «Los Siete Países» (1950) en el que se demostró que el consumo de grasa monoinsaturada, a través del aceite de oliva, se relacionaba inversamente con el riesgo poblacional de cardiopatía isquémica. En la actualidad ha alcanzado una gran popularidad y ha sido reconocida en el 2010 por la UNESCO como Patrimonio Inmaterial de la Humanidad.

En cuanto a su patrón de alimentación originalmente se basaba en tres alimentos: el aceite de oliva, el pan (el trigo) y el vino. El trigo ha sido el representante más constante y el principal. El aceite y el vino han tenido más fluctuaciones relacionadas con los distintos momentos históricos. Y en el caso del vino, en los países mediterráneos de religión musulmana no se consume.

Lo que entendemos por Dieta Mediterránea actual es el resultado de múltiples aportaciones y no llega a completarse hasta después de la expansión árabe y del descubrimiento de América, con la incorporación de una serie de alimentos como el tomate, el pimiento, la patata, el maíz, etc.

En cuanto a las características de la dieta tenemos que resaltar:

- El aceite de oliva como principal fuente de grasa.
- El pan como alimento básico.
- La abundante ingesta de frutas, verduras y legumbres.
- El consumo discreto, a diario, de vino tinto en las comidas.
- La presencia frecuente de pescado en la dieta.
- Baja ingesta de carnes rojas.
- La ingesta moderada de leche y derivados (queso, yogur, kefir).
- Uso de especias y condimentos (ajo, cebolla, romero, tomillo…).
- El consumo frecuente de frutos secos y frutas secas.

En el mantenimiento de la salud tan importante como la alimentación es el estilo de vida, muy particular en los países Mediterráneos a mediados del siglo pasado, caracterizándose por:

1. Frugalidad y variedad alimentaria («un poco de todo»):
   La disponibilidad de alimentos no ha sido muy alta.
   Existe una diversidad de alimentos importante.

2. Ambiente psicosocial relajado.
3. Condiciones climáticas particulares.
4. Estructura familiar muy fuerte.
5. Siesta.

Creo que la caracterización que hace H. Balckburn del estilo de vida de los varones en la isla de Creta define perfectamente el entramado de la Dieta Mediterránea:

> Es un pastor o granjero, un apicultor o pescador, o un vendedor de olivas o vinos (todo a pequeña escala). Camina diariamente al trabajo y labora en el suave clima de su isla griega. Al final del trabajo de la mañana descansa y se relaciona con otros conocidos en el café local, bajo un emparrado. Su comida de mediodía se acompaña de un vaso de vino tinto y consta de berenjenas, setas, vegetales braseados y pan local bañado con el néctar dorado que es el aceite de oliva de Creta. Una vez a la semana comen un trozo de cordero. Una vez a la semana pollo. Dos veces a la semana pescado fresco del mar. Otras comidas son platos calientes de legumbres sazonados con carnes y condimentos. La comida principal se completa con ensalada, dátiles, dulces turcos, frutas y frutos secos o suculenta fruta fresca.

No debemos de olvidar que esta dieta tenía matices de acuerdo con el país del que se trate, en realidad podríamos hablar de varias Dietas Mediterráneas:

Los pueblos islámicos no consumen vino, pero beben té.

España y Portugal se caracterizan por un consumo relativamente importante de patatas, pescados y mariscos.

Italia es básicamente consumidora de cereales y derivados lácteos.

Grecia consume sobre todo cereales, verduras y frutas.

Francia es poco mediterránea. Consume bastante carne, vino, leche y productos lácteos.

Pero todos estos países emplean el aceite de oliva como grasa culinaria y podríamos definirlo como su nexo de unión.

Oviedo, 14 de febrero de 2012

Ángeles Menéndez Patterson

Catedrática de Fisiología

Agricultura ecológica

La agricultura actual tiene como objetivo obtener mayores rendimientos en detrimento de la calidad de los productos. Se utilizan cada vez más abonos de síntesis química para obtener más cosecha, mayor cantidad de plaguicidas para combatir nuevas plagas y enfermedades de los cultivos, se utilizan semillas modificadas genéticamente resistentes a herbicidas, se intensifica la ganadería utilizando más medicamentos y comprando grandes cantidades de piensos con residuos de pesticidas y con productos modificados genéticamente. Las industrias alimentarias trasforman los productos con una amplia gama de aditivos, con el pretexto de conservarlos más tiempo. El consumidor ha ido cambiando los hábitos alimentarios abusando de comida precocinada y bollería industrial.

En contraposición a esta situación nos encontramos con los productos ecológicos, biológicos, orgánicos, y sus abreviaturas eco, bio, los cuales son más saludables, puesto que en su producción está prohibido el uso de abonos y plaguicidas de síntesis química, productos modificados genéticamente, así como el uso preventivo de antibióticos y esto supone que los productos ecológicos no contienen residuos de productos tóxicos; además se vuelven a cultivar semillas de variedades autóctonas que están más adaptadas al medio.

Al utilizar técnicas más respetuosas con el medio ambiente y no utilizar productos tóxicos, los productos ecológicos contienen más nutrientes, vitaminas, antioxidantes y materia seca (fibra); además en su elaboración no se utilizan tantos aditivos.

España es uno de los principales productores de alimentos ecológicos aunque la mayor parte de su producción se exporta, cuando en realidad es más ecológico y más saludable consumir productos locales y de temporada. No obstante, cada vez se encuentran más productos ecológicos en el mercado; directamente del productor, en mercados específicos de producto ecológico, en tiendas especializadas, en venta online —que te lo envían a casa—, en grupos de consumo ecológico, en grandes superficies..., ofreciendo una amplia gama de productos: frescos, envasados, congelados, elaborados, bebidas...

El hecho de que el sistema económico condicione al sector agroalimentario hacia valores de mayor producción, menores costes y mayores rendimientos no debe ser a costa de la salud de agricultores y consumidores. Existen alternativas saludables, sostenibles y que logran mejores producciones cuando se respeta el ecosistema y sus procesos. Lo importante es que los ciudadanos tengamos la información y podamos elegir un producto más sano para nosotros y nuestra familia.

Susana Arévalo González
Inspectora del COPAE (Consejo de la
Producción Agraria Ecológica)

Aceite de oliva

El olivo está unido estrechamente a la historia de la cuenca mediterránea y a su dieta, ya que las características de suelo, clima y grado de humedad son idóneas para su desarrollo. Su importancia cultural y económica lo atestiguan las numerosas referencias que contienen tanto los textos profanos como los sacros.

Origen

Se remonta a la Era Terciaria, en la zona de Asia Menor, donde fue localizado en forma silvestre. Su cultura empezó a desarrollarse 4.000 años a. C., iniciando su cultivo en la zona costera de Siria y Anatolia. Desde aquí se extendió posteriormente hasta Grecia. Según la mitología griega, el origen del olivo se atribuye a la diosa Atenea, quien en su lucha con Poseidón para conseguir la soberanía de la ciudad de Atenas lo hizo brotar lleno de frutos, a través de un golpe de lanza dado en el suelo.

Desde siglos a. C., la técnica de extracción del aceite ya se conocía, aunque con métodos muy rudimentarios. Su utilización no solo se limitaba a servir de alimento, sino que también se aplicaba para uso externo; óleo sagrado, cosmético, combustible, etc.

Los fenicios hacia el 1200 a. C. difundieron su forma de cultivo en torno al área mediterránea, y lo llevaron a Libia y Cartago. Más tarde los griegos y después los romanos prosiguieron su expansión hacia otros países colonizados.

Roma dio un gran impulso al cultivo del olivo, y la calidad de los aceites de Hispania ya fue mencionada en el libro de Apicio, *De re coquinaria*, siendo la exportación del aceite de la Bética muy considerable. Las ánforas utilizadas para su transporte son conocidas por todos.

Los árabes apreciaron la calidad de nuestro aceite y perfeccionaron las técnicas de extracción, desarrollando nuevas formas de utilización al emplearlo como medio de fritura y otros usos culinarios.

La cocina mediterránea no podría existir sin el aceite de oliva. Este aceite de oliva virgen que a través de los tiempos fue un alimento básico, hoy en día es indispensable en una dieta equilibrada.

Valor Nutricional

El aceite de oliva, desde el punto de vista de la nutrición, ha sido relativamente poco conocido. Fue a partir del año 1980 cuando comenzaron los estudios más concluyentes y su reconocimiento como grasa dietética. Las últimas investigaciones realizadas muestran que el aceite de oliva tiene una importante función en la nutrición; además de suministrar energía es vehículo de vitaminas liposolubles y contiene antioxidantes, etc. Su valor calórico está alrededor de 9 calorías por gramo. Una cucharada sopera de aceite equivale a 90 calorías aproximadamente.

Propiedades

Las investigaciones realizadas en los últimos años muestran que el consumo de dietas ricas en aceite de oliva tiene una influencia positiva sobre la salud, produciendo una serie de efectos fisiológicos beneficiosos sobre distintas funciones y sistemas del organismo (sistema cardiovascular, aparato digestivo, efectos antioxidantes, etc.) del que carecen otros aceites.

Consumo

Las grasas y aceites son básicos en la alimentación, ahora bien, su consumo debe ser moderado. Como norma sería aconsejable que el contenido en la dieta no superase el 30 por ciento de las calorías totales ingeridas y usar preferentemente aceite de oliva, frente a grasas saturadas y a los aceites de semillas. En nuestro país, el aceite de oliva compite comercialmente con los aceites de semillas, sobre todo con el de girasol. Sin embargo, desde el punto de vista nutricional y en relación con la salud el aceite de oliva es mejor, y por lo tanto, el de elección por parte del consumidor.

Compra

La calidad de un aceite nace en el campo, siendo el resultado de la combinación de factores ambientales (clima, suelo), genéticos (variedad de aceituna) y agronómicos (técnicas de cultivo). Además de estos factores también debe garantizarse toda la cadena operativa, desde la recolección del fruto hasta el envasado del aceite. Cada una de las etapas que se van sucediendo son como el eslabón de una cadena responsable de la integridad del producto.

Los criterios de calidad que se aplican al aceite de oliva virgen vienen definidos por:

A) Determinaciones químicas: grado de acidez, estado de oxidación, detección de rastros de componentes anómalos.

B) Análisis sensorial de sus características organolépticas (olor, sabor, textura), definidas por un panel de catadores expertos.

Sobre el grado de acidez del aceite hay que señalar que este no guarda ninguna relación con el sabor. Tampoco es una pauta para catalogarlo. La «acidez» de un aceite no se refiere a lo que entendemos por «ácido» sino que depende del estado sanitario de las aceitunas de las que se extrae, y sobre todo, del tratamiento que hayan recibido estas desde el árbol hasta el final de la fase de envasado del producto.

Desde el punto de vista del parámetro químico, la acidez hace referencia al porcentaje de ácidos grasos libres que contiene el aceite, expresado en ácido oleico. Así pues, estas décimas de grado de acidez no guardan relación con la intensidad del sabor. Existen muchos aceites vírgenes extras, de sabor intenso y frutado con un grado de acidez que se mantiene por debajo de 0,2. Este grado nos está dando la garantía de que estamos ante un fruto sano, elaborado en condiciones de máximo control a lo largo de todo su proceso.

Denominación de los distintos tipos de aceite de oliva que se comercializan:

- Aceite de oliva virgen extra.
- Aceite de oliva.
- Aceite de orujo de oliva.

Los aceites de oliva vírgenes que superan los criterios de calidad establecidos se clasifican como:

A) Aceites de oliva virgen extra; de sabor y olor irreprochables, su valoración organoléptica alcanza la puntuación de C,5 y su grado de acidez es menor o igual a 1°.

B) Aceite de oliva virgen; de sabor y olor irreprochables, su puntuación organoléptica es superior a 5,5, su grado de acidez es menor o igual a 2°.

C) Aceite de oliva virgen corriente; su puntuación no supera los 3,5 y su grado de acidez es menor o igual a 3,3°.

El aceite de oliva virgen extra debe considerarse el mejor de los aceites de oliva ya que mantiene sus características sensoriales, olores y sabores propios del fruto del que procede y además conserva íntegros los valores nutricionales.

El aceite de oliva está compuesto por una mezcla de aceite de oliva refinado y virgen, su grado acidez está en función del aceite virgen con que se encabece y no puede ser superior a 1,5°.

El aceite de orujo de oliva está compuesto por una mezcla de aceite de orujo de oliva refinado y virgen con acidez no superior a 1,5°.

Procesos Culinarios

Conservación

El aceite de oliva es un producto «vivo», por lo tanto, debe conservarse y almacenarse con una serie de precauciones para que mantenga toda su integridad:

A) Temperatura. En general debe conservarse en lugares frescos.

B) Oxidación. Debe conservarse en recipientes bien cerrados, que eviten en lo posible su contacto con el aire para evitar que se enrancie. No obstante, el aceite de oliva, rico en ácidos grasos monoinsaturados, es menos propenso a su enranciamiento que los aceites de semillas, girasol, soja y maíz, dada su alta proporción de ácidos grasos poliinsaturados.

C) Luz. La luz puede acelerar los procesos de oxidación de los aceites, por lo que es conveniente su almacenamiento en lugares poco iluminados. Además debe guardarse lejos de lugares que tengan un olor intenso ya que absorbe fácilmente los olores. También deben evitarse los recipientes metálicos, siendo los mejores contenedores los de vidrio.

Utilización

Del mismo modo que se elige un vino para acompañar cada plato, puede elegirse y utilizarse un aceite distinto según el alimento que se vaya a preparar.

El aceite de oliva virgen extra, cuando se utiliza en crudo, conserva todas sus propiedades organolépticas (sabor y olor, principalmente). Este es el más indicado para ensaladas, aderezar alimentos, untar pan o tostadas y para salsas emulsionadas (mayonesa, all-i-oli, etc.). El gusto personal será el que decida la elección entre las diferentes marcas del mercado y las distintas variedades de aceituna.

El aceite de oliva (mezcla de virgen y refinado) se puede utilizar para guisos, asados, frituras y cocina en general.

Preparación y elaboración de frituras

La fritura es sin lugar a dudas una de las técnicas culinarias más empleada en nuestro país. La diferencia entre fritura y cocción es que en esta el agua no pasa de los 100 °C y un alimento frito cuece como mínimo a 130 °C.

Ventajas de la fritura

A) El tiempo necesario para preparar el alimento es corto (muy importante en la sociedad actual).

B) Los alimentos fritos tienen una alta palatabilidad y por lo tanto son bien aceptados por el consumidor.

C) El daño térmico ocasionado al freír el alimento es menor que el causado por otro método.

Factores claves en la fritura

En toda fritura intervienen tres factores: el alimento que se va a freír, el tipo de grasa utilizada (en nuestro caso el aceite de oliva) y las características del proceso, especialmente, la temperatura y el tiempo.

El tipo de alimentos idóneos para la fritura son los ricos en albúmina (huevo) y los que contienen almidón (patatas, harinas de cereales). Por ello, todos los alimentos que no contienen esos elementos (por ejemplo, verduras y pescados), antes de freírlos, deben ser recubiertos, previo secado, con harina o una masa de fritura (huevo, harina, pan rallado).

Hay que señalar que en la fritura, según el tipo de grasa utilizada, se van a producir una serie de cambios (oxidación, polimerización, etc.) debido a su calentamiento, que van a estar en función de la composición de esta grasa. Estos cambios son mínimos en las grasas compuestas mayoritariamente de ácidos grasos saturados (mantequilla), pequeños y lentos en las grasas ricas en ácidos grasos monoinsaturados (aceite de oliva), y rápidos e importantes, en los que contienen altos porcentajes de ácidos grasos poliinsaturados (aceites de semillas).

Normas de fritura con aceite de oliva

Para freír correctamente con aceite de oliva hay que tomar una serie de precauciones.

A) El aceite se debe calentar a fuego moderado, nunca a fuego vivo.

B) El aceite nunca se debe dejar humear, ya que esto significa que hemos llegado a su temperatura crítica y por lo tanto, es fácil que se formen productos no deseados. Si queremos comprobar la temperatura del aceite contamos con una forma sencilla: echar un trocito de pan en la sartén y si se va hacia el fondo y no sube, tendremos una temperatura de 150 °C, temperatura aún baja para la correcta fritura. Si cae el pan y sube lentamente a la superficie, la temperatura está entre 160 °C y 165 °C. Esta temperatura es la recomendada para freír alimentos delicados (por ejemplo, verduras). Si cae y en unos segundos sube a la superficie, su temperatura está entre 170 °C y 175 °C. Esta temperatura es la indicada para la mayoría de las frituras. Si el pan no llega a sumergirse y se tuesta, la temperatura es alta (180 °C a 185 °C).

C) El aceite debe filtrarse inmediatamente después de ser utilizado, para quitarle los restos de alimentos que pueda llevar, que aceleran su degradación.

D) El aceite de oliva puede utilizarse, si se han cuidado todos los detalles, hasta un máximo de tres frituras. En el caso de que se fría pescado azul (sardinas, boquerones, etc.) el aceite no debe reutilizarse, ya que parte de la grasa del pescado pasa a este, alterándose las siguientes frituras.

Respecto a las frituras con aceite de oliva y desde el punto de vista nutricional, existen otro tipo de consideraciones que se deben tener en cuenta:

A) Si la fritura es correcta, penetra muy poco en el alimento, por lo que el valor calórico total del mismo no aumenta mucho, cosa que no ocurre cuando se utilizan aceites de semillas.

B) La calidad nutritiva de los alimentos fritos no disminuye al no afectarse la disponibilidad de los distintos nutrientes que la componen. La temperatura que se alcanza dentro del alimento no es alta y el tiempo de fritura es corto, cosa que no ocurre con los aceites de semillas. Por todo lo expuesto, y teniendo en cuenta lo referido, el aceite de oliva es la grasa culinaria de elección para la fritura de alimentos, ya que la temperatura crítica de este aceite es de 210 °C siendo superior a la temperatura óptima para la fritura de cualquier alimento, que es de 180 °C.

Gambas a la gabardina

Ingredientes y proporciones

300 g de gambas

70 g de harina

1 huevo

1 cucharada de aceite de oliva

100 ml de agua

Un pellizco de sal yodada

Unas gotas de vinagre de buena calidad

Aceite de oliva para la fritura

Preparación

Lavar las gambas. Separar la clara de la yema del huevo.

Preparación de la pasta de fritura

Poner la harina en un bol, hacer un hueco en el centro y echar dentro la yema de huevo, el aceite, la sal, las gotas de vinagre y el agua. Mezclar bien el conjunto hasta conseguir una pasta fina. Esta pasta tiene que trabajarse muy bien y debe quedar como una crema espesa. En el momento de la fritura, batir la clara de huevo a punto de nieve e incorporarla, delicadamente, a la preparación anterior.

Elaboración

Se pone a hervir agua con sal en una cazuela, cuando rompa a hervir a borbotones se introducen las gambas en el agua, y en cuanto levante el hervor de nuevo, se mira el reloj y se dejan cocer las gambas, a fuego medio, un minuto. Retirar la cazuela del fuego, sacar las gambas del agua y dejar que enfríen un poco. Pelarlas quitando el caparazón y la cabeza, reservando solo las colas enteras.

Elaboración de la fritura

Véase normas de fritura. Se calienta el aceite en una sartén pequeña a fuego moderado. Se pasan las gambas, de una en una, por la pasta preparada, se envuelven bien, cogiéndolas por la cola y se van introduciendo en la sartén, cuando está caliente el aceite. ¡Ojo!, de no colocar más de cuatro piezas en la sartén para que no se peguen al juntarse. Dorar por ambos lados dándoles la vuelta. Se sacan con una espumadera y bien escurridas se van colocando en una fuente. Servir de inmediato.

Presentación

Se sirven recién sacadas de la fritura como aperitivo.

Rizos de lenguado Orly

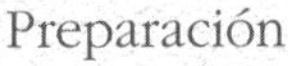

Ingredientes y proporciones

4 lenguados de ración en filetes

1 huevo

Pan rallado

1 limón

Sal yodada y pimienta

Aceite de oliva para la fritura

Preparación

Pedir al pescadero que quite la piel a los lenguados y saque los filetes del pescado, reservando las espinas y cabezas para otra preparación. Limpiar el pescado, aplastar los filetes ligeramente, salpimentarlos un poco y rociarlos con unas gotas de limón. Pasar cada filete por huevo batido y pan rallado. Enrollar cada filete de lenguado, sujetarlo pinchando con un palillo y colocarlos en un plato.

Elaboración de la fritura

(Véase normas de fritura.)

Se calienta el aceite en una sartén pequeña, a fuego moderado. Cuando esté caliente el aceite, se van introduciendo los rizos, de uno en uno, en la sartén. ¡Ojo!, de no juntar muchas piezas a la vez en la sartén, para que no se peguen unas con otras. Dorar cada rizo por ambos lados, dándoles la vuelta. Se sacan con una espumadera y bien escurridos se van colocando en una fuente. Servir de inmediato.

Presentación

Servir los rizos como aperitivo, recién sacados de la fritura, rociándolos por encima con unas gotas de limón.

Nota

Los filetes de lenguado deben enrollarse siempre por el lado que se ha quitado la piel, así evitamos que se rasguen durante el proceso de cocción, hecho muy probable si los enroscamos por su lado interno.

Fritura de pescado. Málaga, Sevilla, Cádiz

Ingredientes y proporciones

¼ kg de chanquetes

¼ kg de salmonetes pequeños

¼ kg de calamares pequeños

¼ kg de boquerones

¼ kg de chopitos pequeños

¼ pescadilla

Harina para rebozar el pescado

2 limones

Aceite de oliva abundante para la fritura

Sal yodada

Preparación del pescado

Para esta fritura puede emplearse todo tipo de pescado, pero hay que tener en cuenta que si es pescado grande, como la pescadilla o el calamar, es necesario trocearlo en porciones pequeñas. Limpiar el pescado, quitar las agallas si las tiene, y trocear menudo las piezas más grandes. Los chanquetes tan solo necesitan un lavado y sazonado, con sal. Lavar y salar el pescado. Echar la harina en una fuente honda, meter el pescado, enharinarlo bien y rebozarlo para que coja toda la harina que admita.

Elaboración de la fritura

Véase normas de fritura. Se echa aceite abundante en una sartén pequeña y se pone a fuego moderado. Cuando esté caliente el aceite, unos 160 °C se va tomando con la mano el pescado enharinado sacudiéndolo muy bien para que suelte toda la harina que le sobra, y se va introduciendo en la sartén. Es conveniente que la sartén esté siempre llena de pescado. ¡Ojo!, hay que actuar con ligereza, ya que el pescado dora pronto y hay que removerlo con la paleta de freír si queremos conseguir que el pescado salga bien dorado y crujiente por fuera, pero «jamás» quemado. En su buen punto se saca el pescado de la sartén y se va poniendo sobre papel absorbente de cocina, para que suelte el aceite sobrante. El pescadito debe quedar dorado y crujiente por fuera y jugoso por dentro.

Presentación

Servir el pescado como aperitivo, recién sacado de la fritura, rociándolo por encima unas gotas de limón.

Nota

El secreto de esta fritura consiste en freír el pescado en sartén con abundancia de aceite y que tome toda la harina que admita, sacudiendo muy bien la harina que sobra antes de meter el pescado en el aceite. Además de actuar con ligereza, todo esto hará que consigamos un pescadito dorado y crujiente por fuera, y jugoso por dentro.

Albóndigas de bacalao

Ingredientes y proporciones

200 g de bacalao

200 g de patatas medianas

1 huevo entero más una yema y una clara aparte

25 g de piñones

1 diente de ajo

30 ml de aceite virgen extra (3 cucharadas)

Un aro de guindilla

1 cucharadita de perejil picado fino

Una pizca de pimentón dulce de la Vera molido

Sal yodada y pimienta

Harina para el rebozado de las albóndigas

Aceite de oliva abundante para la fritura

Preparación del bacalao

Desalar el bacalao 36 horas antes de ponernos a la elaboración del plato. Se pone a desalar el bacalao con la piel hacia arriba, en un recipiente. Se cubre de agua fría (3 partes de agua por una de bacalao) y se mete en el frigorífico, durante 36 horas, a 6-7 °C cambiándole el agua cada 9 horas (para más detalles véase desalado de bacalao). Sacar el recipiente del frigorífico cuatro horas antes de ponernos a preparar el bacalao para que esté a temperatura ambiente. Transcurrido el tiempo de desalado del bacalao, sacarlo del agua. ¡Ojo!, comprobar que el bacalao esté bien desalado antes de sacar las rodajas del agua. Pelar y lavar las patatas y dejarlas enteras. Pelar el ajo y picarlo muy fino. Lavar el perejil, secarlo y cortarlo muy fino. Lavar, secar los huevos y separar la yema de la clara de uno de ellos, reservando esta para el rebozado de las albóndigas. Batir el huevo entero y la yema como si fueran para tortilla.

Elaboración del bacalao

Sacar los trozos de bacalao del agua de remojo, echarlos en una cazuela y cubrirlos de agua fría. Poner la cazuela a fuego lento y cuando el agua llegue al punto de ebullición, mantenerla durante 8 minutos «sin que apenas llegue a hervir». ¡Ojo!, no sobrepasar este tiempo de cocción y mantener el agua sin que llegue al punto de ebullición. Transcurridos los 8 minutos se retira la cazuela del fuego, se deja enfriar un poco y se saca el bacalao del agua. Colocar las rodajas de bacalao sobre un paño de cocina para que suelten el agua

que tengan. Secarlas con el paño de cocina, apretando cada una de las rodajas suavemente con las manos para extraerles bien el agua restante. El caldo de cocer el bacalao se cuela y se reserva para cocer las patatas.

En ese mismo caldo se echan las patatas junto con la guindilla y se pone la cazuela de nuevo al fuego. Cocer las patatas tapadas durante 30 minutos. Comprobar su punto de cocción y sacarlas del fuego cuando están cocidas, reservándolas en un plato. Mientras se cuecen las patatas, quitar la piel y las espinas del bacalao, desmenuzarlo y picarlo muy fino en el mortero (este no debe ser de madera), e incorporarle el huevo batido y unir bien la preparación. Se pican las patatas hasta conseguir un puré y se van incorporando poco a poco al bacalao, trabajando con la maza del mortero, hasta conseguir que todos los ingredientes estén unidos y resulte un puré homogéneo.

Por otra parte, se echa el aceite en una sartén pequeña y se pone a fuego muy lento, se añaden el ajo y los piñones, se les da unas vueltas y antes de que ambos tomen color se retira la sartén del fuego. Incorporarle el perejil muy picadito y una puntita de cuchillo de pimentón, darle dos vueltas y echarlo rápidamente, sobre el puré de bacalao y patatas, amasándolo bien para unir el conjunto. Probar el punto de sal y pimienta y rectificar si fuera preciso. Formar las albóndigas iguales ayudándonos con dos cucharas soperas. Pasar las albóndigas por harina y por la clara de huevo, previamente batida, y freírlas en abundante aceite en una sartén pequeña puesta a fuego moderado (véase normas de fritura).

Presentación

Presentar las albóndigas en una fuente redonda recién sacadas de la fritura.

Croquetas de pollo y jamón

Ingredientes y proporciones para el relleno

100 g de pechuga de pollo

50 g de jamón serrano

Para la salsa bechamel

40 g de harina de trigo

30 ml de aceite de oliva virgen extra (3 cucharadas)

500 ml de leche entera de vaca

Un casquito de cebolla

Una pizca de nuez moscada (opcional)

Sal yodada y pimienta en grano recién molida

1 yema de huevo (opcional)

Para el rebozado de las croquetas

Harina

Huevo

Pan rallado

Aceite de oliva abundante para la fritura

Preparación

Cocer la pechuga en agua y aprovechar el caldo para una sopa. Una vez cocida la pechuga, picarla sobre la tabla con un cuchillo de trinchar, dejándola «finísima». Picar el jamón muy fino y mezclarlo con el picadillo de pollo. Lavar, secar los huevos y separar la yema de la clara de uno de ellos, reservando la clara para el rebozado de las croquetas.

Elaboración

Empezar por la elaboración de la salsa bechamel. Poner la leche a calentar.

Se echa el aceite en un cazo con mango y se pone a calentar a fuego suave. Se le añade la harina y se da unas vueltas cociéndola, durante tres minutos, sin que llegue a tomar color. ¡Ojo, de no quemarla! (la harina debe cocerse unos minutos para que no tenga sabor, pero a su vez no tiene que dorarse ni quemarse). Se echa la leche hirviendo poco a poco y se deslía la harina, removiendo con ligereza, sin cesar, con una cuchara o batidor de mano (nunca una batidora eléctrica), hasta incorporar toda la leche y conseguir una crema fina y sin grumos. Una vez incorporada toda la leche, se van dando vueltas, sin cesar, siempre hacia el mismo lado y llegando bien al fondo del recipiente, ya que la harina tiende a depositarse en él y formar grumos. Añadir el casquito de cebolla y dejar cocer la salsa suavemente, sin dejar de remover ni un instante, hasta que la salsa espese ligeramente, unos 15 minutos. Cuando la salsa está cremosa y ligeramente ligada se retira el casquito de cebolla, se sazona con sal, pimienta y una pizca de nuez moscada rallada, se le da una vuelta y se añade el picadillo de pollo y jamón que tenemos reservado. Incorporar el picadillo en la salsa y seguir cociéndola a fuego suave, dándole vueltas sin cesar con una cuchara y llegando bien hasta el fondo del recipiente. Al principio la masa puede resultar ligera y para que resulte más fina tendremos que espesarla a fuerza de cocerla. La masa estará en buen punto cuando levantando en alto la cuchara, se desprende la pasta y cae en copos gordos. Si cae enseguida debemos cocerla un poco más, ya que esto nos está indicando que no está lo bastante consistente. En su punto retirar el cazo del fuego y añadir a la masa la yema de huevo, unir bien con el preparado y retirar el cazo del fuego, echar la masa bien extendida en una fuente amplia y dejarla enfriar tapada un mínimo de tres horas.

Moldeado de las croquetas

¡Ojo!, para poder moldear las croquetas con facilidad es necesario que la masa esté fría, si está caliente la masa se pega en las manos.

Las croquetas se moldean cogiendo una pequeña cantidad de masa con un tenedor que se echa sobre un plato con harina y se van formando las croquetas con las manos dándoles forma alargada con las puntas muy puntiagudas o bien se dejan en forma de cono. Ya formadas se pasan, una a una, por abundante huevo batido y después se envuelven bien con abundante pan rallado. ¡Ojo!, el pan rallado no debe estar tostado ya que las croquetas resultan muy oscuras.

Elaboración de la fritura

Véase normas de fritura. Echar en una sartén, pequeña y honda, aceite hasta la mitad de su altura y ponerlo a calentar a fuego moderado. Cuando esté caliente el aceite se van introduciendo las croquetas en la sartén, de una en una y un total de cuatro piezas a la vez, para que no se peguen unas con otras. ¡Ojo!, si el aceite no está lo suficientemente caliente y no es abundante, las croquetas se reventarán, por lo que haremos primero una primera prueba echando en la sartén una croqueta para comprobar la temperatura del aceite. Dorar las croquetas por ambos lados, dándoles la vuelta con sumo cuidado para no romperlas. Sacar las croquetas rápidamente con una espumadera en cuanto estén doradas. ¡Ojo, de no quemarlas! Bien escurridas se van colocando en una fuente y se sirven de inmediato.

Presentación

Presentar las croquetas en una fuente redonda recién sacadas de la fritura, acompañadas de una salsa de tomate aparte.

Nota

Es importante que la sartén donde vayamos a freír las croquetas sea honda y pequeña, y que el aceite de fritura sea abundante para que no se rompan. Es conveniente no echar demasiadas croquetas en la sartén a la vez, ya que al echar las croquetas se enfría el aceite.

Salsas

Las salsas en la cocina son un complemento imprescindible porque sirven para enriquecer y condimentar muchos platos, acentúan el sabor de las carnes, los pescados y otros alimentos a los que acompañan. Existe una gran variedad de salsas en todas las cocinas aportando un toque de distinción, ahora bien, a pesar de su aparente sencillez, su elaboración requiere cierta experiencia y gusto para conseguir el buen punto. En nuestra cocina existen una serie de salsas básicas que son un requisito imprescindible para la elaboración del plato, como la salsa bechamel, la salsa mayonesa, la salsa de tomate o la simple salsa vinagreta que es un complemento ideal para aderezar platos ligeros de verduras y ensaladas.

Salsa mayonesa

Ingredientes y proporciones

1 yema de huevo muy fresca, a temperatura ambiente (sacar el huevo del frigorífico como mínimo, unas dos horas antes de ser utilizado)

100 ml de aceite de oliva virgen extra a temperatura ambiente, utilizar solo el necesario

4 g de sal yodada

1 cucharadita de vinagre de vino blanco de calidad o zumo de limón

Preparación

Lavar el huevo y secarlo con papel de cocina. Cascar el huevo y separar la yema de la clara con sumo cuidado, para evitar que se rompa la yema. ¡Ojo!, hay que separar la yema de la clara de manera que en la yema no quede ningún resto de clara.

Elaboración

Depositar la yema en un mortero de mármol o loza (no de madera) y trabajarla con la maza del mortero removiéndola y girando la maza siempre en el mismo sentido de giro con un movimiento constante, para que la salsa no se corte. Añadir unas gotas de vinagre o zumo de limón y una pizca de sal y seguir trabajando la yema con la maza. Enseguida se va echando el aceite, «gota a gota».

¡Ojo!, debe ser gota a gota, introduciendo en el mortero primero una gota solamente, y sin dejar de trabajar la yema con la maza. Cuando veamos que la salsa va ligando y tomando consistencia, se puede añadir el aceite en mayor cantidad y más deprisa hasta engordar la salsa. Sazonar la salsa con sal y pimienta blanca molida y el resto de vinagre o de zumo de limón (algunas gotas más), y unir todos los elementos. En su punto, cuando la salsa esté bien ligada y haya tomado cierta consistencia, se deja de trabajar y ya la tenemos lista para ser utiliza enseguida. ¡Ojo!, esta salsa debe ser consumida enseguida y sin retrasar mucho tiempo su consumo ya que con el paso del tiempo corre el riesgo de que se contamine por la salmonella. Por lo tanto, y como medida preventiva, si no se consume toda la salsa de inmediato, deberíamos desechar el resto de salsa que no vayamos a utilizar, antes que consumirla y correr riesgos innecesarios.

Mayonesa en batidora eléctrica

Poner la yema de huevo en un vaso de batidora y añadirle unas gotas de vinagre o zumo de limón y una pizca de sal. Batir con la batidora eléctrica durante unos 15 segundos hasta mezclar los ingredientes. Incorporar el aceite, gota a gota, a la vez que la batidora sigue funcionando. Después, en un chorrito constante, hasta que consigamos una salsa de consistencia suave. Echar el resto de vinagre o zumo de limón y volver a batir durante unos segundos más, hasta que esté bien unido todo.

Nota

También podemos hacer la salsa en la batidora utilizando el huevo entero.

Salsa all-i-oli con huevo

Ingredientes y proporciones

1 yema de huevo (opcional), muy fresca, a temperatura ambiente (sacar el huevo del frigorífico como mínimo unas dos horas antes de ser utilizado)

2 dientes de ajo con la piel roja

100 ml de aceite de oliva virgen extra a temperatura ambiente, utilizar solamente el necesario

4 g de sal yodada

1 cucharadita de zumo de limón

Preparación

Lavar el huevo y secarlo con papel de cocina. Cascar el huevo y separar la yema de la clara con sumo cuidado, para evitar que se rompa la yema. ¡Ojo!, hay que separar la yema de la clara de manera que en la yema no quede ningún resto de clara. Pelar los ajos, partirlos por la mitad y quitarles la parte central.

Elaboración

Machacar el ajo en un mortero de mármol o loza (no de madera) junto con una pizca de sal, trabajarlo con la maza del mortero hasta conseguir una pasta fina. Añadir el aceite, en hilillo fino, al mismo tiempo que removemos la pasta con la maza, girando la maza siempre en el mismo sentido de giro y con un movimiento constante para que la salsa no se corte. Cuando veamos que la salsa va ligando y tomando consistencia, se puede añadir el aceite en mayor cantidad y más deprisa hasta engordarla. Sazonar la salsa con sal. En su punto, cuando la salsa esté bien ligada y haya tomado cierta consistencia, se deja de trabajar y ya está lista para ser utilizada.

Nota

La salsa all-i-oli se elabora, frecuentemente, con ajo solamente, prescindiendo de la yema de huevo y además aumentando la cantidad de ajo según el gusto deseado.

Salsa bechamel

Ingredientes y proporciones

20 g de harina de trigo

250 ml de leche entera de vaca

20 ml de aceite de oliva virgen extra (2 cucharadas)

Una pizca de nuez moscada

Sal yodada y pimienta en grano recién molida

Elaboración

Poner a calentar la leche en un cazo y cuando rompa a hervir, retirarla. Se echa el aceite en un cazo y se pone a calentar a fuego suave. Se le añade la harina y se le da unas vueltas sin que llegue a tomar color.

¡Ojo, de no quemarla! (la harina debe cocerse unos minutos para que no tenga sabor, pero a su vez no debe dorarse ni quemarse). Echar la leche bien caliente poco a poco y remover la salsa sin cesar, con una cuchara o batidor de mano (nunca una batidora eléctrica), siempre en el mismo sentido de giro hasta incorporar toda la leche y conseguir una crema fina y sin grumos. Una vez incorporada la leche se va dando vueltas sin cesar, siempre hacia el mismo lado y llegando bien al fondo del recipiente, ya que la harina tiende a depositarse en él y formar grumos. Dejar cocer la salsa suavemente, a fuego lentísimo unos 15 minutos, sin dejar de removerla ni un instante, hasta que la salsa espese ligeramente. Cuando la salsa esté cremosa y ligeramente ligada se sazona con sal, pimienta y una pizca de nuez moscada rallada y se le da unas vueltas. Al principio la salsa puede resultar ligera y para que resulte más fina y consistente tendremos que espesarla a fuerza de cocerla. En su punto retirar el cazo del fuego y reservarla hasta el momento de ser utilizada.

Nota

La consistencia de la salsa se la daremos en función del uso que le vayamos a dar. Si la queremos más ligera tendremos que cocerla menos y si la queremos más espesa la espesaremos a fuerza de cocerla.

Salsa de tomate

Ingredientes y proporciones

500 g de tomates rojos para salsa

½ cebolla pequeña

20 ml de aceite de oliva virgen extra (2 cucharadas)

Una pizca de azúcar

Sal yodada y pimienta en grano recién molida

Preparación

Lavar los tomates, partirlos por la mitad y rallarlos. Pelar y rallar la cebolla.

Elaboración

Se echa el aceite en una sartén y se pone a calentar a fuego suave. Echar la cebolla y rehogarla unos cinco minutos sin dejar que se dore. Enseguida incorporar el tomate, dar unas vueltas y dejar hacer la salsa unos 15-20 minutos a fuego lento, con la sartén destapada y dándole alguna vuelta de vez en cuando para que no se pegue. Añadir una pizca de pimienta recién molida, otra de azúcar y un puntito de sal y continuar el proceso de cocción cinco minutos más. Comprobar el punto de sal y pimienta y rectificar si fuera necesario. Retirar la sartén del fuego y reservar la salsa caliente hasta el momento de ser utilizada.

Salsa boloñesa

Ingredientes y proporciones

100 g de carne magra de ternera

100 g de lomo de cerdo

25 g de jamón serrano

Una cebolla pequeña

Media zanahoria pequeña rallada

300 g de tomates rojos para salsa

1 diente de ajo picado fino

30 ml de vino blanco seco (3 cucharadas)

30 ml de aceite de oliva virgen extra (3 cucharadas)

Sal, pimienta y nuez moscada

Tomillo, orégano y perejil

Una pizca de azúcar

Preparación

Decir al carnicero que pique las carnes muy finas junto con el jamón. Lavar los tomates, partirlos por la mitad y rallarlos. Raspar y lavar la zanahoria, rallarla. Pelar el ajo y picarlo muy fino. Lavar el perejil.

Elaboración

Se pone el aceite a calentar en una sartén a fuego suave, se echa la cebolla y la zanahoria, se les da unas vueltas y se dejan sofreír a fuego lento hasta que llegan al punto de transparencia. Darles unas vueltas de vez en cuando. Incorporar el picadillo de carnes y rehogar con la cebolla para unir bien los dos componentes hasta que las carnes hayan perdido el color rosáceo. Añadir el vino y llevar a ebullición removiendo sin cesar hasta que el vino se haya evaporado. Poner el ajo finamente picado y dar unas vueltas para unirlo a la carne. Añadir el tomate y rehogar el conjunto, poner el orégano, el tomillo y un punto de sal, una pizca de pimienta recién molida y de nuez moscada rallada. Dejar cocer la salsa unos 20 minutos, a fuego lento, dándole vueltas de vez en cuando. Comprobar el punto de sal y pimienta y rectificar si fuera necesario. Retirar la sartén del fuego.

Esta salsa sirve para acompañar pasta y se sirve bien caliente.

Salsa romescu

Ingredientes y proporciones

½ cabeza de ajos pequeña

2 pimientos secos (ñoras)

1 cucharada sopera de salsa de tomate concentrado

1 cebolla mediana

8 almendras ligeramente tostadas (optativo)

40 ml de aceite de oliva virgen extra (4 cucharadas)

Una pizca de pimentón

Sal yodada y pimienta en grano recién molida

Preparación

Limpiar los pimientos de semillas y ponerlos en remojo durante unos 30 minutos. Pelar la cebolla y rallarla. Pelar los ajos, partirlos por la mitad y quitar la parte central.

Elaboración

Se echan dos cucharadas de aceite en una sartén y se pone a calentar a fuego suave. Se echan los ajos, se rehogan un poco y antes de que empiecen a tomar color se sacan de la sartén y se dejan reservados en un mortero de mármol o loza (no de madera). En el mismo aceite se echa la cebolla y se deja sofreír a fuego lento, dándole unas vueltas de vez en cuando, hasta que llega el punto de transparencia. Unos cinco minutos antes de terminar el sofrito de la cebolla se añaden los pimientos, sacados del agua y secos, se les da unas vueltas y enseguida se retira la sartén del fuego. Pasar el sofrito por un colador, apretando con la maza del mortero para obtener una pasta fina y reservarla hasta el momento de incorporarla a la salsa.

Picar y machacar los ajos en el mortero. Después, añadir las almendras y majarlas junto con los ajos. Cuando hayamos conseguido una pasta fina, se incorpora la pasta de cebolla, la salsa de tomate y una pizca de pimentón. Unir todos los ingredientes con la maza e ir removiendo la pasta, girando la maza siempre en el mismo sentido de giro y con un movimiento constante. Añadir unas gotas de vinagre, una pizca de sal y una pizca de pimienta recién molida. Seguir trabajando la pasta con la maza y añadiendo al mismo tiempo el resto del aceite, en hilillo fino, para que poco a poco vaya ligando con la pasta y se unan bien todos los ingredientes. Comprobar el punto de sal y pimienta y rectificar si fuera necesario.

Nota

El romescu es una salsa para pescados típica de Tarragona y su costa. Además, también es un guisado marinero al que da nombre, utilizándose para acompañar el pescado del guiso.

Salsa pesto

Ingredientes y proporciones

2 cucharadas soperas de hojas de albahaca fresca

1 diente de ajo

10 g de piñones

15 g de queso parmesano recién rallado

40 ml de aceite de oliva virgen extra (4 cucharadas)

Sal yodada

Preparación

Lavar las hojas de albahaca, secarlas y picarlas finas. Pelar el ajo, partirlo por la mitad, quitar la parte central.

Elaboración

Machacar el ajo en un mortero de mármol o loza (no de madera) junto con una pizca de sal, trabajarlo con la maza del mortero. Añadir los piñones y majarlos junto con el ajo hasta conseguir una pasta fina. Incorporar la albahaca y seguir trabajando la pasta con la maza girándola siempre en el mismo sentido de giro y con un movimiento constante. Añadir el aceite, en hilillo fino, al mismo tiempo que el queso rallado, ambos muy poco a poco, sin dejar de dar vueltas hasta que vayan ligando con la pasta y se unan bien todos los ingredientes. Comprobar el punto de sal y rectificar si fuera necesario. Cuando consigamos una pasta fina y homogénea dejar de trabajar la salsa y ya está lista para ser utilizada.

Pesto en batidora eléctrica

Poner la albahaca, el ajo, la sal y los piñones en un mezclador o en un vaso de batidora.

Batir con la batidora eléctrica durante unos 15 segundos hasta mezclar los ingredientes. Añadir el aceite gota a gota, a la vez que la batidora sigue funcionando y después en un chorrito hasta que se incorpore todo el aceite y consigamos una salsa de consistencia suave.

Nota

Esta salsa italiana acompaña muy bien a platos de espaguetis o cualquier otro tipo de pasta.

Salsa vinagreta

Ingredientes y proporciones

40 ml de aceite de oliva virgen extra (4 cucharadas)

10 ml de vinagre de Jerez (1 cucharada)

1 huevo cocido duro

Un trocito de cebolla muy picadita o perifollo

Estragón picado (optativo) Perejil

Sal yodada y pimienta recién molida

Preparación

Lavar el huevo. Pelar y picar muy fina la cebolla. Lavar el perejil y cortarlo muy fino.

Elaboración

Poner a cocer el huevo en agua hirviendo con sal durante 10-12 minutos. Sacar el huevo y refrescarlo en agua fría (véase manera de cocer los huevos). Pelarlo y separar la yema de la clara, picar esta muy fina y poner la yema en un bol. Majar la yema de huevo y añadirle el vinagre junto con la sal y una pizca de pimienta. Desliar bien la yema con el vinagre hasta conseguir una pasta fina. Batir con un batidor de mano unos minutos, echar el aceite poco a poco y batir con energía, hasta que todo el aceite se haya incorporado en la salsa y estén unidos todos los ingredientes. Añadir las hierbas aromáticas y mezclar bien. Comprobar el punto de sal y pimienta y rectificar si fuera necesario. ¡Ojo!, la clara de huevo duro no se incorpora a la salsa hasta el momento de servirla a la mesa para que no se deshaga.

Nota

Esta salsa es muy apropiada para acompañar tanto espárragos frescos como de lata, pescados cocidos y marisco.

Picada

Ingredientes y proporciones

1 diente de ajo con la piel roja

10 g de piñones (opcional)

8 almendras ligeramente tostadas

1 rebanada de pan pequeña tostada bajo el grill

10 ml de aceite de oliva virgen extra (1 cucharada)

1 cucharada sopera de caldo o agua

Unas hojas de perejil

Sal yodada y pimienta en grano recién molida

Preparación

Lavar las hojas de perejil, secarlas y picarlas finas. Pelar el ajo, partirlo por la mitad, quitar la parte central.

Elaboración

Machacar el ajo en un mortero de mármol o loza (no de madera) junto con una pizca de sal, trabajarlo con la maza del mortero. Añadir los piñones y majarlos junto con el ajo hasta conseguir una pasta fina. Incorporar las almendras y la rebanada de pan y el perejil. Seguir trabajando la pasta con la maza girándola siempre en el mismo sentido de giro y con un movimiento constante. Incorporar el aceite poco a poco y unir todos los ingredientes. Antes de incorporarla al guiso, se diluye con un poco de caldo o de agua.

Crema de queso azul con nueces

Ingredientes y proporciones

100 g de queso azul

100 g de requesón

50 ml de nata de leche

1 cucharada sopera de vino de Jerez

10 medias nueces

Una pizca de pimentón de la Vera (opcional)

Unas hojas de perejil picado

Preparación

Aplastar el queso con un tenedor hasta reducirlo a una pasta fina. Desmenuzar las nueces peladas. Lavar las hojas de perejil secarlas y picarlas finas. Batir la nata de leche por separado hasta montarla.

Elaboración

Mezclar el queso con el requesón hasta conseguir una pasta homogénea. Incorporar a la pasta la nata montada. Unir bien la preparación. Añadirle el vino de Jerez poco a poco, la pizca de pimentón y remover hasta que estén bien incorporados en la salsa. Adornar con las nueces ligeramente picadas y perejil.

Nota

Esta salsa acompaña muy bien los platos de ensaladas. También podemos presentarla a la mesa como aperitivo acompañada de pan tostado.

Crema de queso azul al oporto

Ingredientes y proporciones

75 g de queso azul

75 ml de nata de leche

30 ml de aceite de oliva virgen extra
(3 cucharadas)

2 cucharadas soperas de vino de Oporto

30 g de nueces peladas
(2 cucharadas soperas colmadas)

Una pizca de pimentón de la Vera
o paprika (opcional)

Sal yodada y pimienta recién molida

Preparación

Aplastar el queso con un tenedor hasta reducirlo a una pasta fina. Desmenuzar groseramente las nueces en el mortero, sin convertirlas en papilla. Batir la nata de leche por separado hasta montarla.

Elaboración

Mezclar el queso con el aceite hasta conseguir una pasta homogénea. Incorporar a la pasta la nata montada y las nueces. Unir bien la preparación. Añadirle el vino de Oporto poco a poco, la pizca de pimentón y salpimentar ligeramente. Remover hasta que estén bien incorporados todos los ingredientes.

Nota

Esta salsa acompaña muy bien a platos de ensaladas. También podemos presentarla a la mesa como aperitivo acompañada de pan tostado.

Ensaladas

La ensalada puede constituir un plato en sí mismo, o bien puede servir como acompañamiento de otro. En cualquier caso ofrece una excelencia nutricional debido a la combinación y variedad de alimentos crudos o cocidos que pueden entrar en su composición. Las ensaladas se prestan a la más variada combinación de alimentos: verduras y hortalizas, legumbres, arroz, pasta, frutas, pescados, mariscos y carnes, todo ello aderezado con el clásico aceite de oliva, vinagre y limón o bien con infinidad de salsas.

Las verduras para ensalada, si van cocidas, deben hervirse destapadas para mantener vivo su color, además es importante calcular los tiempos de cocción para dejarlas *al dente* (véase verduras y hortalizas). Si las verduras van crudas deben lavarse enteras, separando bien las hojas y lavándolas bajo el grifo de agua fría, cortándolas después sin dejarlas en remojo para evitar las pérdidas vitamínicas. Deben escurrirse muy bien en un recipiente adecuado o secarse con papel de cocina.

Las ensaladas de verduras crudas y de hoja fina es conveniente aliñarlas justo en el momento de servirlas para que no pierdan textura. Las ensaladas que llevan zanahoria, remolacha o verduras cocidas pueden aliñarse con antelación.

Sin duda el mejor aceite para aderezar las ensaladas es un buen aceite de oliva virgen extra.

También las hierbas aromáticas dan un toque final excelente.

Ensalada Nélida (aguacates y pomelo con bolitas de queso)

Ingredientes y proporciones

2 aguacates (300 g)

2 pomelos

1 lechuga tierna

Para las bolitas de queso

60 g de queso de nata o crema

1 cucharadita de aceite de oliva virgen extra

Unas gotas de zumo de limón

Finas hierbas (perejil, cebollino y menta)

Sal yodada y pimienta blanca molida

Para la salsa vinagreta

30 ml de aceite de oliva virgen extra (3 cucharadas)

1 cucharadita de vinagre de vino blanco

Sal yodada y pimienta blanca molida

Preparación

Partir los aguacates por la mitad a lo largo, girar ambas partes del aguacate en dirección opuesta, separarlas y quitarle el núcleo central. Pelarlos, cortarlos en dados pequeños y reservarlos en un bol. Pelar los pomelos, limpiarlos de pieles, separar los gajos con un cuchillo bien afilado y quitarles las semillas. Cortarlos a dados y reservarlos juntos con los aguacates. Limpiar la lechuga y lavarla, escurrirla bien para que suelte toda el agua, dejarle las hojas enteras.

Preparación de la crema de queso

Se aplasta el queso con un tenedor y se añade el aceite. Se trabaja el queso y el aceite, hasta que forme una pasta fina. Si es necesario, añadir una cucharada de leche. Se incorporan unas gotas de zumo de limón y las finas hierbas. Salpimentar a gusto y mezclar bien el conjunto. Reservar la crema en un tarro tapado en la nevera, para que se armonicen los sabores, mínimo dos horas antes de ser utilizada. Formar unas bolitas con una cucharilla del tamaño de una nuez pequeña y reservarlas para la decoración de la ensalada.

Sazonar la ensalada con sal y pimienta y añadirle una cucharadita de zumo de limón. Mezclar bien todos los ingredientes.

Condimentación

Hacer una salsa vinagreta con los ingredientes indicados (véase salsa vinagreta).

Presentación

Disponer unas hojas de lechuga enteras sobre cuatro platos individuales, dejando que sobresalgan los bordes. Repartir el contenido del bol sobre el lecho de lechuga de cada plato. Salsear por encima con la vinagreta, en el momento antes de servirla. Adornar cada plato con cuatro bolitas de queso colocadas encima. Servir de inmediato.

Ensalada Victoria (receta aragonesa)

Ingredientes y proporciones

1 lechuga

500 g de tomate rosa de Barbastro

50 g de cebolla

50 g de pimiento verde

50 g de aceitunas negras tipo Bajo Aragón

2 huevos cocidos duros

50 g de jamón de Teruel cortado a tiritas

Sal yodada y pimienta

Para la salsa vinagreta

40 ml de aceite de oliva virgen extra (4 cucharadas)

1 cucharadita de vinagre de vino

Sal yodada y pimienta

Preparación

Lavar los tomates y cortarlos en rodajas finas. Pelar la cebolla y cortarla a láminas. Lavar el pimiento y cortarlo en tiritas. Limpiar la lechuga, lavarla y escurrirla para que suelte toda el agua y cortarla a trocitos.

Elaboración

Hervir los huevos durante 10-12 minutos. Sacarlos, pelarlos y cortarlos en rodajas.

Condimentación

Hacer una salsa vinagreta con los ingredientes indicados (véase salsa vinagreta).

Presentación

Se ponen todas las verduras en una ensaladera.

Añadir los huevos y la mitad de las aceitunas. Sazonar con sal y remover con cuidado para mezclar bien los ingredientes. Echar la salsa vinagreta por encima de la ensalada justo en el momento de servirla. Decorar la ensalada con las tiritas de jamón de Teruel repartidas por encima y el resto de las aceitunas. Presentarla en la misma ensaladera.

Ensalada de arroz con bonito

Ingredientes y proporciones

200 g de arroz

1 cucharada de aceite de oliva virgen extra

150 g de bonito fresco o atún
o una lata en aceite de oliva

1 cogollo de lechuga

200 g de tomate rosa de Barbastro

50 g de cebolla

50 g de pimiento verde

1 huevo cocido duro

50 g de aceitunas verdes sin hueso

50 g de jamón serrano

Perejil

Sal yodada y pimienta

500 ml de caldo de pescado
para cocer el arroz

Para el caldo de pescado

Recortes de pescado, cabezas, espinas

1 casco de cebolla cortada a tiritas

1 puerro picado fino

2 dientes de ajo

4 granos de pimienta blanca

¼ de hoja de laurel

Una pizca de tomillo

1 cucharada de aceite de oliva virgen extra

½ cucharadita de zumo de limón

600 ml de agua

Sal yodada

Para la salsa vinagreta

30 ml de aceite de oliva virgen extra
(3 cucharadas)

1 cucharadita de vinagre de vino

1 huevo duro cocido

1 cucharada de cebolleta

1 cucharada de pimiento verde

1 cucharada de pimiento rojo

Sal yodada y pimienta en polvo

Preparación

Pelar la cebolla y picarla fina. Lavar los tomates y cortar una parte de ellos en trocitos pequeños. La otra parte cortarla en rodajas finas y reservarla para la presentación del plato. Limpiar la lechuga, lavarla, dejar las hojas enteras y escurrirlas para que suelte toda el agua. Picar finas las verduras de la salsa vinagreta, cebolleta y pimientos. Cortar el jamón en tiritas. Lavar el pescado.

Elaboración del caldo corto de pescado

Se echan todos los ingredientes indicados para el caldo en una cazuela, se pone a fuego vivo y cuando levanta el hervor se baja la intensidad del fuego, se tapa la cazuela y se deja cocer suavemente hasta que las verduras estén tiernas (unos 20 minutos). Retirar la cazuela del fuego y pasar el caldo por un colador.

Poner el caldo de nuevo al fuego y cuando rompa a hervir echar el bonito dentro y cocerlo justo un minuto. Se reconoce que el bonito está en su punto exacto cuando se suelta la espina de la carne y esta ha quedado ligeramente rosada. ¡Ojo!, no sobrepasar el punto de cocción del bonito. Se retira la cazuela del fuego y se deja el pescado reposar cinco minutos en el caldo. Sacar el bonito de la cazuela, limpiarlo de pieles y espinas, dividirlo en hojas y reservarlo en un bol.

Preparación del arroz

Se pone el caldo de pescado, otra vez, a calentar hasta que llegue al punto de ebullición. Mientras tanto, poner una cucharada de aceite en una sartén al fuego, echar el arroz y rehogarlo unas vueltas. Añadir 500 ml del caldo de pescado hirviendo. Rectificar de sal y cocer el arroz a fuego suave entre 16-18 minutos, destapado. Probar unos granos de arroz y comprobar el punto de cocción. En su punto, retirar la sartén del fuego, echar el arroz en un plato y removerlo con un tenedor para que no se pegue.

Mientras tanto hervir los huevos durante 10-12 minutos, sacarlos y ponerlos en agua fría. Pelarlos y cortar uno de ellos en rodajas y reservarlo para la decoración y el otro utilizarlo en la salsa vinagreta. Reservarlos por separado.

Mezclar el arroz, el bonito, la mitad de las aceitunas, la cebolla, los trocitos de tomate y el perejil cortado. Unir bien estos ingredientes.

Condimentación

Hacer una salsa vinagreta con los ingredientes indicados (véase salsa vinagreta).

Presentación

Colocar las hojas de lechuga en una fuente redonda. Poner la ensalada de arroz encima y salsearla con la vinagreta en el momento de servirla. Remover los ingredientes para que se impregnen bien de la vinagreta. Probar y sazonar si fuera necesario. Adornar la ensalada con las rodajas de tomate, huevo y el resto de las aceitunas. Repartir las tiritas de jamón. Reservar la ensalada tapada en la nevera antes de ser utilizada. Servirla fría.

Ensalada estival a la griega

Ingredientes y proporciones

500 g de tomate rosa de Barbastro

100 g de pepino

100 g de cebolla

100 g de pimiento verde

100 g de aceitunas negras tipo Bajo Aragón

Para la crema de queso

50 g de queso crema

1 cucharadita de aceite de oliva virgen

1 cucharadita de cebolleta

1 cucharadita de pimiento verde

1 cucharadita de pimiento rojo

Para la salsa vinagreta

30 ml de aceite de oliva virgen extra (3 cucharadas)

1 cucharadita de vinagre de vino

Sal yodada, pimienta y perejil

Preparación

Lavar los tomates y cortarlos en gajos finos. Pelar el pepino y la cebolla y cortarlos en rodajas finas. Lavar el pimiento, cortarle la parte de la cola, quitarle las semillas y cortarlo en tiritas. Picar muy finas las verduras de la crema de queso: cebolleta y pimientos.

Elaboración

Preparar la crema de queso: se aplasta el queso elegido con un tenedor y se trabaja con el aceite hasta formar una pasta suave. Añadirle las verduras, cebolleta, pimiento verde y rojo y salpimentar a gusto. Mezclar bien todos los ingredientes. Reservar la crema en un tarro tapado en la nevera antes de ser utilizada, para que armonicen los sabores, mínimo dos horas. En el momento de presentar la ensalada, formar bolitas del tamaño de una nuez pequeña con una cucharilla y reservarlas para la decoración del plato.

Poner todas las verduras en una ensaladera y añadir las aceitunas. Sazonar y remover los ingredientes, suavemente, para mezclarlos bien. Probar y sazonar si hiciera falta.

Condimentación

Hacer una salsa vinagreta con los ingredientes indicados (véase salsa vinagreta).

Presentación

Rociar la salsa vinagreta por encima de la ensalada, repartir las bolitas de queso y decorar con perejil cortado a tijera. Presentar en la misma ensaladera.

Ensalada fría de garbanzos a la vinagreta

Ingredientes y proporciones

250 g de garbanzos

1 trozo de cebolla

1 trocito de hoja de laurel

1 ramita de tomillo

1 cucharada de aceite de oliva

1 litro de agua

Una pizca de sal yodada y pimienta en polvo

Para la ensalada

100 g tomate rojo para ensalada

½ diente de ajo

1 huevo cocido duro

1 ramito de perejil

Cebollino

Sal yodada y pimienta

Para la salsa vinagreta

40 ml de aceite de oliva virgen extra (4 cucharadas)

1 cucharadita de vinagre de vino

1 cucharada de cebolla finamente picada

Yema de huevo duro

Sal y pimienta

Preparación

Poner los garbanzos en un recipiente cubiertos de agua templada con sal y mantenerlos en remojo durante 12 horas antes de ser utilizados.

Pelar la cebolla y picar la mitad de ella, el resto se utilizará en un trozo para cocer los garbanzos. Lavar el tomate y cortarlo a trocitos pequeños. Pelar el ajo y picarlo fino.

Elaboración

Se echa en una cazuela un litro de agua, sal, el trozo de cebolla, un trocito pequeño de hoja de laurel, un ramito de tomillo, una cucharada de aceite de oliva y una pizca de sal y se pone a fuego vivo. Cuando el agua llegue al punto de ebullición y pletóricos los borbotones, se echan los garbanzos en dos o tres veces, para que no dejen en ningún momento de hervir. ¡Ojo!, los garbanzos no deben dejar de hervir ya que se pondrían duros. Quitar la espuma de la superficie del agua, tapar la cazuela y dejar cocer los garbanzos hasta que estén muy tiernos (se sabe que los garbanzos están cocidos cuando tienen el pico abierto). Comprobar el punto de sal y retirar la cazuela del fuego. Escurrir los garbanzos, dejarlos enfriar y colocarlos en un bol.

Mientras tanto hervir el huevo en un cazo con agua hirviendo, durante 10-12 minutos, sacarlo del cazo y ponerlo en agua fría. Pelarlo y separar la yema de la clara, picar esta finamente a cuadraditos y dejarla en un plato. Deshacer la yema de huevo con un tenedor y reservar aparte para hacer la salsa vinagreta. Mezclar el tomate, la clara de huevo, el ajo y las hojas de perejil finamente picado. Salpimentar al gusto. Incorporar los garbanzos y juntar todos los ingredientes. Dejar enfriar la ensalada en la nevera tapada, mínimo dos horas.

Condimentación

Hacer una salsa vinagreta con el aceite, el vinagre, la cebolla y la yema de huevo cocida (véase salsa vinagreta).

Presentación

Colocar la ensalada en una fuente redonda y verter la vinagreta por encima justo en el momento de servirla. Adornarla con cebollino finamente picado.

Nota

Siempre que necesitemos añadir más agua para cocer los garbanzos, la repondremos hirviendo para que los garbanzos no dejen de hervir en ningún momento.

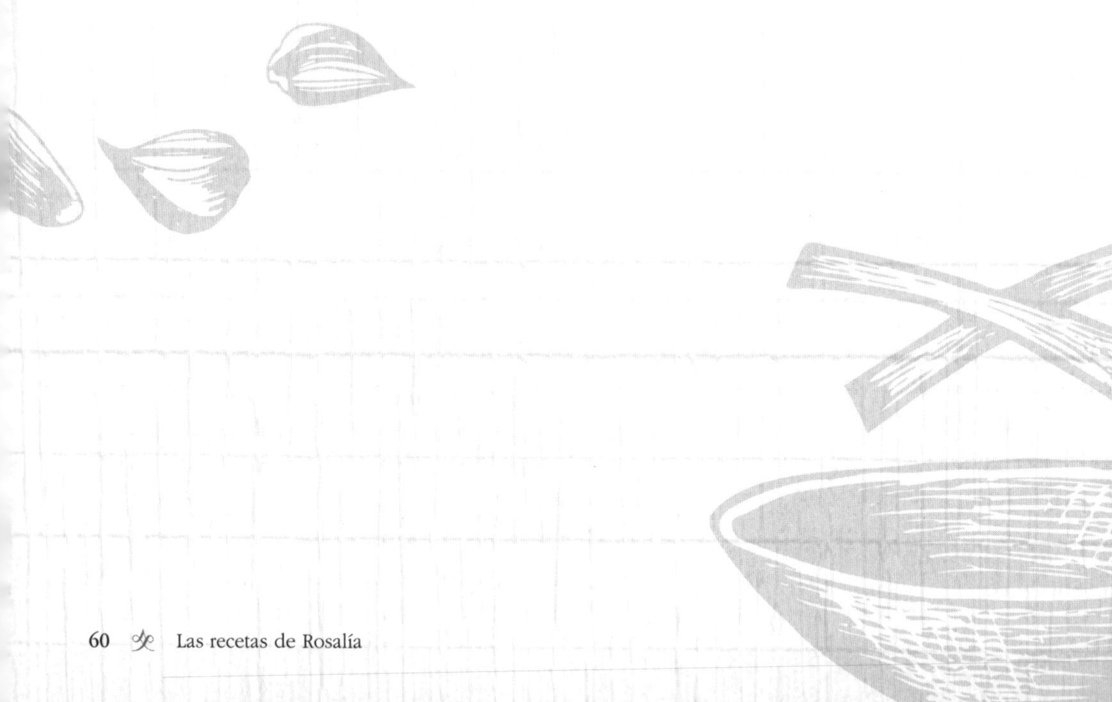

Ensalada de judías tiernas y tomates

Ingredientes y proporciones

600 g de judías verdes muy tiernas

300 g de tomate rosa de Barbastro

2 cucharadas de cebolla picada

½ diente de ajo

Sal yodada, pimienta y perejil

Para la salsa vinagreta

40 ml de aceite de oliva virgen extra (4 cucharadas)

1 cucharadita de vinagre de vino

Sal yodada, pimienta y perejil

Preparación

Quitar las puntas a las judías y si tienen hebras, recortar los cantos todo alrededor con un cuchillo fino para eliminarlas. Lavarlas y escurrirlas. Lavar los tomates y cortarlos en rodajas finas, sazonar con sal y pimienta. Pelar la cebolla y picarla fina. Pelar el ajo y picarlo muy fino.

Elaboración

Se pone una cazuela a fuego vivo con dos litros y medio de agua y una cucharada de sal (15 g). Cuando el agua levante el hervor se echan las judías y se dejan cocer destapadas a fuego medio hasta que estén tiernas, entre 30-45 minutos. No tapar la cazuela en ningún momento de la cocción. Comprobar el punto exacto de cocción y de sal antes de sacarlas del fuego. Retirar las judías, echarlas en un colador, escurrirlas bien y dejarlas enfriar. Cortarlas en trocitos de cuatro centímetros.

Condimentación

Preparar una salsa vinagreta con los ingredientes indicados (véase salsa vinagreta).

Presentación

Se colocan las judías en el centro de una fuente redonda y se decora con las rodajas de tomate, puestas alrededor de las judías. Poner unos puntitos de cebolla en el centro de cada rodaja de tomate y unos puntitos de ajo sobre la cebolla picada. Verter la salsa vinagreta por encima de la ensalada en el momento de servirla a la mesa. Espolvorear con perejil picado.

Ensalada de manzana y queso de cabra

Ingredientes y proporciones

60 g de queso de cabra de Varé (queso asturiano)

2 manzanitas rojas (200 g)

1 lechuga

2 cucharadas soperas de pasas sin pepitas

Sal yodada y pimienta

Hierbabuena

Para la salsa vinagreta

30 ml de aceite de oliva virgen extra (3 cucharadas)

1 cucharadita de vinagre de Jerez

Sal yodada y pimienta

Preparación

Limpiar la lechuga, lavarla, escurrirla para que suelte toda el agua. Cortar las hojas en juliana. Lavar las manzanas, dejarles la piel y cortarlas por la mitad. Extraerles el corazón y la semilla, cortarlas a cuadraditos y reservarlas en un bol. Rociarlas con unas gotas de zumo de limón para que no se oxiden. Cortar el queso en dados pequeños, echarlo junto con las manzanas y mezclar bien ambos ingredientes. Sazonar con sal y pimienta.

Condimentación

Hacer una salsa vinagreta con los ingredientes indicados (véase salsa vinagreta).

Presentación

Disponer un lecho de lechuga sobre platos individuales. Repartir el contenido de la ensaladera encima de los platos. Salpicar las pasas por encima. Salsear con la vinagreta por encima de la ensalada justo en el momento de servirla. Espolvorear de hierbabuena cortada a tijera.

Ensalada de queso con nueces

Ingredientes y proporciones

1 lechuga tierna

60 g de queso de cabra de Varé poco curado

20 g de nueces a trocitos

Unas cuantas nueces enteras para decorar la ensalada

Para la vinagreta de nuez

30 ml de aceite de oliva virgen extra (3 cucharadas)

1 cucharadita de vinagre de vino blanco

Sal yodada y pimienta

2 cucharadas de nueces ralladas

Preparación

Limpiar la lechuga, lavarla y escurrirla para que suelte toda el agua. Cortarla en trocitos pequeños. Cortar el queso en trocitos cuadrados y reservarlo. Partir las nueces en trocitos y rallar las dos cucharadas para la vinagreta de nuez. Reservarlas por separado. Dejar unas cuantas nueces enteras para la decoración de la ensalada.

Condimentación

Hacer una salsa vinagreta con el aceite, el vinagre, las nueces ralladas, la pimienta y la sal (véase salsa vinagreta).

Presentación

Disponer un lecho de lechuga en una fuente redonda. Repartir los trocitos de queso por encima y salpicar con las nueces picadas. Colocar las medias nueces adornando la fuente. Rociar con la salsa vinagreta por encima de la ensalada, justo en el momento de servirla.

Ensalada de zanahoria con salsa fría de queso

Ingredientes y proporciones

200 g de zanahorias tiernas

½ limón (zumo)

1 cucharada de aceite de oliva virgen extra

Sal yodada y pimienta

Para la crema de queso

50 g de queso crema, blanco o requesón

½ yogur natural griego (5 cucharadas)

1 cucharada de aceite de oliva virgen extra (1 cucharada)

Unas gotitas de zumo de limón

Sal y pimienta blanca

Unas hojitas de menta fresca; en su defecto, seca

Preparación

Raspar las zanahorias, lavarlas, secarlas y rallarlas. Echarlas en un bol y rociarlas con el zumo de medio limón. Añadirles una cucharada de aceite, sal y pimienta. Mezclar bien los ingredientes y dejar marinar, en sitio fresco con el bol tapado, durante una hora.

Elaboración de la salsa de queso

Aplastar el queso elegido con un tenedor y trabajarlo con el aceite, hasta que forme una pasta suave. Añadirle el yogur natural y unas gotas de zumo de limón. Mezclar bien todos los ingredientes, hasta conseguir una salsa ligera. Salpimentar al gusto y añadir la menta fresca bien picadita. Reservar la salsa en la nevera.

Presentación

Disponer las zanahorias en platos individuales o en una fuente redonda. Echar una capa de salsa blanca en el medio y adornar con unas hojitas de menta fresca, en el centro de cada plato.

Nota

Esta ensalada combina también con cualquiera de las dos salsas de queso azul (véase salsa de queso azul).

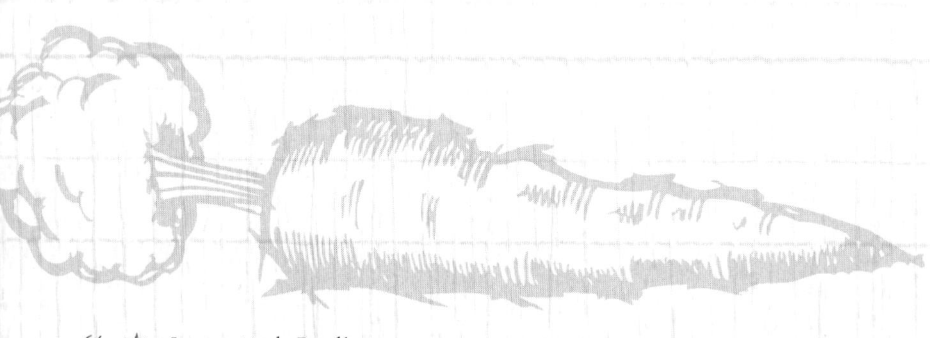

Ensalada de pasta con setas y marisco

Ingredientes y proporciones para la pasta

200 g de pasta, tagliatelle de huevo (cintas) o espaguetis

1 cucharada de aceite de oliva virgen extra para saltear la pasta

Sal yodada

Para la marinada del marisco

100 g de gambas o gambones

1 cucharada de aceite de oliva virgen extra

1 cucharada de zumo de limón

1 cucharada de vino blanco

½ diente de ajo

1 pizca de jengibre molido (opcional)

Para la salsa vinagreta

30 ml de aceite de oliva virgen extra (3 cucharadas)

1 cucharadita de vinagre de vino blanco

Sal yodada y pimienta en polvo

Para el resto de la ensalada

150 g de setas frescas de temporada o champiñones

30 g de jamón curado

1 cucharada de aceite de oliva virgen extra

100 g de cebollitas pequeñas

1 cucharada de aceite de oliva virgen extra

1 cucharadita de perejil fresco picado

Sal yodada y pimienta en polvo

Preparación

Pelar la cebolla y cortarla en juliana. Cortar el jamón en trocitos pequeños. Lavar el marisco y secarlo con papel de cocina. Cepillar las setas y cortar la parte terrosa de las colas. Limpiarlas con un paño de cocina húmedo, partirlas en filetes, rociándolas con unas gotas de zumo de limón y reservarlas.

Elaboración

Empezar por preparar las gambas o gambones. Se pone el marisco a cocer en una sartén en seco. Cocerlos durante 1-2 minutos por cada lado si son gambas o tres minutos si es gambón. ¡Ojo!, comprobar que están cocidos antes de sacarlos de la sartén. Retirar la sartén del fuego, pasar el marisco a un plato y dejarlo enfriar un poco. Pelarlo, quitándoles la cáscara y la cabeza, y cortar las colas en trocitos menudos. Añadirles una cucharada de aceite, ½ diente de ajo picado, rociarlas con dos cucharadas de zumo de limón y una de vino blanco seco. Sazonar con sal y pimienta, mezclar bien los ingredientes y dejarlas marinar durante una hora en la nevera. También se pueden poner a cocer en agua hirviendo salada durante tres minutos. Rehogar el jamón picado en una sartén con una cucharada de aceite a fuego suave, enseguida se le añaden las setas; dar unas vueltas salteando el conjunto hasta que esté tierno, añadir sal, pimienta en polvo y perejil finamente picado en el último momento.

¡Ojo con la sal!, el jamón transmite la suya al preparado. Retirar la sartén del fuego y reservar en un plato.

Rehogar la juliana de cebolla en una sartén con una cucharada de aceite a fuego suave; dar unas vueltas hasta que la cebolla esté tierna. Sazonar y retirar la sartén del fuego.

Echar las setas y la cebolla en una ensaladera, añadir el marisco bien escurrido (el caldo de la marinada se desecha) y remover los ingredientes suavemente para mezclarlos bien. Probar y sazonar si hiciera falta.

Cocer la pasta al dente en el último momento. Se pone una cazuela a fuego vivo con agua; cuando llegue al punto de ebullición pleno se añade la sal. Echar las cintas y removerlas con una cuchara para que no se junten y subir la intensidad del fuego para restablecer la ebullición lo antes posible. Bajar la intensidad del fuego y dejar cocer la pasta al dente. Probar el punto de cocción antes de sacarlas del fuego (ver tiempo de cocción en el envase de la pasta). Véase cocción y preparación de la pasta. Sacar la pasta y escurrirla perfectamente para que suelte toda el agua. Poner una sartén al fuego con el aceite, echar la pasta y saltear un minuto a fuego vivo, con cuidado para no romperla. Sazonarla con pimienta negra. Retirar la pasta del fuego y esperar a que se enfríe antes de montar la ensalada.

Condimentación

Hacer una salsa vinagreta con los ingredientes indicados (véase salsa vinagreta).

Presentación

Disponer la pasta en una fuente redonda. Echar el resto de los ingredientes de la ensalada por encima y removerlos suavemente, para mezclarlos bien. Probar y sazonar si hiciera falta. Rociar la salsa vinagreta por encima. Espolvorear con perejil fresco picado y servir la ensalada de inmediato.

Entrantes fríos

Gazpacho

El tomate

Origen

El tomate, en un principio, crecía en estado salvaje en distintos países de América del Sur. Probablemente, fue Perú su lugar de origen, si bien el cultivo de la planta se desarrolló en México. Hacia 1557 era de consumo habitual en la comida indígena.

Los mayas lo llamaban tomati. Más tarde, entre los conquistadores españoles, pasó a llamarse tomate.

En su origen, el tomate era muy pequeño, como una cereza gruesa. Cuando llegó a España estaba considerado más como planta ornamental que de huerta. El tomate gustó de inmediato, tanto a italianos como a españoles, pero no empezó a utilizarse como alimento hasta el siglo XVII porque se creía que era una planta tóxica. Hasta los siglos XIX y XX no desempeñó un papel importante en la alimentación de los occidentales.

Valor nutricional

El tomate es buena fuente de minerales y vitaminas.

Propiedades

El tomate, según la dietética actual, posee un efecto antienvejecimiento y anticancerígeno y actúa como protector cardiovascular. La mayor parte de las sustancias irritantes para el estómago se encuentran en la piel y las semillas. Por ello, y también por los posibles restos de pesticidas que puedan tener, es aconsejable pelarlo antes de consumirlo.

Compra

El tomate se encuentra a la venta todo el año, pero los mejores tomates son, sin duda, los que maduran al sol del verano, ya que tienen otro sabor. Existen muchas variedades de tomates. Un tomate fresco, en el punto adecuado de madurez, debe estar firme al tacto con la piel lisa y sin arrugas ni manchas.

Utilización

Las formas de utilizar el tomate son muchas y variadas: zumos, ensaladas, gazpachos, salsas, sofritos y además en dulces y mermeladas.

Preparación

Comenzar quitándole al tomate un cono, alrededor del tallo, con un cuchillo pequeño puntiagudo a fin de retirar la parte dura de esa zona, Si vamos a utilizar los tomates para sofrito conviene rallarlos, partiéndolos por la mitad y frotándolos sobre la superficie del rallador de agujeros grandes.

Gazpacho de tomate rojo Miguel Zaragoza

Ingredientes y proporciones

1 kg de tomates pera

25 g de pimiento verde

25 g de miga de pan de pueblo del día anterior

40 ml de aceite de oliva virgen extra (4 cucharadas)

½ diente de ajo

1 cucharadita de sal yodada

1 cucharadita de vinagre de vino de Jerez

Preparación

Lavar los tomates, partirlos por la mitad, rallarlos y reservarlos en un bol. Echar la miga de pan en el bol de los tomates, para que se empape y ablande. Lavar el pimiento, cortar la parte de la cola, quitarle las semillas y trocearlo. Pelar el medio diente de ajo y picarlo fino.

Elaboración

Se pone el ajo, el pimiento y una cucharadita de sal en el vaso de la batidora y se tritura hasta conseguir una pasta y que el conjunto esté uniforme.

Poco a poco se va echando el aceite en el vaso, se trabaja la pasta sin cesar para que la mezcla ligue bien, no forme grumos y la pasta resultante tenga una textura suave semejante a una salsa mayonesa.

Triturar el contenido del bol, tomates y pan y echar la salsa verde en el bol de los tomates. Volver a triturar el conjunto para que todos los ingredientes queden integrados y bien ligados. Removerlos un poco y verter el contenido del bol, poco a poco, sobre un colador puesto encima de un recipiente hondo o pasarlo todo por un colador chino. Aplastar con la mano del mortero e ir pasando toda la pasta. Pasadas todas las verduras, remover el gazpacho para conseguir una crema suave y con una textura homogénea.

Añadir el vinagre, rectificar el punto de sal y volver a batir bien con un batidor de mano. Pasar a un recipiente tapado y reservar el gazpacho en la nevera, hasta el momento de ser utilizado, mínimo una hora.

Presentación

Servir el gazpacho frío en sopera. Como guarnición se puede acompañar, aparte y por separado, de pepino, cebolleta, pimiento, trocitos de pan tostado, según gustos, todo ello cortado a daditos iguales y pequeños.

Nota

Este gazpacho debe consumirse preferentemente en el día.

Ajo blanco con uvas

Ingredientes y proporciones

- 125 g de almendras crudas peladas
- 25 g de miga de pan blanco de pueblo del día anterior
- 30 ml de aceite de oliva virgen extra (3 cucharadas)
- ½ diente de ajo
- 1 cucharadita de vinagre de vino blanco
- 900 ml de agua muy fría
- 250 g de uvas blancas tipo moscatel, o uvas negras según gustos; en su defecto, manzana dulce troceada a daditos
- Sal yodada

Preparación

Antes de la preparación del plato escaldar las almendras, si tienen la piel, durante un minuto con agua hirviendo para que la suelten, lavarlas y dejarlas en remojo en agua fría durante unas 12 horas. En el momento de la preparación del ajo blanco pelar el ajo y picarlo fino. Empapar la miga de pan en un bol con un poco de agua y cuando esté blanda exprimirla para que suelte el agua que le sobra.

Elaboración

Se pone el ajo y las almendras en el vaso de la batidora, añadir una cucharadita de sal y un poco de agua. Triturar el conjunto muy bien hasta conseguir una pasta lechosa suave. Añadir la miga de pan al vaso y seguir batiendo hasta que el conjunto esté uniforme. Sacar del vaso de la batidora unas tres cuartas partes de la pasta obtenida a un bol y reservarla.

Con el resto de la pasta del vaso se hace una crema, añadiendo el aceite en el vaso de la batidora, poco a poco, y trabajando la pasta sin cesar para que la mezcla ligue bien, no forme grumos y la pasta resultante tenga una textura suave y sedosa. Cuando la pasta haya absorbido todo el aceite, se añade el vinagre y se vuelve a trabajar esta para que queden todos los ingredientes bien ligados. Incorporar esta pasta a la preparada anteriormente.

Se va echando el agua al bol, poco a poco, y se trabaja la crema para unir muy bien el conjunto. Agregar el resto del agua hasta completar los 900 ml. Rectificar el punto de sal, volver a batir bien. Pasar a un recipiente tapado y reservar en la nevera hasta el momento de ser utilizado.

Presentación

Servir muy frío en sopera. Añadir en el momento de servirlo las uvas peladas, partidas por la mitad y sin semillas.

Nota

Este ajo blanco debe tener la consistencia de una crema. Si es necesario, y para conseguir la textura deseada, se puede aclarar con un poco de agua fría en el momento de servirlo. Batir muy bien en el último momento y antes de servirlo.

Gazpacho de remolacha morada

Ingredientes y proporciones

400 g de remolacha fresca

300 g de manzana dulce

25 g de miga de pan blanco de pueblo del día anterior

30 ml de aceite de oliva virgen extra (3 cucharadas)

50 g de cebolla

1 cucharadita de sal yodada

1 cucharadita de vinagre de Jerez

250 ml de agua

Unas gotas de zumo de limón

Perifollo para el adorno

Preparación

Lavar las remolachas sin quitarles la piel y dejándoles unos centímetros de tallo, para que no pierdan el color al cocerlas. Lavar muy bien las manzanas y quitar la piel; partirlas por la mitad, extraer el corazón y semillas, cortarlas a cuadraditos, echarles unas gotas de zumo de limón y reservarlas en un bol. Pelar la cebolla y picarla un poco.

Elaboración

Se ponen a hervir las remolachas con la piel en una cacerola cubiertas de agua fría poco salada. Se dejan cocer hasta que estén tiernas (entre 45-60 minutos, dependerá del grosor de estas). Dejarlas enfriar y sacarlas del agua. Pelarlas y cortarlas en dados, espolvorearlas con sal y unas gotas de zumo de limón y reservarlas en el bol junto con las manzanas.

Elaboración del gazpacho

Se pone la cebolla en el vaso de la batidora y se le añade una cucharadita de sal. Triturarlo hasta conseguir una pasta uniforme. Poco a poco se va incorporando el aceite en el vaso de la batidora, se trabaja sin cesar para que la mezcla ligue bien y la pasta resultante tenga una textura suave semejante a una salsa mayonesa.

Triturar las remolachas y las manzanas del bol, con la batidora. Trabajar el conjunto para que queden ambos ingredientes bien unidos. Remover bien y verter el contenido del vaso en el puré de remolacha y manzana y continuar batiendo hasta conseguir una crema suave, con una textura homogénea y con todos los elementos ligados.

Echar el agua, poco a poco, y trabajar un poco la crema para unir muy bien el conjunto. Añadir el vinagre, rectificar el punto de sal y volver a batir bien. Pasar a un recipiente tapado y reservar en la nevera hasta el momento de ser utilizado, mínimo una hora.

Presentación

Servir el gazpacho frío en sopera y en cuencos individuales. Poner un chorrito de yogur líquido en cada cuenco en el momento de servirlo y espolvorear con unas hojas de menta fresca.

Crema fría de calabacines

Ingredientes y proporciones

600 g de calabacines

150 g de cebolla

700 ml de caldo de ave

30 ml de aceite de oliva virgen extra (3 cucharadas)

Sal yodada, pimienta y albahaca fresca

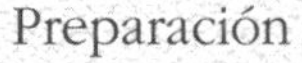

Preparación

Pelar y rallar la cebolla. Lavar los calabacines y limpiarlos, quitarles un poco de la piel y cortarlos en dados.

Elaboración

Se echa el caldo en una cazuela y se pone a calentar, cuando levante el hervor se añaden los calabacines, se pone un poco de sal y se deja cocer suavemente con la cazuela tapada. Mientras tanto, se echa el aceite en una sartén y se pone a calentar a fuego suave, se incorpora la cebolla rallada y se rehoga hasta que llegue al punto de transparencia. Añadir el contenido de la sartén a la cazuela y dejar que hierva hasta que estén tiernos los calabacines (unos 20 minutos).

Comprobar el punto de sal y añadir una pizca de pimienta. Retirar la cazuela del fuego, dejar enfriar y pasar por la batidora hasta conseguir una textura cremosa.

Dejar enfriar en nevera.

Nota

Antes de servir la crema, añadir caldo o leche para conseguir la consistencia deseada.

Presentación

Servir en cuencos individuales y adornar con unas hojas de albahaca finamente picada.

Crema fría de garbanzos

Ingredientes y proporciones

200 g de garbanzos

50 g de cebolla

2 dientes de ajos, tomillo y laurel para cocer los garbanzos

1 cucharada de aceite de oliva virgen extra

800 ml de caldo de ave o agua

1 ramito de perejil

Sal yodada y pimienta

Para la picada

1 rebanada de pan tostado

12 avellanas tostadas

Para el sofrito

100 g de tomate para salsa

50 g de cebolla

½ diente de ajo

20 ml de aceite de oliva virgen extra (2 cucharadas)

Una pizca de azúcar

Sal yodada y pimienta en grano recién molida

Preparación

Poner los garbanzos a remojo 12 horas antes de ser utilizados, en un recipiente cubierto de agua templada con sal.

Pelar la cebolla y rallar la mitad de ella para el sofrito, el resto se utilizará en un trozo para cocer los garbanzos. Lavar y rallar el tomate. Pelar los ajos y picar la mitad de uno fino, el resto dejarlos enteros para cocer los garbanzos. Picar las avellanas en el mortero. Tostar el pan.

Elaboración

Se pone una cazuela, a fuego vivo, con agua, sal, el trozo de cebolla, un trocito pequeño de hoja de laurel, los dos dientes de ajos y una cucharada de aceite de oliva. Cuando llegue al punto de ebullición, y pletóricos los borbotones, se echan los garbanzos, en dos o tres veces para que no dejen en ningún momento de hervir. Se espuma, se tapa la cazuela y se dejan cocer los garbanzos hasta que estén muy tiernos (se reconoce que están cocidos cuando los garbanzos tienen el pico abierto). Retirar la cazuela del fuego y sacar las hierbas. Escurrir los garbanzos, dejar enfriar y colocarlos en un bol. Reservar el caldo y unos cuantos garbanzos aparte, para adornar la crema.

Mientras tanto, hacer un sofrito con el aceite, la cebolla, ajo y el tomate. Se echa el aceite en una sartén y se pone a calentar a fuego suave. Echar la cebolla y rehogarla unos minutos sin dejar que se dore. Enseguida, incorporar el tomate, dar unas vueltas y dejar hacer la salsa, unos 10 minutos, a fuego lento, con la sartén destapada y dándole alguna vuelta, de vez en cuando, para que no se pegue. Añadir una pizca de pimienta recién molida, otra de azúcar y un puntito de sal y continuar el proceso de cocción cinco minutos más. Comprobar el punto de sal y pimienta y rectificar si fuera necesario. Retirar la sartén del fuego y reservar el sofrito hasta el momento de incorporarlo a los garbanzos.

Pasar los garbanzos por la batidora y triturarlos hasta conseguir una textura cremosa. Se incorpora el sofrito, el pan y las avellanas y se sigue triturando hasta que estén ligados todos los ingredientes. Añadir un poco de caldo de la cocción de los garbanzos, si fuera necesario. Comprobar el punto de sal y echar una pizca de pimienta. Pasar por el colador chino si se desea una textura más fina. Dejar enfriar en la nevera.

Presentación

Servir en cuencos individuales. Poner por encima unas gotas de aceite de oliva virgen extra, espolvorear con perejil finamente picado y una pizca de pimentón dulce o jengibre molido. Adornar con unos garbanzos en la superficie.

Entrantes calientes

Sopas

Caldos y sopas

Los caldos y sopas bien sean de verdura, pescado, ave o carne, tienen como base un buen caldo en el que se van cociendo los ingredientes y dejan su aroma. En la sopa de verduras, estas se trocean muy finas para que den el máximo de sabor y se cuezan en el menor tiempo posible para evitar pérdidas vitamínicas. El caldo de pescado debe cocerse a fuego lento y no sobrepasar los 30-35 minutos porque las espinas del pescado pueden desprender una sustancia amarga que aporta mal sabor al caldo. Para el caldo de carne debe iniciarse la cocción a fuego lento, para que las impurezas de la carne suban a la superficie y pueda retirarse toda la espuma que se va formando, después se espuma bien con una espumadera y se añaden las verduras troceadas.

Sopa de congrio

Ingredientes y proporciones para la sopa

- 300 g de congrio
- 100 g de tomate
- 100 g de cebolla
- 1 litro de agua o caldo de pescado (véase receta de caldo de pescado)
- Sal yodada
- 20 ml de aceite de oliva virgen extra (2 cucharadas)

Para la picada

- 1 diente de ajo con la piel roja
- 10 g de piñones
- 8 almendras ligeramente tostadas
- 1 rebanada de pan pequeña tostada bajo el grill
- 10 ml de aceite de oliva virgen extra (1 cucharada)
- 1 cucharada sopera de caldo o agua
- Unas hojas de perejil
- Sal yodada y pimienta en grano recién molida

Preparación

Pedir al pescadero que limpie el pescado de espinas y pieles. Lavar y secar el pescado. Lavar los tomates, partirlos por la mitad y rallarlos. Pelar y rallar la cebolla. Lavar las hojas de perejil, secarlas y picarlas finas. Pelar el ajo, partirlo por la mitad, quitarle la parte central y cortarlo en láminas.

Elaboración de la sopa

Poner el aceite a calentar en una cazuela a fuego suave. Se echa la cebolla y se deja sofreír a fuego lento, dándole unas vueltas de vez en cuando, hasta que llega al punto de transparencia. Añadir el tomate y rehogarlo un poco con la cebolla. Poner un punto de sal, una pizca de pimienta recién molida y dejar hacer unos cinco minutos a fuego suave. Incorporar el pescado troceado y rehogarlo con la salsa durante unos minutos. Echar el litro de agua hirviendo o caldo y dejar cocer la sopa unos diez minutos a fuego lento.

Mientras tanto se hace la sopa, se elabora la picada. Machacar el ajo en un mortero de mármol o loza (no de madera), junto con una pizca de sal y trabajarlo con la maza del mortero. Añadir los piñones y majarlos junto con el ajo, hasta conseguir una pasta fina. Incorporar las almendras, la rebanada de pan y el perejil. Seguir trabajando la pasta con la maza, girándola siempre en el mismo sentido de giro y con un movimiento constante. Incorporar el aceite poco a poco y unir todos los ingredientes. Antes de incorporar la salsa al guiso diluirla con un poco de caldo. Anadir la picada a la sopa y dejar cocer cinco minutos más. Comprobar el punto de sal y pimienta y rectificar si fuera necesario. Retirar la cazuela del fuego.

Presentación

Servir la sopa bien calentita recién sacada del fuego.

Sopa de ajos

Ingredientes y proporciones

4 dientes de ajo con la piel roja

100 g de pan duro cortado en rebanadas muy finas (sopas) o un pan de pistola (especial para sopa, estrecho y tostado)

1 litro de agua

30 ml de aceite de oliva virgen extra (3 cucharadas)

Una pizca de pimentón de la Vera

Sal yodada y pimienta molida

Preparación

Pelar los ajos, partirlos por la mitad, quitarles la parte central y cortarlos en láminas.

Elaboración

Se echa el aceite en una cazuela y se pone a calentar a fuego suave. Se añaden las láminas de ajo, se les da unas vueltas y antes de que el ajo tome color se retira de la cazuela y se reserva en un bol. En el mismo aceite se echan las sopas de pan y se rehogan un poco, removiéndolas con mucho cuidado para no partirlas. ¡Ojo de no quemarlas!, pues las miguitas del pan quemadas transmiten un sabor amargo a la sopa y la llenan de unos puntitos negros que la afean. Añadir una pizca de pimentón, ¡con cuidado de no quemarlo!, y rápidamente echar el litro de agua hirviendo y dejar cocer la sopa unos 10 minutos a fuego lento. Majar en el mortero las láminas de ajo reservadas y desleírlas con un par de cucharadas de agua y echarlas en la sopa. Poner un punto de sal y hervir la sopa unos minutos más. Retirar la cazuela del fuego.

Presentación

Presentar la sopa en la mesa bien calentita y en la misma cazuela.

Nota

Si queremos mejorar la sopa, podemos añadirle cuatro huevos enteros nada más retirar la cazuela del fuego y dejarlos cuajar con la sopera tapada 10 minutos más.

Sopa de calabaza roja

Ingredientes y proporciones

½ kg de calabaza roja

Una cebolla pequeña

1 diente de ajo picado fino

1 litro de agua

20 ml de aceite de oliva virgen extra (dos cucharadas)

Una pizca de nuez moscada

Sal y pimienta

Perejil

Preparación

Limpiar la calabaza quitando la corteza y las semillas, cortarla en dados regulares. Pelar y picar la cebolla en juliana. Pelar el ajo y picarlo muy fino. Lavar el perejil.

Elaboración

Poner el aceite a calentar en una cazuela a fuego suave. Se echa la cebolla y se deja sofreír a fuego lento, dándole unas vueltas de vez en cuando, hasta que llega el punto de transparencia. Añadir el diente de ajo picado, darle unas vueltas, enseguida echar el litro de agua hirviendo y dejar cocer el caldo unos tres minutos a fuego lento. Incorporar la calabaza, la nuez moscada, un punto de sal, una pizca de pimienta recién molida, y dejar hacer la sopa unos 15-20 minutos más, o hasta que la calabaza esté blanda. Retirar la cazuela del fuego y servir la sopa enseguida.

Mientras se hace la sopa, tostar las rebanadas de pan en el grill del horno.

Presentación

Servir la sopa acompañada de costrones de pan pasados bajo el grill o pan duro cortado en sopas muy finas tostado, que se colocan en el fondo de la sopera de servir y sobre el pan se vierte la sopa hirviendo. Espolvorear por encima el perejil cortado fino.

Caldo de pollo

Ingredientes y proporciones

1 muslo de pollo

1 zanahoria

1 puerro con la parte verde

Una ramita de apio (opcional)

Una cebolla pequeña

Sal yodada y pimienta

Preparación

Limpiar el muslo de pollo de pieles y grasa y lavarlo. Raspar y lavar la zanahoria, rallarla y reservarla en un bol. Limpiar el puerro, quitar la capa externa, abrir bien las hojas del extremo que está más verde para quitarle todo resto de tierra y lavarlo debajo del agua del grifo. Cortarlo en trocitos pequeños y reservarlo junto con la zanahoria. Limpiar y lavar la rama del apio, ponerla con las demás verduras. Quitar la capa externa de la cebolla.

Elaboración

Poner a hervir litro y cuarto de agua en una olla. Cuando levante el hervor, se pone el muslo de pollo y se espera a que vuelva a hervir para quitar la espuma que se forma en la superficie del agua. Esta operación es importante y sirve para extraer todas las impurezas de la carne que se van formando y suben a la superficie, si no se quitan transmiten mal sabor al caldo. Añadir entonces todos los demás ingredientes reservados (verduras) y salpimentar ligeramente. Dejar hervir pausadamente 30-45 minutos. Si se desea acortar los tiempos de cocción se puede utilizar una olla a presión. Transcurrido el tiempo de cocción, retirar la olla del fuego y pasar el caldo por el colador y reservarlo hasta el momento de ser utilizado. Este caldo debe hacerse el día anterior y conservarlo en el frigorífico.

Nota

Antes de ser utilizado el caldo tendremos que volverlo a colar con el fin de desengrasarlo bien, retirando la capa de grasa que se haya formado en la superficie del mismo.

Sopa de verduras (sopa juliana)

Ingredientes y proporciones para la sopa

1 cebolla pequeña

2 zanahorias

2 tallos de apio

2 puerros pequeños con la parte verde

Un puñado de guisantes desgranados

Un trozo pequeño de chirivía o nabo

2 dientes de ajos con la piel roja

12 espaguetis cortados

1 litro de caldo de pollo, buey o agua

30 ml de aceite de oliva virgen extra (3 cucharadas)

Una pizca de tomillo y otra de hinojo

Un trocito de hoja de laurel

Sal yodada y pimienta

Para la guarnición

4 rebanadas finas de pan rústico tostado y frotado con:

Un diente de ajo partido por la mitad

Unas gotas de aceite de oliva virgen extra

Preparación

Limpiar las verduras, lavarlas y cortarlas en juliana (tiritas). Desgranar los guisantes y reservarlos aparte. Pelar y picar la cebolla en juliana. Pelar los ajos, partirlos por la mitad, quitarles la parte central y cortarlos en láminas.

Elaboración

Poner el caldo de pollo a hervir. Mientras tanto poner el aceite a calentar en una cazuela a fuego suave y echar todas las verduras menos los guisantes. Sofreírlas un poco a fuego lento, dándole unas vueltas de vez en cuando con cuidado para que no se rompan ni se quemen. Cuando las verduras lleguen al punto de transparencia se echa el litro de caldo hirviendo y se deja cocer la sopa, unos 15 minutos a fuego lento con la cazuela tapada. Poner a cocer los guisantes aparte en agua hirviendo con sal. En el último momento, añadir los guisantes escurridos, laurel, tomillo, hinojo, sal y pimienta y los espaguetis cortados. Dejar hervir la sopa unos 7-10 minutos más según el tiempo de cocción de la pasta. En el último momento añadir las láminas de ajo pasadas por la sartén ligeramente. Retirar la cazuela del fuego y servir la sopa enseguida.

Presentación

Servir la sopa acompañada por cuatro rebanadas finas de pan rústico tostado y frotado con un diente de ajo y unas gotas por encima de aceite de oliva virgen extra.

Verduras y hortalizas

Existe un amplio grupo de alimentos, encuadrados en las verduras y hortalizas, que a diferencia de lo que ocurre con otros vegetales, como frutas y legumbres, su origen botánico es distinto. Encontramos vegetales cuya parte comestible son las hojas como espinacas, acelgas, lechugas, berza o col, etc. Otros son raíces, como cebollas, nabos, rábanos, etc. Otros son frutas, como el calabacín. Otros son tallos, como el apio, el cardo y la borraja y otros, como la coliflor y la alcachofa, que son flores. Ahora bien, a pesar de sus diferencias botánicas, todos ellos se pueden englobar nutricionalmente en un grupo único de verduras y hortalizas.

Composición y valor nutricional

La fibra

Verduras y hortalizas contienen niveles importantes de fibra que tiene efectos fisiológicos estimables sobre el tubo digestivo. Ayudan a evitar una excesiva ingesta de alimentos, al aumentar el volumen del contenido alimenticio y provocar una sensación de saciedad. Es aconsejable ingerir las distintas verduras y hortalizas que nos ofrece el mercado para lograr el adecuado equilibrio en este compuesto químico.

En cuanto a la riqueza vitamínica de las verduras y hortalizas es importante resaltar su aporte de Provitamina A y Vitamina C, por sus propiedades antioxidantes. Además contienen pequeñas cantidades de vitaminas del grupo B.

El contenido mineral solo está presente en cantidades significativas de calcio y hierro «no hemo».

Las verduras y hortalizas tienen cantidades muy pequeñas o casi despreciables de proteínas. En cuanto al aporte energético es muy bajo en general, dado su contenido en agua que es muy abundante además de su escaso contenido en los tres macronutrientes: carbohidratos, grasas y proteínas. De ahí su gran utilidad en regímenes hipocalóricos para tratamiento de la obesidad.

Frecuencia de consumo de verduras y hortalizas

A la vista del valor nutricional de estos alimentos y propiedades antioxidantes, sería deseable que la ingesta en la dieta de verduras y hortalizas fuera diaria, siendo necesarias una o dos raciones al día, procurando diversificar los distintos tipos: verduras foliáceas, tubérculos, raíces, etc. Además sería deseable que el consumo de estas, al menos una vez al día, fueran verduras crudas con el fin de evitar las pérdidas de vitaminas por cocinado.

Métodos culinarios

La forma de ingestión en crudo

Para muchos alimentos de este grupo, su preparación en ensaladas presenta ventajas, ya que además de su contenido en nutrientes, con la adición de aderezos como aceite, limón, vinagre y distintas salsas puede aumentar el valor calórico y el contenido en nutrientes, evitando la pérdida de algunas vitaminas al añadirles un medio ácido (limón o vinagre).

La cocción es un método culinario que se aplica frecuentemente en este grupo de alimentos. Su objetivo es ablandar los tejidos de la planta y gelatinizar el almidón que puedan contener, lo cual modifica su consistencia, su color y gusto. Además con ello mejora su digestibilidad. Existen distintos sistemas de cocción para las verduras y hortalizas: hervidas, al vapor, en la olla a presión, asadas, estofadas y fritas. El método más habitual consiste en echar las verduras y hortalizas en agua hirviendo. Ahora bien, en el proceso de cocción de verduras y hortalizas, y debido al tratamiento térmico, se provoca la destrucción parcial de las vitaminas hidrosolubles que contienen, así como también se disuelven en las aguas de cocción si estas se desechan (lo mismo ocurre en el caso de minerales). Estas pérdidas se pueden minimizar si la cocción se hace en poca agua, o si es posible al vapor. Además, las pérdidas vitamínicas son menores si se introducen rápidamente en agua hirviendo o con una cocción a menos tiempo y más presión, como ocurre con el uso de las correspondientes ollas a presión. Existe una tendencia a cocer las verduras en exceso con el consiguiente aumento de pérdidas vitamínicas, razón por la cual deberíamos evitar la cocción prolongada de verduras y hortalizas.

Compra

Es importante saber comprar las verduras y hortalizas. En primer lugar debemos elegirlas frescas y además deben ser consumidas lo antes posible con el fin de evitar posibles pérdidas de vitaminas, ya que en el transcurso de los días siguientes a la recolección van perdiendo vitaminas a pesar de que se guarden en un sitio fresco.

Preparación

La preparación de las verduras y hortalizas frescas requiere un lavado previo muy minucioso con el fin de limpiar los eventuales residuos de fertilizantes o insecticidas que puedan quedar en ellas; se puede adicionar incluso zumo de limón por su acción bactericida.

Manera de limpiar y preparar las verduras y hortalizas

Se limpian quitándoles las hojas malas, los tallos duros, en coles, acelgas, espinacas, etc. Para quitar los hilos hay que quebrar los tallos por la mitad e ir quitando los hilos de ciertas verduras como el apio, judía verde, cardos, puntas de espárragos, etc. Se lavan con agua repetidas veces bajo el grifo con el fin de quitarles toda la tierra, especialmente las verduras de tallo corto, como las espinacas, etc. Las que tengan la piel, como zanahorias, rabanitos, etc., se raspan con un cuchillo bajo el grifo y se ponen a cocer enseguida después de lavarlas bien, siendo contraproducente el hábito de tenerlas en agua, excepto las alcachofas. En general, la proporción de agua es la de 1,5 litros de agua por un kilo de verdura y 25 g de sal. El tiempo de cocción está entre 20 y 30 minutos, siempre en función de la clase de verduras que vayamos a cocinar. La ebullición del agua debe estar a borbotones y la verdura tiene que introducirse cuando el agua esté hirviendo con la sal.

Transcurrido su tiempo de cocción, se retira la olla del fuego, se saca la verdura del agua inmediatamente, se escurre y se utiliza enseguida.

El mejor procedimiento de cocer las verduras para que estas conserven al máximo sus vitaminas es el de cocerlas al vapor. Si no disponemos de una olla para cocer verduras al vapor, tenemos una manera fácil de conseguirlo. Se pone una cazuela honda con el fondo cubierto de agua salada y encima una parrilla o un colador con patas, para que el agua no toque las verduras, y sobre esta rejilla o colador se colocan las verduras. ¡Ojo! Hay que colocarlas de tal manera que no estén unas encima de las otras. Tapar la cazuela herméticamente y dejar cocer las verduras a fuego lento, durante unos 35 minutos según el tipo de verdura que sea.

Pimientos rojos dulces en su jugo. Cocina aragonesa

Ingredientes y proporciones

1 kg de pimientos rojos y de carne gruesa. Seleccionar los que hayan desarrollado todo su color uniformemente, sin manchas ni defectos

4 dientes de ajo cortados en láminas finas

40 ml de aceite de oliva virgen extra (4 cucharadas)

Sal yodada y una pizca de pimienta negra recién molida

Preparación

Lavar los pimientos en agua corriente para eliminar cualquier resto de suciedad y secarlos. Pelar los dientes de ajo, cortarlos en láminas finas, desechando la parte central, y reservarlos.

Asado de los pimientos

Encender el horno a 180 °C. Untar los pimientos ligeramente con aceite por fuera con papel de cocina y colocarlos en una fuente resistente al horno. Meter la fuente en el horno precalentado y asarlos, dándoles algunas vueltas cada 10–15 minutos, para que se asen por igual. Sacar la fuente del horno cuando los pimientos hayan perdido su rigidez y la piel pueda desprenderse fácilmente. ¡Ojo con quemarse! Colocar los pimientos en un recipiente hondo vidriado y cubrirlos con un paño o papel de cocina para que suden y pueda quitarse la piel con facilidad. Cuando los pimientos han perdido calor, pero no fríos, se pelan con sumo cuidado, quitándoles el corazón y las semillas sin ensuciarlos, pues no es conveniente tener que lavarlos. Dentro de lo posible, hay que procurar que no queden pieles ni semillas. Se cortan a tiras largas con las manos y se dejan en un plato limpio. No hay que desechar el jugo que soltaron los pimientos al asarlos, este hay que colarlo y reservarlo para incorporarlo al guiso. Poner una cazuela a fuego suave, echar el aceite y las láminas de ajo, darles unas vuelta, ¡no dorarlas!, y añadir a la cazuela las tiras de pimientos y el jugo que soltaron al asarlos. Se tapa la cazuela y se deja que los pimientos se hagan a fuego lentísimo hasta que estén tiernos. Los pimientos deben guisarse en su propio jugo y muy despacito. Están en su punto cuando el jugo se ha consumido y han adquirido una textura suave. Darles el punto exacto de sal y pimienta recién molida, y retirar la cazuela del fuego.

Presentación

Se pueden presentar en una fuente alargada y servirlos tanto fríos como calientes.

Nota

Si no se dispone de horno, tenemos otra manera de asar los pimientos; esta consiste en poner los pimientos a fuego suave sobre una plancha o sartén e ir dándoles la vuelta para que se asen por igual. Esta sería la manera más idónea de asarlos, pero que sin duda lleva más tiempo. También pueden asarse poniéndolos bajo el grill del horno y darles unas vueltas hasta que la piel se desprenda fácilmente.

Compota de cebollas y uvas pasas

Ingredientes y proporciones

1 kg de cebollas

100 g de uvas pasas sin pepitas

4 cucharadas de vino blanco seco

40 ml de aceite de oliva virgen extra (4 cucharadas)

Sal yodada y pimienta

Preparación

Pelar y cortar las cebollas en juliana.

Elaboración

Se echa el aceite en una cazuela y se pone a fuego suave. Cuando el aceite esté ligeramente caliente, se añade la cebolla, una pizca de sal y pimienta, se da unas vueltas y se deja hacer la compota muy lentamente con la cazuela tapada, hasta que la cebolla llegue al punto de transparencia. Remover la compota y vigilarla de vez en cuando para evitar que se queme. Incorporar el vino y las uvas pasas, tapar la cazuela y continuar el proceso de cocción unos 20 minutos más, para que se unan todos los componentes de la compota y se armonicen los sabores. Destapar la cazuela para dejar evaporar el líquido que quede en la cazuela, si lo tiene, vigilando el guiso. En su punto, retirar la cazuela del fuego y reservar la compota hasta el momento de ser utilizada.

Presentación

Esta compota sirve como guarnición para acompañar carnes de ternera o cerdo elaboradas con frutas pasas.

Nota

Se puede elaborar la compota de antemano y calentarla en el momento de presentarla a la mesa para servirla bien caliente.

Champiñones a la griega. Cocina griega

Ingredientes y proporciones

½ kg de champiñones blancos, muy frescos y cerrados por la parte de abajo

1 cebolla mediana

¼ kg de tomates rojos

1 diente de ajo

3 cucharadas de vino blanco seco

30 ml de aceite de oliva virgen extra (3 cucharadas)

Perejil y finas hierbas

Sal yodada y pimienta

Preparación de los champiñones

Cortar la parte terrosa de las colas de los champiñones y lavarlos rápidamente, bajo el chorro de agua fría. Escurrirlos, secarlos con papel absorbente de cocina y partirlos en dos. Pelar y rallar la cebolla. Lavar los tomates, partirlos por la mitad y rallarlos. Picar el ajo muy fino. Lavar el perejil.

Elaboración

Se echa el aceite en una sartén y se pone a fuego suave; cuando el aceite esté ligeramente caliente, se echa la cebolla, se le da una vuelta y se deja hacer lentamente. Sofreírla suavemente, vigilándola hasta que llegue al punto de transparencia. Incorporar los champiñones, el tomate, el vino, el ajo, las finas hierbas y un poco de sal y pimienta. Dejar hacer los champiñones suavemente, unos 20 minutos más con la sartén destapada. En su punto, dar el punto de sal y pimienta y retirar la sartén del fuego.

Presentación

Presentar los champiñones en una fuente redonda, rociándoles por encima dos cucharadas de aceite de oliva y espolvorearlos con perejil cortado a tijera.

Nota

Este plato se puede preparar de antemano y consumirlo tanto frío como caliente.

Fondos de alcachofas rellenas de jamón

Ingredientes y proporciones

- 8 alcachofas jóvenes de tallo largo
- 40 g de jamón serrano
- 2 dientes de ajo con la piel roja
- 70 ml de vino blanco seco (7 cucharadas)
- 40 ml de aceite de oliva virgen extra (4 cucharadas)
- 2 cucharadas de miga de pan de leña recién rallada
- Perejil
- Sal yodada y pimienta recién molida
- 1 limón

Preparación

Manera de limpiar y preparar las alcachofas: véase la receta de estofado de alcachofas.

Limpiar las alcachofas y dejarlas enteras, cortando la base donde está el tallo a ras, para que podamos colocarlas en la fuente, planas y derechas. Separar un poco las hojas de las alcachofas, dejando un hueco en el centro del cogollo, para poder colocar el relleno dentro. Pasarlas a un cuenco con agua fría y el zumo de medio limón. ¡Ojo!, las alcachofas se oscurecen enseguida por lo cual hay que sacarlas del agua en el momento que vayamos a rellenar los fondos, y sacudir el exceso de agua que tengan. Pelar los ajos, quitar la parte central y picarlos finos. Lavar el perejil y picarlo. Mezclar el pan rallado junto con la mitad del ajo y perejil, cortados finos, de tal manera que formen un todo.

Preparación del relleno

Cortar el jamón a trocitos pequeños y añadirle la otra mitad del ajo picado y unas hojas de perejil picadas, mezclarlo bien. Dividir este picadillo en ocho partes y rellenar con él los fondos de alcachofas, que previamente habremos sacado del agua y tendremos bien escurridas. Introducir el picadillo de jamón y ajo en cada uno de los fondos. Colocar las alcachofas de pie en una tartera para horno de tal manera que las alcachofas queden de pie y bien ajustadas en la fuente para que no se escape el relleno. Mezclar el vino junto con dos cucharadas de aceite y echar la mezcla de aceite y vino blanco por encima de las alcachofas y salpicar con una pizca de pimienta y sal.

Elaboración

Precalentar el horno a 160 °C. Meter la fuente en el horno precalentado, en la parte media, y dejar hacer las alcachofas unos 30 minutos, vigilándolas y rociándolas de vez en cuando con su propio jugo. Sacar la fuente del horno y comprobar que las alcachofas están listas (lo están cuando una hoja se desprenda fácilmente). Salpicar las alcachofas con la mezcla de pan y ajo reservada, cubriéndolas y rociándolas por encima con las dos cucharadas de aceite restantes. Volver a meter la fuente en el horno y dejar hacer unos 10 minutos más. En su punto, retirar la fuente del horno y servir los fondos calentitos.

Presentación

Presentar las alcachofas en la misma tartera, vertiendo por encima la salsa que soltaron las alcachofas al asarlas.

Nota

Si vemos que a lo largo de la cocción las alcachofas se quedan sin caldo, se puede adicionar unas cucharadas de vino y agua a partes iguales.

Col rellena

Ingredientes y proporciones para la col y la salsa

- 1 col cerrada de tamaño mediano
- 2 cebollas
- 1 zanahoria mediana
- 150 g de tomate pera
- 1 diente de ajo
- 40 ml de vino blanco
- 30 ml de aceite de oliva virgen extra (3 cucharadas)
- Una pizca de azúcar
- Una pizca de romero y tomillo
- Sal yodada y pimienta en grano recién molida

Para el relleno

- 200 g de carne picada (mitad lomo de cerdo, mitad ternera)
- 30 g de jamón serrano
- 1 diente de ajo
- 20 g de miga de pan de pueblo
- 1 huevo
- Perejil
- Sal yodada y pimienta

Manera de limpiar y preparar la col

Cortar las hojas externas verdes de la col y conservar solo la parte más cerrada. Lavarla en agua fría y ponerla a cocer en una olla con abundante agua hirviendo y sal. Cuando el agua rompa a hervir a borbotones, se introduce la col con el tallo hacia arriba y se deja que hierva unos minutos. Dar la vuelta a la col y dejarla hervir más tiempo por el lado del tallo para que se ablande un poco. Cuando las hojas hayan adquirido un color intenso, retirar la olla del fuego, sacar la col del agua, ponerla a escurrir para que suelte toda el agua y dejarla enfriar. ¡Ojo!, las hojas no deben quedar cocidas y hay que controlar bien el punto de cocción para no pasarlo, en cuyo caso las hojas de col se desharían y se desmontaría el relleno. Comprobar que las hojas se separan bien las unas de las otras.

Preparación del relleno

Cortar las carnes y pasarlas por la picadora junto con el jamón, que lo tendremos limpio de pieles y grasa. También podemos pedir al carnicero que nos pique las carnes junto con el jamón. Batir el huevo en un plato e incorporar al huevo la miga de pan desmenuzada, el ajo finamente picado y perejil.

Unir bien todos los componentes y añadirle las carnes picadas. Amasar todos los ingredientes, mezclarlos bien y sazonarlos con sal y pimienta. Probar el picadillo, este debe quedar bien sazonado. En el caso de que estuviera demasiado blando se puede añadir un poco de miga de pan.

Manera de rellenar la col

Empezar por abrir las hojas de la col, extraer el corazón y reemplazarlo por una bola de relleno, cubrir con la primera hoja de col, que se vuelve a cubrir con otra capa de relleno no demasiado espeso. Así, sucesivamente, iremos introduciendo el resto de relleno entre cada una de las hojas, cuidando bien de echar también en la base de cada una. Recomponer poco a poco la forma primitiva de la col hasta llegar a las hojas externas. ¡Ojo!, no poner relleno en las dos últimas hojas con el fin de que podamos recomponerla bien. Se ata la col con un hilo de bramante y se reserva hasta el momento de introducirla en la cazuela.

Preparación de la salsa

Pelar la cebolla y rallarla. Raspar y lavar la zanahoria y rallarla. Pelar el ajo, quitar la parte central y picarlo muy fino. Lavar los tomates, cortarlos por la mitad y rallarlos.

Empezar por la elaboración de la salsa

Se echa el aceite en una cazuela y se pone a fuego lento. Incorporar la cebolla y la zanahoria, ambas ralladas, darles unas vueltas y dejarlas hacer suavemente hasta que la cebolla y la zanahoria lleguen al punto de transparencia. Antes de que la cebolla empiece a dorar, introducir la col dentro de la cazuela, añadirle el vino blanco. Tapar la cazuela y dejar cocer la col en la salsa «muy lentamente», vigilándola y dándole algunas vueltas, hasta que el vino se haya evaporado y la col esté casi hecha. Añadir a la salsa el tomate, el romero, tomillo, una pizca de pimienta recién molida, otra de azúcar y un punto de sal. Seguir guisando la col con la cazuela tapada unos 15 minutos más, moviendo la cazuela a menudo y pasando por debajo de la col una paleta para evitar que se pegue al fondo, hasta que esté bien hecha. Comprobar el punto de sal y pimienta, rectificar si fuera necesario y retirar la cazuela del fuego. Si queremos que la salsa resulte más fina, se escurre la col y se pasa la salsa por el colador chino, apretando con la maza del mortero para pasar toda la salsa.

Presentación

Presentar la col en una fuente redonda calentada. Cortar en rodajas y verter por encima la salsa bien caliente.

Nota

Este plato se puede acompañar con patatas cocidas al vapor y aliñadas con aceite de oliva, ajo y perejil todo picadito.

Judías verdes salteadas con huevo

Ingredientes y proporciones

600 g de judías verdes de clase fina sin hilos

40 g de jamón curado

1 cebolla mediana

2 cucharadas de concentrado de tomate

30 ml de aceite de oliva virgen extra (3 cucharadas)

1 huevo duro

Perejil

Sal yodada y pimienta

Manera de limpiar y preparar las judías

Si las judías son finas y no tienen hilos, basta con romperles las dos puntas de los extremos. Si tienen hilos tendremos que recortarles toda la vuelta con un cuchillo fino, para quitarles bien los hilos que tengan. Lavar las judías en agua fría y cortarlas en tres o cuatro centímetros de largo, echarlas, a medida que se vayan limpiando, en un bol con agua fría y dejarlas en remojo hasta el momento de ponerlas a cocer.

¡Ojo!, solo las tendremos en el agua el tiempo justo. Limpiar el jamón de pieles y grasa y cortarlo a cuadraditos pequeños. Pelar la cebolla y rallarla. Lavar el perejil. Cocer el huevo en agua hirviendo durante 10-12 minutos, sacarlo del agua, dejarlo enfriar y pelarlo.

Elaboración

Empezar cociendo las judías. Se pone una olla al fuego con un litro de agua y sal. Cuando el agua rompa a hervir a borbotones se introducen las judías bien escurridas y se dejan cocer a fuego vivo hasta que estén tiernas, de 30 a 45 minutos. ¡Ojo!, las judías deben cocerse deprisa y con la olla destapada para que se conserven verdes. Sacar las judías del agua y ponerlas a escurrir en un colador para que suelten toda el agua.

Mientras tanto, se calienta el aceite en una sartén y se echa la cebolla. Sofreírla suavemente, dándole unas vueltas de vez en cuando, hasta que llegue al punto de transparencia. Incorporar el jamón, rehogarlo un poco y enseguida echar el tomate, un poco de sal y pimienta. Dejar hacer el sofrito suavemente, unos cinco minutos, con la sartén destapada. Echar las judías bien escurridas, darles unas vueltas durante unos minutos, tapar la sartén y dejar a fuego muy lento durante unos cinco minutos más, removiendo las judías un par de veces. Dar el punto de sal y pimienta, retirar la sartén del fuego y servir las judías de inmediato.

Presentación

Presentar las judías en una fuente alargada y espolvorearlas por encima con huevo duro picado y perejil cortado a tijera.

Nota

Si queremos que las judías tengan un color verde vivo, tendremos que sumergirlas en agua fría después de cocerlas y sacarlas del agua; para calentarlas de nuevo, volverlas a meter durante cinco minutos en el agua donde se cocieron y de nuevo volverlas a escurrir para que suelte toda el agua.

Con esta misma receta podemos elaborar unos guisantes salteados con jamón, solo hay que tener en cuenta que el tiempo de cocción de los guisantes es más corto, unos 20-30 minutos.

Berenjenas rellenas con setas

Ingredientes y proporciones

- 3 berenjenas de forma regular y bien derechas
- 100 g de setas
- 3 tomates medianos bien maduros
- 1 cebolla mediana
- 2 dientes de ajos picados finos
- 40 ml de aceite de oliva virgen extra (4 cucharadas)
- 1 huevo
- 1 cucharada de miga de pan rallada
- 25 g de queso parmesano
- Una pizca de tomillo
- 1 cucharada de perejil picado fino
- Sal yodada y pimienta en grano recién molida

Manera de limpiar y preparar las berenjenas

Separar el rabo de las berenjenas y el caparazón verde que tienen en un extremo. Lavarlas (no pelarlas) y cortarlas longitudinalmente por la mitad. Vaciarlas un poco por dentro con una cuchara, para extraerles la pulpa con sumo cuidado para no romper la piel. Espolvorear la pulpa y la piel con sal y dejar reposar durante una hora en un escurridor con un plato debajo, para que desprendan un agua oscura que sueltan.

Mientras tanto preparar las setas. Cortar la parte terrosa de las colas de las setas y lavarlas rápidamente bajo el chorro de agua fría. Escurrirlas, secarlas con papel absorbente de cocina y partirlas en trocitos pequeños. Pelar la cebolla y rallarla. Pelar los ajos, quitar la parte central y picarlos por separado, muy fino. Lavar los tomates, cortarlos por la mitad y rallarlos. Lavar y picar fino el perejil. Mezclar en un plato la miga de pan rallada y el queso rallado con la mitad del perejil. Reservar la mezcla para espolvorear las berenjenas antes de introducirlas en el horno.

Elaboración de las setas

Mientras están en reposo las berenjenas, se echan en un cazo las setas junto con una cucharada de aceite y uno de los dientes de ajo picado fino. Se ponen a cocer a fuego muy lento, hasta que se haya evaporado toda el agua. Retirar el cazo del fuego y reservar.

Elaboración del relleno

Se echa el resto del aceite (tres cucharadas) en una sartén y se pone a fuego lento. Incorporar la cebolla rallada, darle unas vueltas y dejarla hacer suavemente, hasta que la cebolla llegue al punto de transparencia. Antes de que la cebolla empiece a dorar, añadirle el otro ajo picado, las setas rehogadas y la pulpa de las berenjenas lavadas, bien escurridas y secas. Dar unas vueltas rehogando bien el conjunto y dejar cocer cinco minutos a fuego lento. Añadir el tomate rallado y dejar hacer la salsa, sin tapar la sartén, lentamente, vigilándola y dándole algunas vueltas hasta que espese. Poner una pizca de pimienta recién molida, un punto de sal y seguir la cocción unos tres minutos más para que se armonicen los sabores. Comprobar el punto de sal y pimienta y rectificar si fuera necesario. Retirar la sartén del fuego e incorporarle al relleno el huevo batido, la mitad del perejil picado y un poco de miga de pan rallada para darle consistencia al relleno. Unir bien la preparación y reservarla tapada para que no se enfríe, hasta el momento de rellenar las berenjenas y meterlas en el horno.

Encender el horno a temperatura media 180 °C. Secar las pieles de las berenjenas con papel de cocina. Untar con aceite una fuente de pyrex y poner en el fondo de la fuente las pieles de las berenjenas dándoles forma de una barquita y rellenar cada una de las mitades con la preparación reservada. Espolvorear por encima de cada berenjena la mezcla preparada de queso y pan rallado y meter la fuente en el horno precalentado, durante unos 30 minutos hasta que las berenjenas estén doradas.

Presentación

Servir las berenjenas en la misma fuente de horno recién sacadas muy calientes.

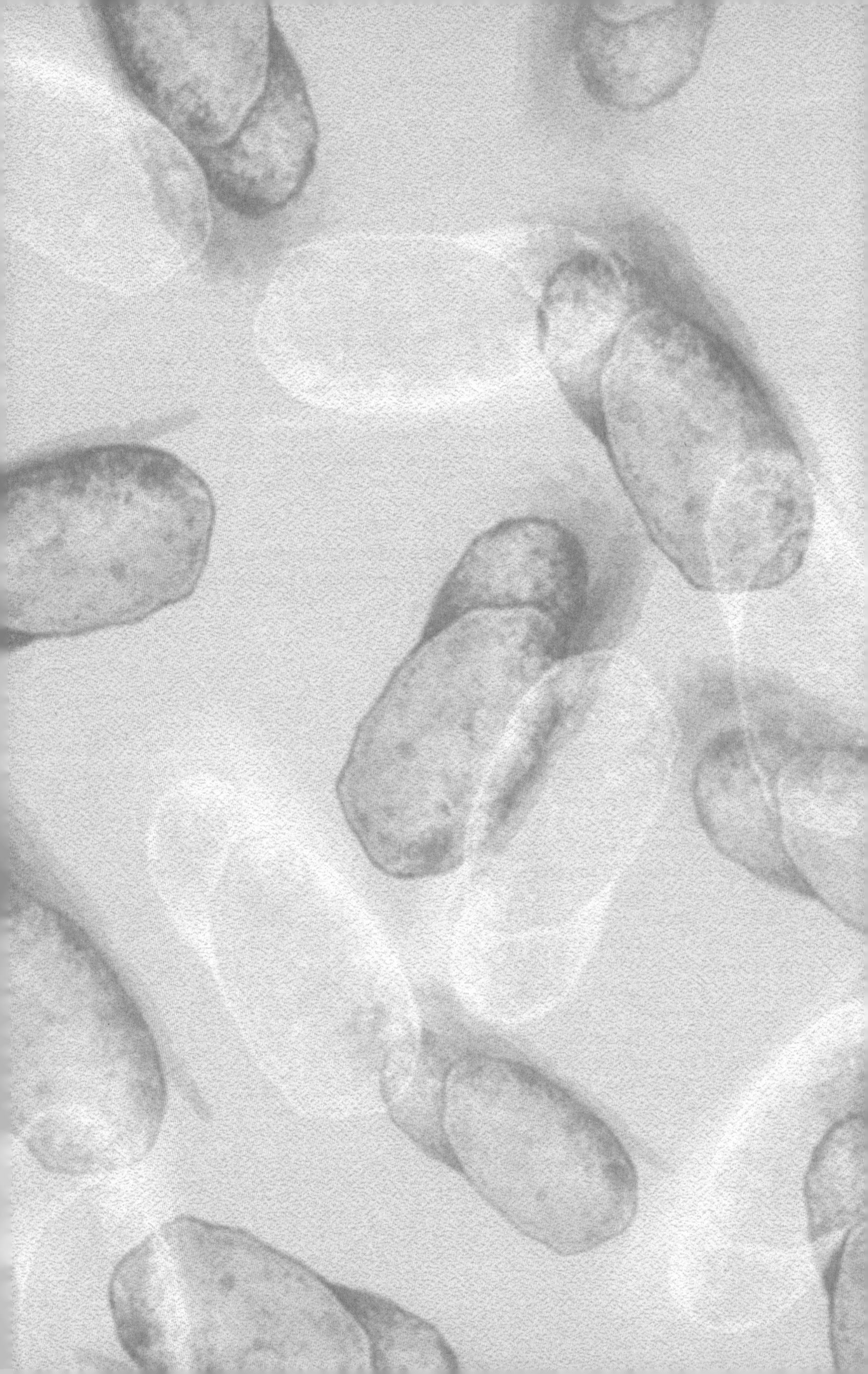

Patata

Patata *(Solanum tuberosum)*

Origen

La patata fue descubierta por los españoles que acompañaban a Francisco Pizarro en la conquista de Perú. La cultivaban los pueblos indígenas de las regiones andinas entre Chile y Perú. Este tubérculo que llamaban «papa» era el alimento básico de estas regiones en donde el maíz no crecía dada su altitud.

La patata nos llegó con los productos del Nuevo Mundo, en fecha imprecisa. Sí se sabe que hacia el año 1573 se cultivaba en Sevilla. Más tarde, a finales de ese siglo, se extendió su cultivo a Italia, siguió a Francia y después a Inglaterra y Europa Central. En principio su consumo no llegó a popularizarse, si bien a través de los años se fue consolidando hasta llegar al siglo XVIII, cuando la patata ya estaba incorporada en el ámbito europeo. Este producto alimenticio contribuyó notablemente a cambiar y mejorar la dieta europea.

Valor nutricional

La patata es una raíz feculenta difícil de encuadrar nutricionalmente en los distintos grupos. Es rica en carbohidratos y en contenido proteico.

Los lípidos son prácticamente despreciables, lo que la acerca al grupo de frutas, verduras y hortalizas. Es una buena fuente de minerales, aunque su contenido en hierro y calcio es menor que los presentes en hortalizas, verduras y frutas.

Contiene valores bajos de vitaminas del grupo B, sin embargo, es importante por su contenido en vitamina C como frutas, verduras y hortalizas.

Ha sido un alimento básico y fundamental de la dieta, desde la segunda mitad del siglo XVIII, XIX e incluso en el siglo XX, y aún hoy en colectividades concretas. En la evolución de su consumo hay que destacar la gran disminución que ha experimentado su ingesta hoy en día. Una de las razones puede ser: a la patata se la considera de poco prestigio, «que engordan», razón que comparte con el pan siendo esto un gran error nutricional que justifica parcialmente nuestros desequilibrios nutricionales.

Propiedades

La patata aporta alrededor de 80 calorías por cada 100 g, así pues, hay que desterrar su mala fama: «la patata no engorda». Ahora bien, en función de la forma elegida de preparación, estas calorías aumentarán considerablemente. Como ejemplo tenemos las patatas fritas chips, tan estimadas por la población joven. Estas sí que nos aportan una importante cantidad de calorías por 100 g.

Consumo

En principio, el consumo de patata debe ser importante, no solo por su valor nutricional, sino también por la aceptación que tienen prácticamente en todas las edades y en las diversas formas culinarias en que se presentan. Si bien es difícil decir que la patata debe estar presente en la dieta cada día, sí al menos debería estar cada dos días, por término medio, ya sea como plato principal o como complemento con otros tipos de alimentos.

Compra

Hoy en día contamos con una oferta importante de patata en el mercado. Ahora bien, lo más importante en un plato de patatas es partir de una buena patata. Esto, a pesar de disponer en el mercado de tanta variedad, no siempre es fácil conseguirlo. En principio una patata «sana» es firme y regular al tacto, sin manchas verdes ni oscuras, sin arrugas y sin trazas de empezar a germinar. La cantidad de patata por persona está entre 150-250 g, ahora bien, esta cantidad está en función del uso que vayamos a darle, bien sea como guarnición (cocida, asada, frita) o como primer plato (guiso de cuchara).

Conservación

Las patatas se conservan bien en sitio oscuro, fresco y ventilado. ¡Ojo!, no deben conservarse en bolsas de plástico ni guardarse en el frigorífico, se estropean antes. Lo mejor es mantenerlas en una caja de cartón. Tampoco debe darles la luz, ya que les salen manchas verdes que producen una sustancia tóxica, la solanina.

Utilización

Es fundamental seleccionar la patata adecuada en función de la forma en que vayamos a cocinarla si queremos conseguir un resultado óptimo.

Se elegirán patatas de pulpa «amarilla», puesto que tienen la carne más harinosa, para cocer, asar y guisar. Se elegirán de pulpa «blanca», que tienen la carne más firme, para hacerlas fritas, en tortilla de patata y patatas al romero.

Preparación y elaboración

Para pelar las patatas conviene hacerlo con un cuchillo de hoja corta y puntiaguda, que nos sirva para quitarles los «ojos» o irregularidades.

Si vamos a utilizarlas para freír, se lavan y se secan con un paño, cortándolas del mismo tamaño para que se fríen por igual. El aceite de oliva no debe sobrepasar los 180 °C (¡ojo!, no debe llegar a humear). Se fríen las patatas destapadas, dándoles vueltas de vez en cuando y finalmente, se les añade la sal después de fritas.

Si las patatas se van a utilizar con piel, esta debe lavarse cuidadosamente y frotarla con un cepillo. Para cocerlas con la piel se ponen en una cazuela cubiertas de agua fría y un poco de sal. Se cuecen destapadas a fuego medio entre 30-40 minutos, según la calidad y el tamaño de las patatas. Probar el punto de cocción de estas, con la punta de un cuchillo, antes de sacarlas del fuego, para saber si están cocidas. Se pelan en caliente.

Para usar las patatas al horno se ponen a 150 °C durante 60 minutos, dándoles vueltas cada 20 minutos. Pinchar con la punta de un cuchillo para saber si están cocidas.

Patatas guisadas en salsa verde. Cocina vasca

Ingredientes y proporciones para el guiso de patatas

800 g de patatas amarillas

1 litro de agua o caldo de verduras

½ cebolla pequeña

10 ml de aceite de oliva virgen extra (1 cucharada sopera)

Para la ajada

40 ml de aceite de oliva virgen extra (4 cucharadas soperas)

3 dientes de ajo

Para la condimentación

Perejil (3 cucharadas soperas)

Sal yodada y pimienta

100 g de guisantes (opcional)

Preparación

Pelar las patatas con un cuchillo de hoja corta, lavarlas y cortarlas clavando el cuchillo, arrancando trozos medianos rasgados. Pelar la cebolla y cortarla en dos partes. Pelar los ajos, trocearlos en láminas finas desechando la parte central. Lavar las hojas de perejil y secarlas.

Elaboración

Se echa el agua en una cazuela junto con la cebolla y la cucharada de aceite. Poner a hervir el agua, a fuego medio y en cuanto levante el hervor, se echan las patatas y un poco de sal. Tapar la cazuela y dejar cocer las patatas, suavemente, durante 15 minutos.

Mientras tanto se cuecen las patatas, se echa el aceite en una sartén y se pone a fuego suave. Añadir las láminas de ajo y rehogarlas un poco. Cuando las láminas de ajo están ligeramente doradas, retirar la sartén del fuego y verter la ajada sobre el guiso de patatas, moviendo la cazuela para unir bien todos los ingredientes del guiso. Terminar la cocción cinco minutos más o hasta que las patatas estén hechas.

¡Ojo!, las patatas necesitan unos 20 minutos de cocción para que estén bien cocidas.

Comprobar el punto de cocción de las patatas con la punta de un cuchillo, antes de sacarlas del fuego. Es importante no sobrepasar este, ya que las patatas pierden su exquisita textura y buen sabor.

En su punto justo, rectificar de sal si fuera necesario y poner pimienta recién molida al gusto. Retirar la cazuela del fuego y añadir el perejil picado por encima del guiso. Mover la cazuela para ligar el conjunto y dejar reposar el guiso cinco minutos antes de servirlo a la mesa.

Presentación

Servir las patatas en platos hondos.

Nota

Si añadimos guisantes al guiso conviene cocerlos previamente para evitar que resulten duros.

Patatas guisadas primavera

Ingredientes y proporciones para el guiso

800 g de patatas nuevas (tamaño nuez)

800 ml de agua o caldo de verduras

4 cebolletas nuevas (tamaño nuez)

10 ml de aceite de oliva virgen (1 cucharada sopera)

1 cogollo de lechuga (opcional)

300 g de guisantes frescos para desgranar

Sal yodada

Para el sofrito

50 g de jamón curado

2 dientes de ajo

40 ml de aceite de oliva virgen extra (4 cucharadas soperas)

Condimentación

Unas hojitas de hierbabuena

Un trocito pequeño de hoja de laurel

Sal yodada y pimienta recién molida

Cebollino (en su defecto sustituir por perejil)

Preparación

Poner las patatas a remojo para que suelten la tierra. Raspar las patatas, con un cuchillo de hoja corta, hasta eliminar por completo su fina piel. Lavarlas muy bien para eliminar todo resto de desecho. Pelar las cebollitas francesas y dejarlas enteras. Lavar el cogollo de lechuga y cortar las hojas en juliana. Desgranar los guisantes.

Limpiar el jamón y cortarlo a trocitos pequeños. Pelar los ajos quitarles la parte central y trocearlos en láminas finas. Lavar las hojas de hierbabuena.

Elaboración

Se pone a hervir el agua en una cazuela, con las cebollas y la cucharada de aceite. En cuanto levante el hervor, se echan las patatas y un poco de sal. Tapar la cazuela y cocerlas suavemente unos 20 minutos.

Sofrito

Calentar el aceite a fuego suave en la sartén, añadir las láminas de ajo, dar unas vueltas e incorporar el jamón. Sofreír ligeramente durante un par de minutos y retirar la sartén del fuego. Verter el sofrito sobre el guiso de patatas, cinco minutos antes de terminar la cocción de estas. Además, incorporarles la hoja de laurel y la hierbabuena. Comprobar el punto de cocción de las patatas, antes de sacarlas del fuego, con la punta de un cuchillo, para saber si están cocidas.

¡Ojo!, las patatas necesitan unos 20 minutos de cocción para que estén bien hechas. En su punto justo, rectificar de sal si fuera necesario, poner pimienta recién molida al gusto y añadir los guisantes a la cazuela previamente cocidos.

Mover la cazuela para ligar bien el conjunto. Echar la lechuga en juliana, por encima del guiso y retirar la cazuela del fuego, dejándolo reposar cinco minutos antes de servirlo a la mesa.

Presentación

Servir en platos hondos colocando una cebolleta en cada plato. Decorar con cebollino finamente picado por encima.

Manera de preparar y cocer los guisantes

Los guisantes se tienen que desgranar en el momento que vayamos a guisarlos.

Se pone a hervir el agua en un cazo con un poco de sal. En cuanto el agua hierva a borbotones, se echan los guisantes y se cuecen destapados, por espacio de unos 20 minutos, sin parar de hervir. Comprobar el punto de cocción antes de retirar el cazo del fuego. Probar si están bien cocidos aplastando un guisante con los dedos. En su punto, se escurren y se utilizan según lo indique la receta.

Patatas rellenas de carne y jamón. Cocina gallega

Ingredientes y proporciones para el guiso

- 4 patatas gallegas grandes, de 150 g cada una u 8 medianas de 75 g cada una
- 1 cebolla mediana
- 1 diente de ajo
- 100 ml de caldo de ternera, pollo o en su defecto agua
- 40 ml de buen vino blanco (4 cucharadas soperas)
- 30 ml de aceite de oliva virgen extra (3 cucharadas soperas)
- Un trocito de hoja de laurel
- Sal yodada

Para el relleno

- 150 g de picadillo de carne (mitad lomo de cerdo sin grasa, mitad ternera o bien carne de ave)
- 30 g de jamón serrano
- 1 huevo
- Miga de pan de pueblo
- 1 diente de ajo picadito
- Perejil
- Una pizca de sal yodada y pimienta

Preparación

Seleccionar cuatro patatas lisas de igual tamaño, pelarlas y lavarlas. Pelar la cebolla y rallarla. Pelar el ajo, quitar la parte central y picarlo muy fino.

Preparación del relleno

Cortar las carnes y pasarlas por la picadora junto con el jamón, que lo tendremos limpio de pieles y grasa. También podemos pedir al carnicero que nos pique las carnes junto con el jamón. Las carnes deben estar finamente picadas y el picadillo tiene que resultar muy fino. Si es necesario, se pasarán dos veces por la máquina de picar la carne. Batir el huevo en un plato e incorporarle la miga de pan desmenuzada, el ajo finamente picado y perejil. Unir bien todos los componentes y, después, añadirles las carnes picadas. Mezclar todos los ingredientes y sazonarlos con sal y pimienta, amasándolos para que quede una pasta sazonada uniformemente. Probar el picadillo, este debe quedar bien sazonado. ¡Ojo con la sal!, el jamón transmite su correspondiente sal al conjunto. En el caso de que la pasta estuviera demasiado blanda, se puede añadir un poco más de miga de pan, aunque la masa no tiene que quedar demasiado compacta. En su punto, dividir el relleno en cuatro bolas grandes u ocho pequeñas, según el tamaño de la patata elegida.

Manera de rellenar las patatas

Empezar por cortar un casquete en la parte de arriba de cada una de las patatas (reservar este para que nos sirva de tapa, cuando estén rellenas).

Ahuecarlas por dentro, en el centro, con una cucharilla, extrayendo parte de la pulpa, para poder colocarle en el hueco el relleno. Poner una bola de relleno en cada hueco de la patata y cubrirla con el casquete reservado. Así, sucesivamente, iremos introduciendo la bola de relleno entre cada una de las patatas que, a medida que se van rellenando, se van tapando con su casquete correspondiente. Una vez rellenas todas las patatas se reservan hasta el momento de introducirlas en la cazuela.

Empezar por la elaboración de la salsa

Se echa el aceite en una cazuela y se pone a fuego lento. Incorporar la cebolla rallada, darle unas vueltas y dejarla hacer suavemente hasta que llegue al punto de transparencia. Antes de que la cebolla empiece a dorar añadir el ajo picadito, se le da unas vueltas y se deja sofreír a fuego lento un par de minutos más. Salpimentar, retirar la cazuela del fuego y colocar las patatas rellenas, dentro de la cazuela, de una en una, con sumo cuidado.

Volver a poner la cazuela, a fuego moderado, y echar por encima de las patatas el caldo de ternera, pollo o agua, hirviendo y un poco de sal. En cuanto el caldo levante el hervor, se baja la intensidad del fuego, se añade el vino blanco y el laurel, se tapa la cazuela y se dejan cocer las patatas suavemente hasta que están tiernas, unos 20-30 minutos, según el tamaño, moviendo a menudo la cazuela para evitar que el guiso se pegue al fondo, hasta que estén bien hechas. Comprobar el punto de sal y pimienta, rectificar si fuera necesario. ¡Ojo!, comprobar el punto de cocción con la punta de un cuchillo, antes de sacar las patatas del fuego para ver si están cocidas. En su punto, retirar la cazuela del fuego y dejar reposar las patatas cinco minutos antes de servirlas a la mesa.

Presentación

Presentar las patatas en una fuente redonda echando por encima la salsa bien calentita. Servir de inmediato.

Nota

Las patatas deben quedar con salsita, si fuera necesario se les puede añadir un poco de caldo o agua hirviendo y si queremos que la salsa resulte más fina, retirar las patatas de la cazuela y pasar la salsa por el colador chino, apretando con la maza del mortero para pasar bien toda la salsa.

Esta misma receta nos puede servir para elaborar cebollas rellenas. Solo tendremos que sustituir las patatas por las cebollas.

Soufflé de patatas

Ingredientes y proporciones para el puré de patata

250 g de patatas peladas

100 ml de leche entera de vaca

10 ml de aceite de oliva virgen extra (1 cucharada)

1 cucharadita de menta fresca picada (opcional)

1 cucharadita de perejil picado

Una pizca de nuez moscada

Sal yodada y pimienta en grano recién molida

Para el *soufflé*

2 claras de huevo

15 g de queso parmesano recién rallado, o similar, para espolvorear por encima

Preparación

Pelar y lavar las patatas. Lavar los huevos, secarlos y separar las claras de las yemas y reservarlas por separado. Engrasar ligeramente con aceite una fuente de horno.

Elaboración

Cocer las patatas en agua salada. Se pone a hervir el agua en una cazuela En cuanto levante el hervor, se echan las patatas y un poco de sal. Cocerlas suavemente unos 20 minutos. En su punto, sacarlas del agua y machacarlas con un tenedor, hasta conseguir una masa fina y compacta. Encender el horno a una temperatura de 180 °C.

Preparación del *soufflé*

Se incorpora al puré de patata el aceite, las yemas de huevo, las especias, perejil y menta y se une el conjunto, con cuidado. Añadir la leche e incorporarla a la preparación hasta que resulte una pasta suave.

Batir las claras a punto de nieve con una pizca de sal, incorporarlas al puré y mezclar suavemente ambos ingredientes, con movimientos envolventes, hasta que estén bien unidos todos los elementos. Echar esta preparación en la fuente de horno y espolvorear ligeramente por encima, con el queso rallado. Meter rápidamente la fuente al horno, a media altura, hasta que el *soufflé* esté dorado, unos 10-15 minutos. Servir el *soufflé* nada más sacarlo del horno, espolvoreado de perejil picadito.

Presentación

Presentar el *soufflé* en la misma fuente de horno.

Patatas asadas al horno con pimentón. Cocina valenciana

Ingredientes y proporciones

4 patatas amarillas, grandes de igual tamaño

Aceite de oliva virgen extra

Pimentón dulce y si gusta un aire de pimentón picante

Sal yodada

Preparación

Precalentar el horno a 180 °C.

Lavar las patatas (no pelarlas) y limpiarlas con un cepillo debajo del agua del grifo hasta quitarles toda la tierra. Secarlas con papel de cocina y cortarlas a lo largo por la mitad y dar unos cortes cruzados, en la superficie, en vertical y horizontal formando una cuadrícula.

Elaboración

Poner las patatas con la piel abajo en una fuente de horno. Sazonarlas con sal, aderezarlas por encima con aceite de oliva y espolvorearlas con pimentón dulce. Se mete la fuente al horno y se asan las patatas durante unos 45-55 minutos. Pinchar las patatas para saber si están asadas. Retirar las patatas del horno en su buen punto de cocción y servir enseguida.

Presentación

Servir como aperitivo o bien acompañando platos de carne como guarnición.

Legumbres

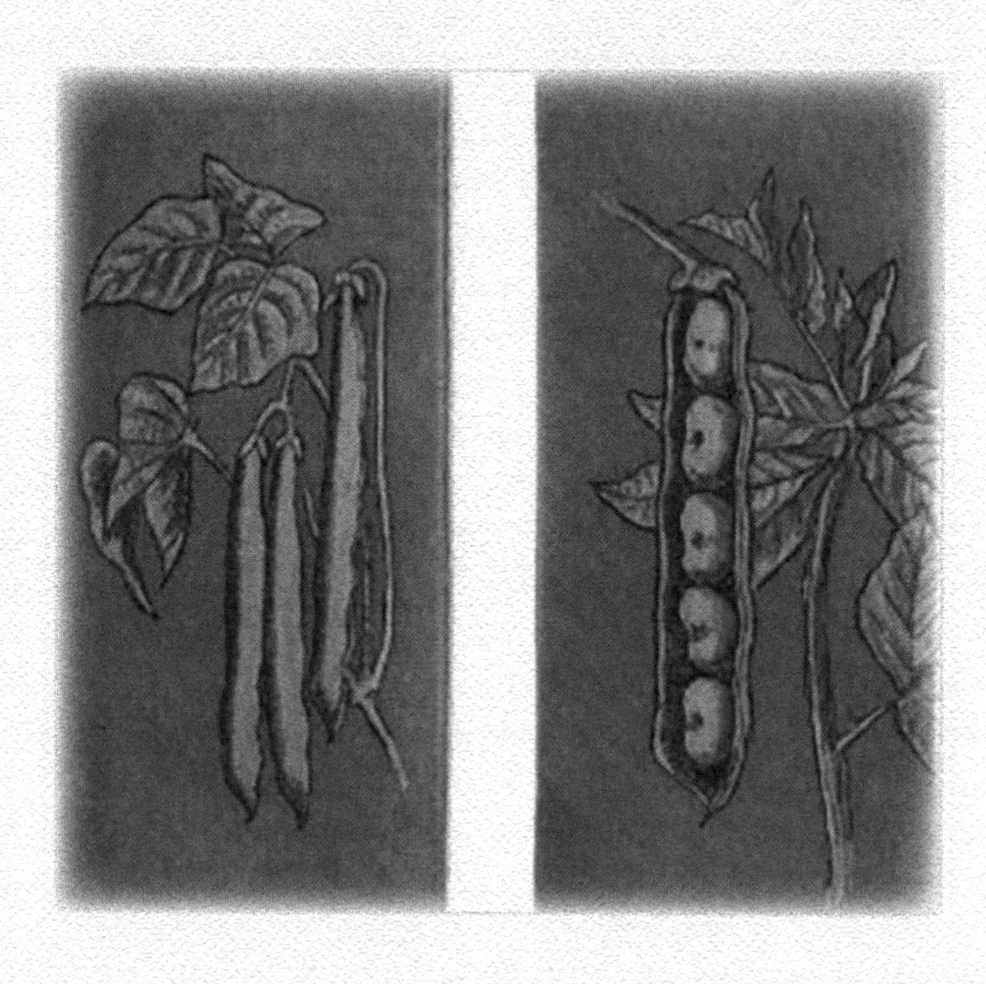

Las legumbres son alimentos de origen vegetal, con un alto contenido en proteínas. Por esta razón se incluyen en el grupo de alimentos proteicos junto con carnes y pescados.

Desde la Antigüedad, las leguminosas, junto con los cereales, han constituido la base de la dieta de muchas civilizaciones, por sus muchas cualidades: adaptación a diversos procesos culinarios, capacidad de conservación, pero sobre todo por su alto valor nutritivo y energético.

Origen

En nuestro país, la referencia más antigua que tenemos sobre las legumbres procede de la cultura de El Argar, durante la Edad del Hierro, con testimonios materiales de granos enteros de lentejas y restos de cereales. Siglos más tarde, cuando nuestro territorio fue romanizado, el consumo de legumbres formaba parte de la dieta básica de la población de las milicias romanas. Existen testimonios escritos sobre la clase de legumbres que consumían los romanos en el *Edictum* de Diocleciano, en donde se citan lentejas, guisantes, garbanzos, habichuelas y muchas otras hortalizas y especias.

Otros testimonios escritos sobre el cultivo de legumbres por los agricultores hispanoárabes aparecen en el *Libro de Agricultura* de Abu Zacaria, con amplia referencia sobre las épocas de siembra, variedades de semillas, conservación, etc. Tras el descubrimiento de América, entre otros productos, nos llegaron nuevas variedades de alubias, enriqueciendo culinariamente la extensa lista de potajes y ollas. Estas ollas fueron las antecesoras del tradicional cocido que con algunas variantes se sigue elaborando en todo nuestro país.

Valor nutricional

Las legumbres constituyen un grupo que se parece más a los productos animales, en cuanto a su contenido en proteínas. Además, son especialmente ricas en carbohidratos complejos. Otra de sus ventajas es su bajo contenido en grasa, y la que aportan es rica en ácidos grasos poliinsaturados, por lo que no tienen los efectos negativos que presenta la grasa saturada que está presente en las carnes. En cuanto a minerales, las legumbres tienen un contenido significativo en calcio y, sobre todo, destacan como fuente de hierro por su excelencia. En cuanto al aporte vitamínico, contiene las del grupo B.

Consumo

Las legumbres, debido a su importancia y diverso contenido nutricional, constituyen un alimento muy importante que debe consumirse con frecuencia. Estas cualidades aconsejan que en las dietas estén presentes los tres tipos de legumbres más habituales en la dieta española, lentejas, judías y garbanzos, una vez a la semana, cada una de ellas.

Compra

Según la norma de calidad actualmente vigente, las legumbres se clasifican en tres categorías:

1) Extra. Calidad Superior, con etiqueta roja.
2) Tipo I. Buena calidad, con etiqueta verde.
3) Tipo II. Calidad comercial, con etiqueta amarilla. ¡Ojo!, ver etiquetas a la hora de hacer la compra y no comprar las legumbres a ciegas, prestando atención a la calidad, el calibre o la variedad de la misma. Además, es importante verificar la fecha de envasado y caducidad, porque la frescura o vejez de la legumbre va a influir posteriormente tanto en el tiempo de remojo como en la cocción.

La cantidad estimada de consumo por persona está entre los 60-80 gramos de legumbre, teniendo en cuenta el aumento de tamaño y de volumen durante el proceso de cocción.

Conservación

Las legumbres tienen una gran capacidad de conservación, cualidad favorecida por la desecación natural y la presencia de un tegumento impermeable que las protege del exterior. A pesar de esto, las legumbres no deben conservarse más de un año porque se secan en exceso y luego cuecen mal.

Utilización

En nuestra cocina tradicional, las recetas de potajes y guisos en los que entran las legumbres son numerosas. Solas o acompañadas de otros ingredientes, las posibilidades desde el punto de vista culinario son muy amplias. Además de ser un plato fuerte de invierno, también se pueden preparar excelentes ensaladas o cremas frías o templadas, muy nutritivas, en temporada estival. Sus variadas formas de preparación son un factor importante a la hora de utilizarlas, porque pueden adaptarse a los gustos de cada individuo sin llegar a la saturación.

Preparación

La preparación de las legumbres requiere unos pasos que hay que controlar.

Remojo previo, en agua fría, calculando una parte de legumbre y tres partes de agua. En esta agua deben permanecer las legumbres de 8 a 10 horas. Pasado este tiempo, se ponen en un colador y se dejan bajo el grifo de agua fría durante un par de minutos. ¡Ojo!, todas las legumbres, excepto los garbanzos, deben ponerse a cocer en agua fría, añadiéndoles, siempre que les haga falta, más agua fría. Los garbanzos se ponen a cocer en agua hirviendo, cuando están pletóricos los borbotones, añadiéndoles, siempre que sea necesario, el agua hirviendo. Los tiempos de cocción de las legumbres van a estar en función de la calidad de la materia prima, si son o no de la cosecha del año y de la calidad del agua y grado de dureza. Generalmente, requieren una cocción entre 1 y 2,5 horas. Las lentejas se cuecen en menos tiempo que las alubias o garbanzos. Como norma general, se colocan las legumbres en una olla o cazuela, añadiéndoles por cada parte de legumbre dos de agua o de caldo sin sal, más los ingredientes con los que se vayan a cocinar: verduras, carnes, embutidos, aceite de oliva, especias y hierbas. En cuanto a la cocción, debe realizarse lo más lenta posible, ya que si se realiza demasiado rápida las legumbres empiezan a abrirse sin estar cocidas, separándose la piel, aún cuando las legumbres sean de buena calidad. No debe añadirse bicarbonato porque destruye las vitaminas. En cuanto a las alubias o judías, no debe añadirse la sal hasta casi la finalización de la cocción. Respecto a los molestos gases que producen las alubias, existe la creencia (no está comprobado científicamente) de que hay que cambiar el agua a las judías tras los primeros minutos de cocción, es decir, tras el primer hervor, retirar la cazuela del fuego, colar las alubias, refrescarlas en el chorro de agua fría y volverlas a poner a cocer de nuevo, a pesar de que esto implica la pérdida de algo de contenido proteico y vitamínico; aun así yo suelo hacerlo.

Nota

A la hora de utilizar las legumbres, se pueden cocinar anticipadamente, sin perder cualidades al calentarlas de nuevo.

Fabes a la marinera. Cocina asturiana

Ingredientes y proporciones para el guiso de fabes

300 g de fabes de la Granja u otra variedad de alubias, siempre que sean de buena calidad

½ cebolla pequeña

100 g de pimiento morrón

1 diente de ajo

20 ml de aceite de oliva virgen extra (2 cucharadas)

600 ml de caldo de pescado

200 g de pixín (rape)

4 cigalas

4 gambas rojas o langostinos

Para el caldo de pescado

½ cabeza de rape

1 puerro

Unas hebras de azafrán

700 ml de agua

Sal yodada

Preparación

Dejar las fabes a remojo, en un bol con agua fría, 8-10 horas antes de la preparación del guiso.

Para la salsa

100 g de almejas finas

50 g de tomate rojo

½ cebollita rallada

1 diente de ajo

2 cucharadas de vino blanco seco

Una anilla de guindilla roja sin semillas (opcional)

20 ml de aceite de oliva virgen extra (2 cucharadas)

Sal yodada

Preparación de los ingredientes para el caldo

Limpiar la cabeza de pixín. Limpiar y lavar el puerro y cortarlo en juliana.

Preparación de las almejas

Véase receta de fabes con almejas.

Preparar los mariscos y el rape

Lavar, escurrir y secar las gambas y cigalas. Limpiar el rape, lavarlo, secarlo y cortarlo a trocitos. Limpiar el pimiento de semillas, lavarlo y cortarlo en trozos. Pelar el diente de ajo. Pelar la cebolla y cortarla por la mitad.

Preparación de la salsa

Lavar y rallar el tomate. Pelar y rallar la cebolla.

Pelar y picar el ajo.

Empezar por la elaboración del caldo de pescado

Echar los ingredientes indicados para el caldo en una cazuela, junto con 700 ml de agua, una pizca de pimentón y unas hebras de azafrán. Se pone la cazuela al fuego y en cuanto el agua levante el hervor se espuma bien, se tapa la cazuela y se deja hacer el caldo, lentamente, a fuego suave, unos 15-18 minutos. Apartar la cazuela del fuego, dejar reposar el caldo. ¡Ojo!, el caldo debe estar completamente frío a la hora de guisar las fabes.

Momentos antes de guisar las fabes, se escurren del agua de remojo, se echan en una cazuela de fondo grueso, se cubren de agua fría y se ponen a fuego lento.

En cuanto lleguen al punto de ebullición, se espuman, se les da un hervor y se retira la cazuela del fuego. Escurrir las fabes, pasarlas por el grifo de agua fría y volverlas a poner de nuevo en la cazuela. Añadirles el caldo de pescado frío, la cebolla, el diente de ajo, el pimiento y el aceite. Poner la cazuela a fuego lento y en cuanto el caldo llegue al punto de ebullición, cocer las fabes, suavemente, con la cazuela un poco destapada, hasta que las fabes estén tiernas. El tiempo de cocción va a estar en función de la calidad de las fabes y del agua, entre 2-3 horas. ¡Ojo!, hay que vigilar de vez en cuando el guiso para que las fabes estén siempre cubiertas de caldo, para que no suelten la piel. Si es necesario, se les va añadiendo caldo frío, en pequeñas cantidades. ¡Ojo!, no remover las fabes para no partirlas, pero sí se debe sacudir la cazuela, de vez en cuando, para ligar bien el conjunto y evitar que se pegue.

Elaboración de la salsa

Poner el aceite a calentar en una sartén, a fuego suave. Se echa la cebolla y se deja sofreír a fuego lento, dándole unas vueltas de vez en cuando, hasta que llegue al punto de transparencia. Incorporar el ajo finamente picado, darle una vuelta y enseguida, añadir el tomate, rehogar el conjunto y dejar cocer la salsa unos cinco minutos a fuego lento, dándole unas vueltas. Añadir el caldo reservado de abrir las almejas, la anilla de guindilla, el vino y un punto de sal. Dejar cocer la salsa 3-5 minutos más, a fuego lento e incorporar las almejas en la salsa. Se le da unas vueltas, se rectifica de sal y se dejan cocer las almejas solo un minuto. ¡Ojo!, no pasar el tiempo de cocción de las almejas, se endurecen. Retirar la sartén del fuego y reservarlas tapadas hasta el momento de incorporarlas a las fabes.

10 minutos antes de terminar la cocción de las fabes añadir los trocitos de rape a la cazuela y dejar cocer cinco minutos. Incorporar los mariscos y las almejas a la cazuela y dejar hervir el guiso, cinco minutos más, moviéndolo para ligar bien el conjunto. Probar el punto de sal antes de sacar las fabes del fuego. ¡Ojo!, controlar los tiempos de cocción del marisco para que no se pase.

Presentación

Presentar las fabes a la mesa en la misma cazuela.

Fabes con centollo. Cocina asturiana

Ingredientes y proporciones para el guiso de fabes

300 g de fabes de la Granja u otra variedad de alubias, siempre que sean de buena calidad

½ cebolla pequeña

50 g de pimiento verde

1 diente de ajo

20 ml de aceite de oliva virgen extra (2 cucharadas)

600 ml de caldo de pescado

Para la salsa

Una centolla con buen peso

100 g de tomate rojo

½ cebollita rallada

50 g de pimiento rojo

2 cucharadas de vino blanco seco

Una anilla de guindilla roja sin semillas (opcional)

20 ml de aceite de oliva virgen extra (2 cucharadas)

Sal yodada

1 cucharada de perejil picado

Para el caldo de pescado

½ cabeza de rape

1 puerro con la parte verde

1 zanahoria pequeña

Unas hebras de azafrán

700 ml de agua

Sal yodada

Preparación

Dejar las fabes a remojo, en un bol con agua fría, 8-10 horas antes de la preparación del guiso.

Preparación de los ingredientes para el caldo

Limpiar la cabeza de rape. Limpiar y lavar el puerro y cortarlo en juliana. Raspar, lavar la zanahoria y cortarla en juliana.

Preparación de los ingredientes para el guiso de fabes

Limpiar el pimiento de semillas, lavarlo y cortarlo en trozos. Pelar el diente de ajo y partirlo por la mitad. Pelar la cebolla y cortarla por la mitad.

Preparación de la salsa

Pelar y rallar la cebolla. Lavar y rallar el tomate. Limpiar el pimiento de semillas, lavarlo y cortarlo en trocitos pequeños. Lavar y picar el perejil.

Elaboración

Empezar por la elaboración del caldo de pescado (véase receta de fabes a la marinera).

Momentos antes de guisar las fabes, se escurren, se echan en una cazuela de fondo grueso, se las cubre de agua fría y se ponen a fuego lento. En cuanto lleguen al punto de ebullición, se espuman, se les da un hervor y se retira la cazuela del fuego. Escurrir las fabes, pasarlas por el grifo de agua fría y volverlas a poner de nuevo en la cazuela. Añadirles el caldo de pescado, la cebolla, el diente de ajo, el pimiento y el aceite. Poner la cazuela a fuego lento y en cuanto el agua llegue al punto de ebullición, se dejan cocer las fabes, suavemente, con la cazuela un poco destapada, hasta que estén tiernas. El tiempo de cocción va a estar en función de la calidad de las fabes y del agua, entre 2-3 horas. ¡Ojo!, hay que vigilar de vez en cuando las fabes para que siempre estén cubiertas de caldo y no suelten la piel. Si es necesario, se les va añadiendo caldo frío en pequeñas cantidades. ¡Ojo!, no remover las fabes para no partirlas, pero sí se debe sacudir la cazuela, de vez en cuando, para ligar bien el conjunto y evitar que se pegue.

Elaboración de la centolla

Se echa la centolla en una cazuela y se cubre de agua fría con sal. Poner la cazuela a fuego lento y en cuanto el agua llegue al punto de ebullición, se deja hervir la centolla justo 15 minutos. Retirar la cazuela del fuego y dejar enfriar el marisco. Abrir la centolla en el momento de incorporar el carro a la salsa y partir las patas.

Elaboración de la salsa

Poner el aceite a calentar en una sartén, a fuego suave. Se echa la cebolla y se deja sofreír, a fuego lento, dándole unas vueltas, hasta que llegue al punto de transparencia. Incorporar el pimiento, darle unas vueltas y enseguida añadir el tomate. Rehogar el conjunto y dejar cocer la salsa unos cinco minutos, a fuego lento, dándole unas vueltas. Incorporar el carro de la centolla, la anilla de guindilla, el vino y un punto de sal. Dar unas vueltas para unir el conjunto y retirar la sartén del fuego hasta el momento de incorporarlo a las fabes. Tres minutos antes de terminar la cocción de las fabes, incorporar las patas de la centolla y las partes comestibles del carro a la cazuela. Añadir el sofrito reservado y dejar que hierva el conjunto un par de minutos más, moviendo la cazuela para unir bien los componentes. Probar el punto de sal antes de sacar las fabes del fuego y retirar la cazuela del fuego.

¡Ojo!, controlar los tiempos de cocción del marisco para que no se pase.

Presentación

Presentar las fabes en la mesa en la misma cazuela.

Fabes con oreja de cerdo. Cocina vasca

Ingredientes y proporciones para el guiso de fabes

300 g de fabes de la Granja u otra variedad de alubias, siempre que sean de buena calidad

½ cebolla pequeña

20 ml de aceite de oliva virgen extra (2 cucharadas)

600 ml de agua

Un toque o anilla de guindilla roja sin semillas (opcional)

Perejil

Una pizca de canela en polvo

Para la ajada

2 dientes de ajos

Pimentón de la Vera dulce

20 ml de aceite de oliva virgen extra (2 cucharadas)

Sal yodada

Para cocer las orejas

2 orejas de cerdo en salazón

1 cebolla pequeña

1 zanahoria pequeña

Una ramitas de tomillo

Un trocito de hoja de laurel

800 ml de agua

Preparación

Poner las orejas de cerdo a remojo, en un bol con agua fría, 24 horas antes de la preparación del guiso. Cambiarles el agua tres veces. En el momento de ponernos a guisar las fabes, se sacan las orejas de cerdo del agua de remojo, se escalda con agua hirviendo, se limpian bien y se dejan enteras.

Poner las fabes a remojo, en un bol con agua fría, 8-10 horas antes de la preparación del guiso.

Pelar la cebolla y cortarla en trozos. Raspar la zanahoria, lavarla y cortarla en rodajas finas. Lavar y picar el perejil.

Preparación de la ajada

Pelar los dientes de ajo, quitar la parte central y cortarlos en láminas finas. Pelar y rallar la cebolla. Lavar y picar el perejil.

Elaboración

Momentos antes de guisar las fabes, se escurren, se echan en una cazuela de fondo grueso, se las cubre de agua fría y se ponen a fuego lento. En cuanto lleguen al punto de ebullición, se espuman, se les da un hervor y se retira la cazuela del fuego. Escurrir las fabes, pasarlas por el grifo de agua fría y volverlas a poner de nuevo en la cazuela. Añadirles agua, media cebolla y el aceite. Poner la cazuela, a fuego lento y en cuanto el agua llegue al punto de ebullición, se dejan cocer las fabes, suavemente, con la cazuela un poco destapada, hasta que estén tiernas. El tiempo de cocción va a estar en función de la calidad de las fabes y del agua, entre 2-3 horas. ¡Ojo!, hay que vigilar de vez en cuando las fabes para que siempre estén cubiertas de caldo y no suelten la piel. Si es necesario, se les va añadiendo caldo en pequeñas cantidades. ¡Ojo!, no remover las fabes para no partirlas, pero sí se debe sacudir la cazuela, de vez en cuando, para ligar bien el conjunto y evitar que se pegue. Mientras tanto se hacen las fabes se ponen a cocer las orejas. Echar las orejas limpias en una cazuela y añadirles, el agua, la cebolla, zanahoria y tomillo. Se pone la cazuela a fuego lento y en cuanto el agua llegue al punto de ebullición, se espuma y se dejan hervir las orejas hasta que estén tiernas. Retirar la cazuela del fuego y dejar enfriar.

Elaboración de la ajada

Poner el aceite a calentar en una sartén, a fuego suave. Echar los ajos y dejarlos sofreír, a fuego lento, dándoles unas vueltas. Incorporar el pimentón, dar unas vueltas para unir el conjunto y añadirle unas cucharadas de caldo para evitar que se queme y retirar la sartén del fuego hasta el momento de añadirlo a las fabes.

Unos 20 minutos antes de terminar la cocción, se incorpora a las fabes, las orejas cortaditas en trozos pequeños. En el último momento verter la ajada sobre el guiso y añadirle la guindilla y una pizca de canela. Dejar que hierva el conjunto un par de minutos más, moviendo la cazuela para unir bien los componentes y probar el punto de sal antes de sacar las fabes del fuego y retirar la cazuela del fuego.

Presentación

Presentar las fabes en la mesa en la misma cazuela.

Nota

Si se observa que las fabes están demasiado secas, se puede añadir un poco de caldo de cocer las orejas.

Lentejas estofadas

Ingredientes y proporciones

300 g de lentejas

1 trocito de cebolla para cocer las lentejas

Un trocito de hoja de laurel

600 ml de agua

Para la ajada

2 dientes de ajos

Pimentón de la Vera dulce

20 ml de aceite de oliva virgen extra (2 cucharadas) y sal

Para el sofrito

100 g de cebolla

100 g de pimiento morrón

200 g de tomates

50 g de jamón serrano

30 ml de aceite de oliva virgen extra (3 cucharadas)

Sal yodada

Preparación

Poner las lentejas en un recipiente cubiertas de agua y mantenerlas en remojo durante unas 8-10 horas antes de ser utilizadas. Pelar y rallar la cebolla. Lavar y rallar el tomate. Limpiar el pimiento de semillas, lavarlo y cortarlo en juliana. Pelar el ajo y picarlo fino. Limpiar el jamón de grasa y pieles, y cortarlo a trocitos.

Elaboración

Momentos antes de guisar las lentejas se escurren del agua de remojo y se ponen cubiertas de agua a cocer en una cazuela a fuego lento, para evitar que se pongan duras. Añadirles el trozo de cebolla, el atadillo de hierbas y una cucharada de aceite de oliva. Cuando el agua alcance el punto de ebullición se espuma, se tapa la cazuela y se dejan cocer las lentejas suavemente.

Mientras tanto, majar en el mortero los ajos, añadirle el pimentón y el aceite, dar unas vueltas para ligar bien el conjunto, echarlo en las lentejas hirviendo y proseguir la cocción hasta que estén hechas.

Elaboración del sofrito

Poner el aceite a calentar en una sartén y echar la cebolla, sofreírla hasta que esté transparente. Añadir el pimiento y rehogarlo hasta que esté tierno. Incorporar el tomate, rehogarlo 10 minutos y poner el jamón. Darle unas vueltas, retirar la sartén del fuego, reservando el sofrito hasta el momento de incorporarlo al guiso.

Incorporar el sofrito a la cazuela cinco minutos antes de finalizar la cocción del guiso. Mover la cazuela para unir el conjunto, probar el punto de sal. Ojo con la sal que aporta el jamón. Dejar cocer unos minutos más. Retirar la cazuela del fuego y servir las lentejas.

Garbanzos con espinacas y bacalao. Cocina asturiana

Ingredientes y proporciones para cocer los garbanzos

250 g de garbanzos

1 cucharada de aceite de oliva virgen extra

1 trocito de cebolla

Un trocito pequeño de hoja de laurel

500 ml de agua

Para complementar el potaje

100 g de bacalao

100 g de cebolla

200 g de espinacas

1 diente de ajo picado fino

30 ml de aceite de oliva virgen extra (3 cucharadas)

Para el majado

1 diente de ajo cortado a láminas

Perejil

Sal yodada y pimienta

1 yema de huevo cocida

Preparación

Poner el bacalao en remojo, en un bol con agua fría, 36 horas antes de la preparación del guiso. Cambiarle el agua tres veces (véase manera de desalar el bacalao). En el momento de la elaboración del guiso se limpia de espinas y pieles y se corta a trocitos pequeños.

Poner los garbanzos en un recipiente cubiertos de agua con una pizca de sal y mantenerlos en remojo durante 8-10 horas antes de ser utilizados.

En el momento que vayamos a cocinar los garbanzos, escurrirlos del agua de remojo.

Pelar la cebolla y rallarla. Pelar el ajo y cortarlo en láminas finas. Lavar y picar el perejil.

Manera de limpiar y preparar las espinacas

Quitar la parte inferior del tallo de las espinacas, uno a uno, y las hojas que no sirvan. Lavar las hojas verdes en abundante agua fría, cambiando el agua varias veces, hasta que salga limpia. Pelar el diente de ajo, quitarle la parte central y picarlo fino.

Elaboración de los garbanzos

Se pone una cazuela, a fuego vivo, con el agua, la cebolla, un trocito de laurel y una cucharada de aceite de oliva. Cuando el agua llegue al punto de ebullición y pletóricos los borbotones, se echan los garbanzos, en dos o tres veces, para que no dejen en ningún momento de hervir. ¡Ojo!, los garbanzos no deben dejar de hervir ya que se pondrían duros.

Quitar la espuma de la superficie del agua, tapar la cazuela y cocerlos, hasta que estén muy tiernos (se reconoce que están cocidos cuando tienen el pico abierto).

Mientras tanto, se echan dos cucharadas de aceite en una sartén y se pone a calentar. Se añaden las láminas de ajo, se les da unas vueltas y enseguida se sacan y se reservan en un mortero. Incorporar la cebolla en el mismo aceite y dejarla hacer hasta que esté transparente. Echar el bacalao en la cebolla, dar unas vueltas para unir bien el conjunto y retirar la sartén del fuego. Dejar enfriar un poco, antes de añadirle el pimentón, para que no se queme. Unir la preparación y reservarla hasta el momento de incorporarla a la cazuela de los garbanzos cuando estén cocidos.

Cocer las espinacas: se pone una olla al fuego con 1,5 litros de agua y sal. Cuando el agua rompa fuerte a hervir, se introducen las espinacas bien escurridas y se dejan cocer a fuego vivo, unos cinco minutos. Sacar las espinacas del agua, refrescarlas en agua fría y ponerlas a escurrir en un colador para que suelten toda el agua que tengan. Darles alguna vuelta, para que enfríen pronto y evitar que se pongan amarillas. Escurrir las espinacas, aplastándolas con una cuchara y cuando están bien secas, se pican sobre la tabla y se reservan en un plato.

Se echa una cucharada de aceite en una sartén y se pone a fuego suave; cuando el aceite esté ligeramente caliente, se echa el diente de ajo picado; rehogarlo un poco y añadir las espinacas reservadas. Dar unas vueltas unos minutos, sazonarlas y retirar la sartén del fuego; reservarlas en un plato, hasta el momento de introducirlas en el potaje.

Hervir el huevo en un cazo con agua hirviendo, durante 10-12 minutos. Pelarlo y separar la yema de la clara, picar esta finamente a cuadraditos y dejarla en un plato. Deshacer la yema de huevo con un tenedor y reservar aparte.

Majar en el mortero las láminas de ajo, la yema de huevo dura y el perejil. Desliar con unas cucharadas de caldo de cocer los garbanzos y reservar.

Por último, cuando los garbanzos estén cocidos, se incorporan a la cazuela el bacalao, las espinacas y el majado del mortero. Mover la cazuela para ligar bien el conjunto y dejar cocer unos minutos más todo junto para que se armonicen los sabores. Comprobar el punto de sal y retirar la cazuela del fuego, dejándolo reposar unos minutos antes de servirlo a la mesa.

Presentación

Presentar el potaje de garbanzos en la mesa, en una fuente, salpicando por encima la clara de huevo picadita.

Cocido castellano

Ingredientes y proporciones para cocer los garbanzos (6 personas)

250 g de garbanzos

300 g de carne de vaca morcillo o espalda

80 g de chorizo

80 g de punta de jamón serrano

1 hueso de jamón

1 hueso de tuétano

300 g de patatas

1 cucharada de aceite de oliva

3 litros de agua

Para la sopa

1,5 litros de caldo de cocido

Fideos finos

Preparación

Poner los garbanzos en un recipiente cubiertos de agua con una pizca de sal y mantenerlos en remojo durante 8-10 horas antes de ser utilizados. En el momento que vayamos a cocinar el cocido, escurrir los garbanzos del agua de remojo. Enjuagar los trozos de carne, ternera y los huesos de jamón y tuétano. Pelar las patatas lavarlas y cortarlas a trozos regulares.

Elaboración

Se pone una cazuela a fuego vivo, con el agua, la ternera, los huesos y una cucharada de aceite de oliva. Cuando llegue al punto de ebullición, quitar la espuma de la superficie del caldo y dejar que dé un hervor todo. Incorporar los garbanzos en la cazuela, en dos o tres veces, pletóricos los borbotones, para que los garbanzos no dejen en ningún momento de hervir. ¡Ojo!, los garbanzos no deben dejar de hervir ya que se pondrían duros. Tapar la cazuela y cocer el conjunto unas 2-3 horas, a fuego suave, vigilándolo de vez en cuando, para que no deje de hervir. Unos 20 minutos antes de terminar el guiso, cuando los garbanzos estén casi cocidos, añadir a la cazuela el chorizo y las patatas y moverla para unir bien el conjunto. Terminar de hacer el cocido hasta que todos los ingredientes estén muy tiernos. Se reconoce que los garbanzos están cocidos cuando tienen el pico abierto. Comprobar el punto de sal y retirar la cazuela del fuego.

Elaboración de la sopa

Colar 1,5 litros de caldo de cocido en otra cazuela. Ponerla al fuego y llevar el caldo

al punto de ebullición, añadir los fideos y cocerlos según el tiempo de cocción que marque la etiqueta. Retirar la sopa del fuego cuando la pasta esté cocida al dente.

Presentación

Servir la sopa en platos hondos como primer plato. Como segundo, servir en una fuente las carnes cortadas en trozos, el chorizo cortado a rajitas y las patatas y garbanzos colocados alrededor.

Nota

Siempre que se necesite reponer caldo al cocido lo haremos con agua hirviendo para que en ningún momento deje de hervir el cocido.

Platos de cuchara

Los platos de cuchara, como las ensaladas, constituyen un plato en sí mismo y ofrecen una variedad nutricional debido a la combinación de alimentos que entran en su composición: verduras y hortalizas, legumbres, arroz, patatas, pescados y carnes. La cocción requiere tiempos variables en función de los tiempos de cocción de los ingredientes utilizados.

Marmitako de bonito

Ingredientes y proporciones

- 600 g de patatas
- 300 g de lomos de bonito fresco o atún, limpio de pieles y espina
- 150 g de tomate para el sofrito
- 100 g de pimientos verdes
- 100 g de cebolla
- 2 dientes de ajo
- 40 ml de aceite de oliva virgen extra (4 cucharadas)
- Sal yodada y pimienta
- Una pizca de pimentón de la Vera
- 1 rebanada de pan tostado
- 500 ml de caldo de pescado o agua

Preparación

Pelar las patatas, lavarlas, cortarlas clavando el cuchillo y arrancando trozos medianos, es decir, extraer trozos rasgados. Machacar en el mortero un diente de ajo, un poco de sal y una puntita de cuchillo de pimentón, añadirle una cucharada de aceite y ligarlo bien. Lavar los pimientos, limpiarlos de pieles y semillas y cortarlos en trocitos pequeños. Lavar el tomate y rallarlo. Pelar la cebolla y rallarla. Pelar el ajo y picarlo fino. Limpiar el bonito de pieles y espinas, lavarlo, cortarlo a dados regulares, sazonarlo con sal, pimienta y unas gotas de zumo de limón.

Elaboración

Hacer un caldo de pescado (véase receta de patatas con cabeza de merluza). Hervirlo durante 20 minutos, colarlo y reservarlo para cocer las patatas.

Mientras tanto, en una sartén se echa el aceite y se pone a fuego suave; cuando está caliente el aceite se añade la cebolla, se rehoga un poco y se deja hacer hasta que la cebolla esté transparente. Incorporar los pimientos y el diente de ajo, finamente picado, darle unas vueltas y sofreír unos minutos. Incorporar el tomate en el sofrito y seguir haciendo el conjunto, a fuego suave, durante 15 minutos más. Salpimentar y retirar la sartén del fuego, dar unas vueltas y reservar el sofrito hasta el momento de incorporarlo al guiso.

En una cazuela se echan las patatas junto con el caldo reservado o agua hirviendo y se pone al fuego. Añadir la picada del mortero, tapar la cazuela y dejar hervir las patatas, durante 15 minutos, a fuego medio, para que la cocción se efectúe más bien rápida. Añadir más caldo o agua si fuera necesario.

Transcurridos los 15 minutos, incorporar el sofrito a la cazuela, moverla para que ligue bien el guiso y cocerlo cinco minutos más. Añadir el bonito y en cuanto el caldo levante el hervor, retirar la cazuela del fuego; moverla para ligar bien los ingredientes y salpimentar si fuera necesario. Dejar reposar el guiso cinco minutos antes de servirlo.

Presentación

Servir el guiso en la misma cazuela acompañado de pan rociado de aceite y tostado al horno.

Guiso de patatas con cabeza de merluza y perejil. Cocina vasca

Ingredientes y proporciones

- Una cabeza de merluza
- 600 g de patatas
- 2 dientes de ajo
- 40 ml de aceite de oliva virgen extra (4 cucharadas)
- 500 ml de caldo de pescado o en su defecto agua
- Sal yodada y pimienta
- Perejil abundante

Para el caldo de pescado

- ½ cabeza de rape
- 1 cebolla pequeña picada
- 1 puerro pequeño picado
- 1 zanahoria cortada a rodajas
- 4 granos de pimienta negra
- Sal yodada
- 600 ml de agua

Preparación

Limpiar el pescado. Pelar las patatas, lavarlas y cortarlas clavando el cuchillo y arrancando trozos medianos, es decir, rasgarlas. Pelar los ajos y cortarlos en láminas finas. Lavar el perejil.

Empezar por preparar el caldo de pescado

Poner los ingredientes indicados para el caldo en una cazuela, junto con el agua. Se arrima a fuego vivo y en cuanto levante el hervor, se espuma bien, para quitar las impurezas y después se tapa dejándolo cocer 30 minutos. Apartar la cazuela del fuego, pasar el caldo por un colador fino y reservarlo para incorporarlo al guiso.

Elaboración del guiso

Se ponen dos cucharadas de aceite en una cazuela, se arrima a fuego suave y se echa la mitad de las láminas de ajo.

Darles unas vueltas e incorporar las patatas, rehogándolas un poquito, y enseguida añadir el caldo hirviendo de pescado reservado. Se tapa la cazuela y se dejan cocer las patatas durante 12 minutos, a fuego suave, para que la cocción se efectúe pausadamente. Transcurridos los 12 minutos, subir la intensidad del fuego e incorporar la cabeza de merluza. En cuanto el caldo levante el hervor, bajar la intensidad del fuego, salpimentar si fuera necesario y dejar hacer el conjunto, a fuego suave, unos 6 minutos más, moviendo la cazuela de vez en cuando, para que liguen bien los elementos del guiso.

Elaboración de la ajada

Mientras hierve el pescado se echa el resto del aceite en una sartén y se pone a fuego suave. Cuando esté caliente el aceite se incorporan las láminas de ajo restantes, se rehogan un poco y se dejan hasta que estén ligeramente transparentes. Se retira la sartén del fuego y se vierte la ajada enseguida, por encima de las patatas y el pescado, moviendo la cazuela para que liguen bien todos los ingredientes. Comprobar el punto de cocción del pescado, las patatas y el punto de sal y retirar la cazuela del fuego, dejar reposar unos minutos y servir de inmediato.

Presentación

Presentar el guiso en la misma cazuela, espolvoreando por encima del pescado y las patatas con perejil abundante cortado fino a tijera.

Nota

Este guiso se puede completar con algún trozo de merluza (cola). En este caso, lo añadiremos justo cuando incorporemos la cabeza de merluza.

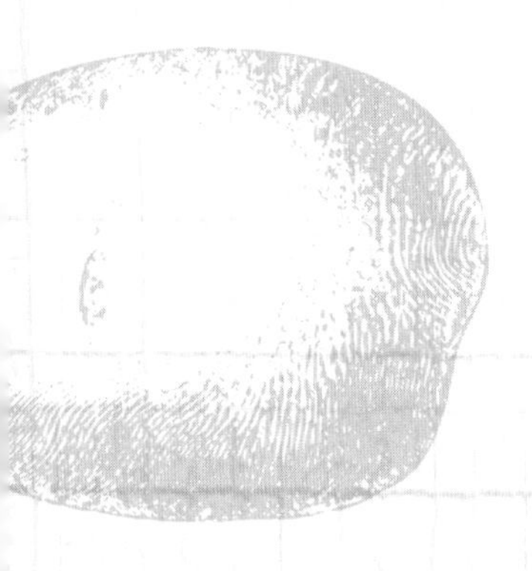

Guiso de albóndigas de bonito con patatas. Cocina asturiana

Ingredientes y proporciones para las albóndigas

300 g de bonito fresco de la parte del cuello

50 g de cebolla rallada

1 diente de ajo picado fino

2 cucharadas de aceite de oliva

20 g de miga de pan

1 yema de huevo

Sal yodada y pimienta

Harina para formar las albóndigas

Para la salsa

100 g de cebolla

200 g de tomate maduro

50 g de pimiento verde

50 g de pimiento rojo

1 diente de ajo

30 ml de aceite de oliva virgen extra (3 cucharadas)

2 cucharadas de vino blanco seco

Sal yodada y pimienta

Un puntito de pimentón dulce

Para el guiso

400 g de patatas

1 cucharada de aceite de oliva virgen extra

Sal yodada y pimienta

400 ml de caldo de pescado

Preparación

Limpiar el pescado, lavarlo y quitarle la piel y las espinas. Pelar la cebolla y rallarla por separado. Pelar los ajos y picarlos por separado. Lavar los tomates y rallarlos. Limpiar los pimientos quitando las semillas y pieles y cortarlos a cuadraditos pequeños. Pelar las patatas, lavarlas y cortarlas clavando el cuchillo y arrancando trozos medianos, es decir, rasgarlas, para que suelten la fécula y engorden el caldo. Deshacer la miga de pan en unas cucharadas de leche.

Preparación de las albóndigas

Picar la carne del bonito muy fina y reservarla en un plato. ¡Ojo!, el pescado debe estar finamente picado para que resulte un picadillo muy fino. Batir la yema de huevo en un plato e incorporarle la miga de pan desmenuzada, el ajo finamente picado y perejil. Unir bien todos los componentes y reservarlo para añadirle después la carne del bonito y la cebolla.

Elaboración

Empezar por la elaboración del caldo (véase receta de patatas con cabeza de merluza). Colar el caldo y reservarlo para cocer las patatas luego.

Elaboración de las albóndigas

Se echa una cucharada de aceite en una sartén y se pone a fuego suave; cuando el aceite esté ligeramente caliente se echa la cebolla, una pizca de sal, se da unas vueltas y se deja hacer la cebolla, muy lentamente, con la sartén tapada, hasta que la cebolla llegue al punto de transparencia, dándole alguna vuelta de vez en cuando. Añadir el picadillo de bonito a la sartén y cocerlo junto con la cebolla, a fuego muy lento, hasta que se ponga blanco, es cuestión de unos minutos. Retirar la sartén del fuego, sazonar el picadillo y verterlo en la yema de huevo que teníamos reservada. Amasar la pasta de albóndigas y sazonarla con sal y pimienta. Probar el picadillo, este tiene que quedar bien sazonado y la pasta resultante suave y uniforme. En su punto, dividir el relleno en bolas pequeñas, enharinarlas y pasarlas ligeramente por la sartén, vuelta y vuelta. ¡Ojo!, no hay que freír las albóndigas.

Elaborar el sofrito

En una sartén se echa el aceite y se pone a fuego suave; cuando esté caliente el aceite, se añade la cebolla, se rehoga un poco y se deja hacer hasta que la cebolla esté trasparente. Incorporar el pimiento rojo y verde y el diente de ajo, finamente picado, darles unas vueltas y sofreír unos minutos. Añadir el tomate en el sofrito y seguir haciendo el conjunto, a fuego suave, durante 15 minutos más. Salpimentar y retirar la sartén del fuego y añadir una puntita de cuchillo de pimentón, dar unas vueltas e incorporar un par de cucharadas de caldo de pescado para evitar que se queme el pimentón y añadir las albóndigas. Reservar el sofrito hasta el momento de incorporarlo a las patatas.

Elaboración del guiso de patatas

En una cazuela, se echan las patatas y una cucharada de aceite, junto con el caldo de pescado reservado, y se pone al fuego. En cuanto el caldo llegue al punto de ebullición tapar la cazuela y dejar hervir las patatas, durante 15 minutos, a fuego suave. Añadir más caldo si fuera necesario.

Transcurridos los 15 minutos de cocción de las patatas, incorporar la salsa y las albóndigas a la cazuela, moverla para que ligue bien el guiso y en cuanto el caldo levante el hervor, de nuevo, cocer el conjunto tres minutos más. Retirar la cazuela del fuego, moverla para ligar bien los ingredientes y salpimentar si fuera necesario. Dejar reposar el guiso, fuera del fuego, cinco minutos antes de servirlo.

Presentación

Presentar el guiso en la misma cazuela adornado con perejil cortado a tijera.

Guiso de alcachofas con albóndigas de bacalao. Cocina valenciana

Ingredientes y proporciones para el guiso de alcachofas

- 8 alcachofas jóvenes de tallo largo
- ¼ de guisantes con la vaina
- Un trocito de hoja de laurel
- 1 yema de huevo duro
- 300 ml de caldo de cocer las patatas y el bacalao de las albóndigas
- Sal yodada y pimienta recién molida

Para el sofrito

- 1 tomate rojo mediano para salsa
- 1 cebollita pequeña
- Una pizca de pimentón de la Vera
- 30 ml de aceite de oliva virgen extra (3 cucharadas)

Para la picada

- 2 dientes de ajo de piel roja
- 1 rebanada de pan pequeña pasada por el grill del horno
- Perejil

Para las albóndigas de bacalao

- 200 g de bacalao
- 200 g de patatas medianas
- 1 huevo entero más una yema y una clara aparte
- 25 g de piñones
- 1 diente de ajo
- 30 ml de aceite virgen extra (3 cucharadas)
- Un aro de guindilla
- 1 cucharadita de perejil picado fino
- Una pizca de pimentón dulce de la Vera molido
- Sal yodada
- Pimienta
- Harina para el rebozado de las albóndigas
- Aceite de oliva abundante para la fritura

Preparación

Se limpian las alcachofas, se cortan en cuartos y se pasan a un cuenco con agua fría y el zumo de medio limón. ¡Ojo!, las alcachofas se oscurecen enseguida. Por lo tanto, sacar las alcachofas del agua en el momento que vayamos a cocerlas.

Sacudir el exceso de agua que tengan y dejarlas escurrir un poco. Desgranar los guisantes y reservarlos. Pelar la cebolla y rallarla. Lavar el tomate, partirlo por la mitad y rallarlo. Pelar los ajos, quitar la parte central y cortarlos a láminas finas. Lavar el perejil y picarlo fino.

Preparación de las albóndigas de bacalao

(Véase receta de albóndigas de bacalao.)

Elaboración del sofrito

Se echa el aceite en una sartén y se pone a fuego suave; cuando el aceite esté ligeramente caliente se ponen las láminas de ajo, se les da unas vueltas y en cuanto el ajo empiece a tomar un color paja, se sacan de la sartén y se reservan en el mortero. En el mismo aceite se echa la cebolla, se le da unas vueltas y se deja sofreír, suavemente, removiéndola de vez en cuando, hasta que llegue al punto de transparencia. Incorporar el tomate, una puntita de cuchillo de pimentón y un poco de sal y pimienta. Dar una vuelta y dejar hacer el sofrito, suavemente, unos 10 minutos. En su punto, comprobar el punto de sal y pimienta y retirar la sartén del fuego.

Elaboración del guiso

Echar el sofrito en la cazuela, donde tenemos el caldo reservado de cocer el bacalao y las patatas, y ponerla al fuego. ¡Ojo con el caldo! Solo hay que poner el volumen necesario para que nos cubra bien las verduras. En cuanto el agua llegue al punto de ebullición, se echan los guisantes desgranados, se tapa la cazuela y se dejan cocer, a fuego medio, sin que dejen en ningún momento de hervir.
Cuando los guisantes estén a medio cocer, incorporar las alcachofas cortadas en cuatro partes y el laurel. Tapar la cazuela y seguir el proceso de cocción hasta que guisantes y alcachofas estén tiernos.
En el último momento, se incorporan las láminas de ajo majadas en el mortero junto con la rebanadita de pan y unas hojas de perejil. Añadir al guiso una yema de huevo duro bien picadita y dejarlo hervir muy lentamente tres minutos escasos, para que se armonicen todos los ingredientes. Retirar la cazuela del fuego e incorporar al guiso tres o cuatro albóndigas de bacalao por persona. Servir el guiso de inmediato.

Presentación

Presentar el guiso en la misma cazuela adornado con perejil cortado a tijera.

Nota

El resto de las albóndigas se reservan para comerlas con salsa mayonesa o como se prefiera.

Arroz

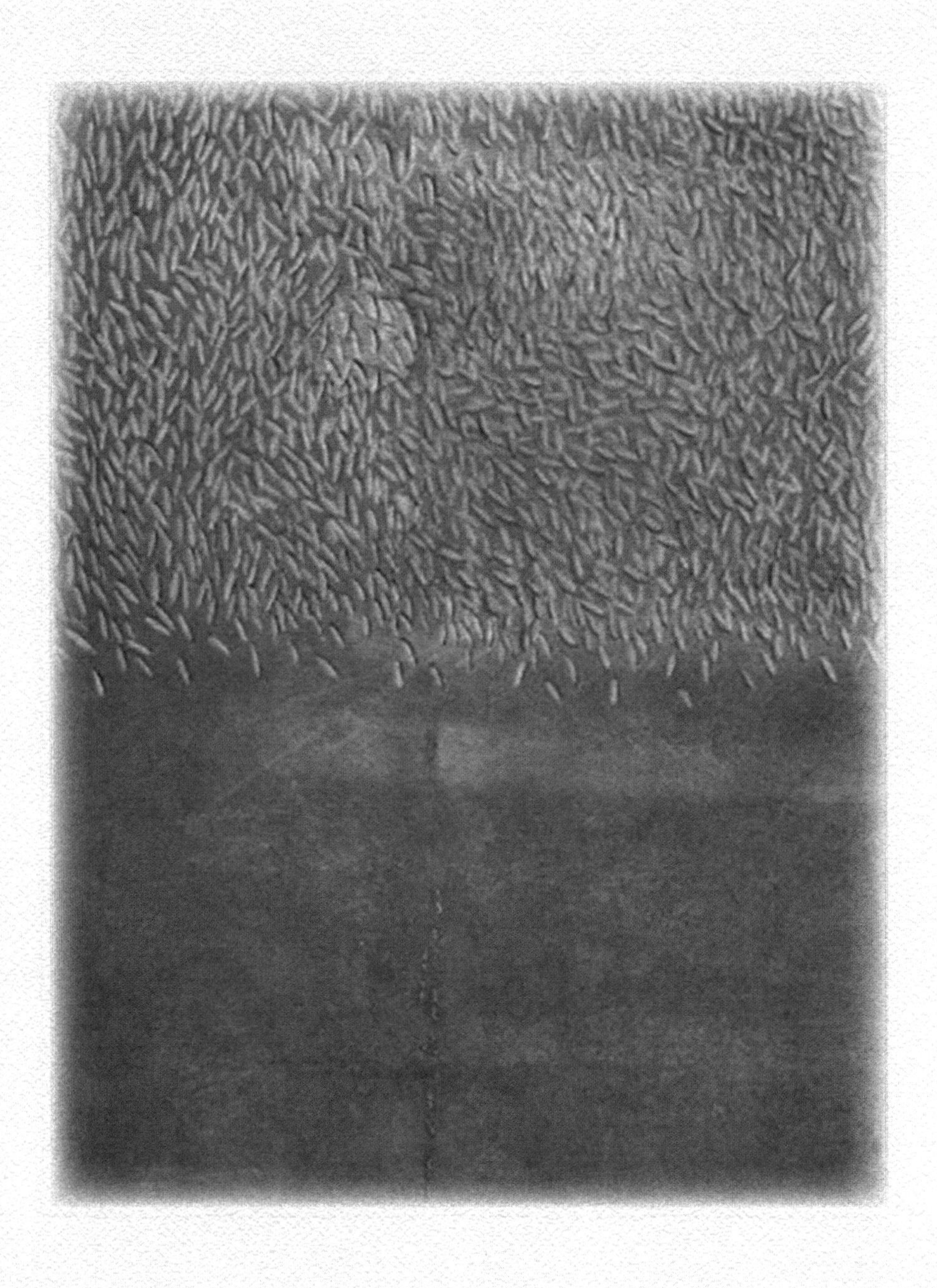

Arroz *(Oriza sativa)*

Origen

El arroz, tras el trigo, es el cereal más consumido en el mundo. En la mayoría de los casos el arroz, a diferencia del trigo, se ingiere como grano tras ser sometido a una serie de tratamientos cuando se le separa la cáscara, los cuales alteran su contenido en nutrientes.

En un principio, el arroz era una planta silvestre que hacia el año 5000 a. C. pasó a ser cultivada en el sudeste asiático. Alrededor del año 3000, los chinos la cultivaban de forma habitual. Desde China pasó a Corea, Japón y Filipinas. Los griegos conocieron la existencia de este cereal, que llamaron *oriza*, tras la invasión de la India por Alejandro Magno, en el año 320 a. C. Sin embargo, la expansión del cultivo del arroz se debe a los árabes que lo introdujeron en un principio en Egipto y la costa oriental de África para pasar posteriormente a Marruecos. Después, en el año 710 llegó a la península Ibérica tras ser invadida por los árabes.

La planta del arroz se cultiva y crece en campos inundados de agua. Se siembra en primavera y se cosecha entre septiembre y octubre. Tras la trilla, el grano de arroz en cáscara es sometido a un proceso de desecación para quitarle la humedad y descascarillarlo. Después se le somete a una serie de tratamientos para hacerlo comestible, con mejor sabor y que sea más fácil de digerir. El arroz como materia prima reúne una serie de ventajas, cada grano de arroz es como una pequeña esponja que absorbe los sabores del caldo en el que se está cociendo y los mantiene, siempre y cuando el grano llegue a su punto óptimo de cocción «sin abrirse». Si se llega a pasar el punto de cocción del arroz el grano se abre, sale el almidón que contiene, se vuelve pastoso y se apelmaza, perdiendo la intensidad de su sabor y su textura idónea.

Tipos de arroz y compra

Actualmente existen en el mercado distintas clases de arroz, aquí se mencionan solo los tipos de arroz que más interesan al consumidor.

A) Arroz pulido o blanco; este arroz aparte del descascarillado es sometido a un proceso de pulido para el blanqueo, perdiendo ciertos nutrientes, esta es la variedad más consumida.

B) Arroz vaporizado, semejante al arroz blanco pero sometido a una precocción que permite que se retengan una parte importante de los minerales y vitaminas.

C) Arroz integral, al que no se le somete a ningún tipo de refinado y por tanto conserva la mayoría de los micronutrientes y la fibra.

En cuanto a la morfología del grano existen dos variantes de arroz:

A) El arroz de grano corto (variedad japónica) que es el más indicado para la elaboración de arroces en paella, al horno, cazuela o puchero y para postres o bebidas de arroz, porque absorbe mejor los sabores y tiene una textura muy agradable.

B) El de grano largo (variedad índica) absorbe menos agua al cocer, se cuece en menor tiempo y queda más suelto el grano, por lo que es el más indicado para la elaboración de ensaladas de arroz o guarniciones. Estas dos variedades solo presentan diferencias desde el punto de vista culinario pero no nutricional.

Composición y valor nutricional

El componente mayoritario del arroz son los carbohidratos complejos, el almidón, que puede representar alrededor del 77 por ciento por lo que es una excelente fuente de energía, destacando su contenido en proteínas que está alrededor del 7 por ciento. Las vitaminas del grupo B están en cantidades pequeñas en el arroz pulido, ligeramente mayor en el arroz vaporizado, siendo máximo su valor en el arroz integral. El arroz es pobre en minerales, especialmente calcio, hierro y cinc. En el valor nutricional del arroz hay que destacar las posibilidades culinarias que posee, bien sea en la elaboración de plato único o como acompañamiento o guarnición de otros. Por lo que su valor nutricional está en función de los elementos utilizados en su elaboración culinaria: verduras, legumbres, carnes o pescados.

Frecuencia de consumo

En una dieta equilibrada el arroz debe estar presente semanalmente, bien sea como plato principal del almuerzo o comida fuerte del día, y el resto de los días de la semana como guarnición de carnes, huevos, etc, o bien como postre. El arroz además de su valor nutricional es un alimento muy bien aceptado por todos los grupos de edad y en las diversas formas culinarias en que se presenta, por lo que le hace un buen candidato para la elaboración de menús para distintos colectivos.

Conservación

El arroz debe mantenerse en una caja o tarro bien cerrado, especialmente en los lugares donde la humedad ambiental es elevada.

Utilización, preparación y elaboración

El arroz es una materia prima muy versátil que admite infinitas combinaciones con todo tipo de alimentos, carnes, pescados y mariscos, con verduras y legumbres, etc.

A la hora de realizar un buen arroz existen una serie de factores que pueden influir en el éxito o fracaso del plato: la elección del recipiente adecuado, el tamaño de este que debe estar en función de la cantidad de arroz que vayamos a preparar, las proporciones equilibradas de los ingredientes, la proporción del caldo o agua con respecto al arroz, la forma de llevar la intensidad del fuego, la duración de la cocción, del reposo y la calidad del agua. Ahora bien, estas variables se corrigen sin dificultad con un poco de práctica y dándole unos minutos más o menos de cocción.

El arroz en crudo, por razones culinarias y dietéticas, no debe lavarse, ya que el grano de arroz es como una esponja y bastan unos minutos en contacto con el agua para que absorba líquido y su respuesta a la hora de cocer sea distinto. La razón nutricional la tenemos porque al lavar el arroz se eliminan una parte importante de las vitaminas y sales minerales que se encuentran en la superficie del grano.

Cuando la elaboración de la receta lleva previamente una cocción de ingredientes como carnes, legumbres, verduras, etc., tenemos que considerar la pérdida de líquido por evaporación, por lo que tendremos que contar con ello y reponer la pérdida del líquido evaporado con caldo o en su defecto agua. Sería aconsejable reservar una pequeña cantidad de caldo caliente para poder añadirlo al arroz al final de la cocción, en el supuesto que se hubiera consumido este y los granos de arroz estuvieran muy enteros sin terminar de cocer.

El aceite tiene un papel importante en la elaboración del arroz. Como norma general debe utilizarse un buen aceite de oliva. La cantidad va a estar en función de la grasa que aporten los ingredientes que acompañen al arroz, de la cantidad de arroz que se cocine y si se trata de un arroz seco o caldoso. En general, llevan más proporción de aceite los arroces secos. Respecto a sofreír previamente el arroz o no hacerlo, va a estar en función de la receta que hagamos, hay arroces que se rehogan previamente y otros que se echan sobre el caldo hirviendo. En el caso de sofreírlo debemos tener en cuenta cómo vamos a realizar el sofrito. En principio, el sofrito del arroz favorece su cocción y dificulta el que este no se abra. Ahora bien, ¡ojo!, no sofreír el arroz en exceso, porque el exceso de aceite impide la penetración del caldo en el grano y este no se cuece bien. Los arroces que se elaboran con un caldo preparado de antemano, caldo de ave, caldo de pescado, etc., pueden sofreírse 1-2 minutos y siempre que rápidamente se vierta el caldo hirviendo sobre el arroz. ¡Ojo!, es muy importante que ese caldo o agua donde debe cocer el arroz esté «siempre hirviendo». Se mueve el arroz suavemente para repartirlo por toda la base del recipiente y luego no se toca más.

Caldo y tiempos de cocción

La proporción de caldo y tiempos de cocción para arroces de grano medio, siempre desde el punto de vista orientativo son:

Arroces en paella: para 100 g de arroz, 250 ml cumplidos de caldo y un tiempo estimado de cocción de 18-20 minutos.

Arroces en cazuela: arroz caldoso, para 50 g de arroz, 250 ml cumplidos de caldo y un tiempo estimado de cocción de 18-20 minutos.

Arroz al horno: para 100 g de arroz 200 ml de caldo y un tiempo estimado de 15-18 minutos de cocción en horno precalentado a 180 °C.

Arroz de grano largo: para 100 g de arroz, 250 ml de caldo y un tiempo estimado de cocción de 12-15 minutos.

Arroz vaporizado: para 100 g de arroz, 300 ml de caldo y un tiempo estimado de cocción de 25-30 minutos.

Arroz integral: para 100 g de arroz, 350 ml de caldo y un tiempo estimado de cocción de 45 minutos.

Arroz a la milanesa

Ingredientes y proporciones

300 g de arroz

150 g de tomate

1 diente de ajo

50 g de guisantes

40 ml de aceite de oliva virgen extra (4 cucharadas)

750 ml de caldo de ave

Una pizca de azafrán, una de pimentón de la Vera y sal

Para el caldo de ave

1 muslo de pollo

1 puerro

1 zanahoria

800 ml de agua

Para la decoración del plato

2 tomates

40 g de jamón serrano

50 g de cebolla o cebollino

Perejil

Preparación

Limpiar los ingredientes para el caldo; raspar y lavar la zanahoria y puerro. Cortarlos a trocitos pequeños. Lavar el muslo de pollo y dejarlo entero. Lavar el tomate, partirlo por la mitad y rallarlo. Pelar el ajo y picarlo fino. Pelar la cebolla y cortarla a cuadraditos pequeños. Cortar el jamón a cuadraditos. Lavar el perejil.

Elaboración del caldo

Se echa un litro de agua fría en una cazuela y se pone al fuego. Cuando el agua rompe a hervir se mete la pechuga de pollo y se deja hirviendo a fuego medio hasta que el pollo saque toda la espuma. Retirar la espuma depositada en la superficie del caldo y añadirle el resto de los ingredientes preparados para el caldo y un poco de sal. Cuando el agua levanta de nuevo el hervor, se tapa la cazuela, se baja la intensidad del fuego y se deja hacer el caldo suavemente, unos 30-45 minutos hasta que el pollo esté tierno. Retirar la cazuela del fuego, pasar el caldo por un colador y reservarlo tapado caliente. Desechar las verduras y retirar el muslo de pollo reservando la carne para otra preparación; croquetas, etc.

Por otro lado poner los guisantes a cocer en un cazo con agua hirviendo salada, hasta que estén tiernos.

Elaboración del arroz

Se echa el aceite en una sartén y se pone a calentar. Añadir el ajo, darle unas vueltas e incorporar el tomate rallado, poner una pizca de sal y rehogarlo unos 3-5 minutos. Echar el arroz a la sartén, darle unas vueltas y añadir una pizca de pimentón. ¡Ojo!, puede quemarse. Inmediatamente incorporar el caldo de ave hirviendo. Añadir los guisantes hervidos y escurridos y unas hebras de azafrán.

Cocer el arroz destapado, los tres primeros minutos a fuego medio y bajando la intensidad del mismo, se deja que siga hirviendo durante 16-18 minutos más a fuego suave o bien se puede cocer metiéndolo en el horno como un arroz al horno corriente (véase arroz al horno con costra). Probar unos granos de arroz antes de sacarlo del fuego y verificar el punto de cocción. En su punto, se retira la sartén del fuego y se sirve de inmediato.

Presentación

Servir el arroz espolvoreándole por encima los cuadraditos de jamón, unas pintitas de cebolla picada y unas hojas de perejil. Si queremos una bonita presentación podemos moldear el arroz en una flanera o recipiente similar, bien sea individual o de cuatro raciones. Echar el arroz y darle la forma de flan, volcarlo sobre un lecho de lechuga cortada en juliana y decorarlo con los ingredientes indicados por encima y unas rodajas de tomate alrededor.

Paella valenciana al estilo de Marga

Ingredientes y proporciones para el arroz

1 kg de pollo troceado o pollo y conejo en cantidades iguales

300 g de arroz

100 g de tomate pera

200 g de judías verdes tiernas

2 dientes de ajo

50 g de garrofón seco o 100 g de garrofón cocido de bote (optativo)

30 ml de aceite de oliva virgen extra (3 cucharadas)

750 ml de agua

Unas hebras de azafrán

La puntita del cuchillo de pimiento colorado dulce

1 ramita de romero verde o en su defecto seco

Sal yodada

Preparación

Limpiar el pollo, lavarlo, secarlo y trocearlo. Lavar el tomate, partirlo por la mitad y rallarlo. Pelar los ajos, quitar la parte central y picarlos muy finos. Limpiar las judías y despuntarlas, lavarlas y cortarlas a trocitos. Poner el garrofón, si está seco, en remojo 12 horas antes de ser utilizado.

Elaboración

Se pone a cocer el garrofón, como las judías blancas (véase receta de fabes), unos 60 minutos hasta que esté tierno.

Se echa el aceite en una paella de 30 cm y se pone a calentar a fuego suave. Cuando el aceite esté caliente se echan los trozos de pollo y conejo y se sofríen dándoles vueltas hasta que estén dorados por todas sus partes por igual. Retirar los trozos hacia los bordes de la paella,

formando una corona circular, y en el centro de la paella añadir el ajo picado, dar un par de vueltas. Hay que tener cuidado porque se quema muy fácilmente. Inmediatamente, incorporar el tomate, poner una pizca de sal y rehogarlo todo unos cinco minutos. Echar las judías y el garrofón en el sofrito y rehogarlos un poco, poniéndole una pizca de pimentón. ¡Ojo!, puede llegar a quemarse, e inmediatamente incorporarle 750 ml de agua hirviendo. Comprobar el nivel que alcanza el agua en la paella, para que nos sirva de referencia a la hora de reponer el agua evaporada al cocer las carnes. Hervir el conjunto destapado durante 30-45 minutos hasta que el pollo y las judías estén casi hechos. Reponer el caldo evaporado en la paella tras la cocción del pollo y las judías con agua hirviendo, hasta conseguir el nivel del principio, es decir, hemos de obtener los 750 ml de caldo del principio. Incorporar el arroz a la paella en forma de cruz y extenderlo. Rectificar de sal y añadir unas hebras de azafrán y el romero. Cocer el arroz destapado los tres primeros minutos a fuego medio y continuar su proceso de cocción durante 13-15 minutos más a fuego moderado. Probar unos granos de arroz para verificar el punto de cocción. En su punto, es decir, al dente (el grano cocido por dentro pero a su vez ofreciendo cierta resistencia en los dientes), se retira la paella del fuego y se deja reposar el arroz cinco minutos antes de servirlo.

Presentación

Presentar el arroz en la mesa en la misma paella y servirlo de inmediato.

Arroz con caldo de ave y costra de huevos

Ingredientes y proporciones para para el arroz

- 300 g de arroz
- 100 g de lomo de cerdo
- 40 g de jamón serrano
- 100 g de tomate pera
- 2 dientes de ajos
- 2 huevos
- 30 ml de aceite de oliva virgen extra (3 cucharadas)
- 750 ml de caldo de ave
- Sal yodada

Para el caldo de ave

- 1 muslo de pollo
- 1 puerro
- 1 zanahoria
- 800 ml de agua
- Unas hebras de azafrán

Preparación

Limpiar los ingredientes para el caldo. Raspar y lavar la zanahoria y el puerro, y cortarlos a trocitos pequeños, lavar el muslo de pollo y dejarlo entero. Limpiar el lomo de cerdo de pieles y grasas y trocearlo menudo. Cortar el jamón a cuadraditos pequeños. Lavar los tomates, partirlos por la mitad y rallarlos. Pelar los ajos, quitar la parte central y picarlos finos. Lavar los huevos. En el último momento, batir los huevos como si fuera para tortilla.

Empezar por la elaboración del caldo de ave

Se echa el agua fría en una cazuela y se pone al fuego. Cuando el agua rompe a hervir se mete la pechuga de pollo y se deja hirviendo a fuego medio, hasta que el pollo saque todas las impurezas; es cuestión de unos minutos. Retirar la espuma depositada en la superficie del caldo y añadirle el resto de los ingredientes

preparados para el caldo y un poco de sal. Cuando el agua levanta de nuevo el hervor se tapa la cazuela, se baja la intensidad del fuego y se deja cocer suavemente unos 30-45 minutos hasta que el pollo esté tierno. Retirar la cazuela del fuego, pasar el caldo por un colador y reservarlo tapado caliente. Desechar las verduras, retirar el muslo de pollo y cortarlo a trocitos pequeños reservándolo para incorporarlo al sofrito del arroz.

Elaboración del arroz

Encender el horno a 180 °C.

Se echa el aceite en una paella o fuente para horno y se pone a calentar a fuego suave. Cuando el aceite esté caliente, se echa el lomo de cerdo cortado a cuadraditos y se sofríe dándole vueltas hasta que los trocitos estén ligeramente dorados. Añadir el ajo y las tiritas de jamón, dar unas vueltas y poner la carne de pollo reservada, rehogar todo junto un poco. Incorporar el tomate, poner una pizca de sal. ¡Ojo!, el jamón aporta la suya. Sofreírlo durante cinco minutos más. Enseguida, echar el arroz a la tartera, rehogarlo un poco para unir todos los ingredientes e incorporar los 750 ml de caldo de ave hirviendo. Cocer el arroz destapado, los tres primeros minutos a fuego medio y durante 7 minutos más a fuego suave. Batir los huevos como para tortilla y verterlos bien extendidos encima del arroz formando una capa de huevo. Meter la tartera hirviendo en el horno precalentado de antemano, en la parte media y terminar la cocción del arroz en el horno unos 8 minutos más. Cuando se ha formado una bonita costra se retira la tartera del horno. Probar unos granos de arroz antes de sacarlo del horno y verificar el punto de cocción del mismo, el grano de arroz debe quedar seco y el grano suelto.

Presentación

Dejar reposar el arroz 3-4 minutos antes de servirlo y presentarlo a la mesa en la misma tartera.

Pimientos morrones rellenos de arroz

Ingredientes y proporciones

- 160 g de arroz
- 4 pimientos morrones grandes frescos, de igual tamaño
- 150 g de lomo de cerdo
- 40 g de jamón serrano
- 100 g de tomate pera
- 1 diente de ajo
- 30 ml de aceite de oliva virgen extra (3 cucharadas)
- 400 ml de caldo o agua
- Un ramito de perejil
- Sal yodada y pimienta

Preparación

Limpiar el lomo de cerdo de pieles y grasas y trocearlo menudo. Cortar el jamón a cuadraditos pequeños. Lavar los tomates, partirlos por la mitad y rallarlos. Pelar el ajo, quitarle la parte central y picarlo muy fino. Lavar el perejil. Separar el rabo de los pimientos, extraerles todas las semillas, limpiarlos y lavarlos al chorro del grifo de agua fría. Escurrirlos, espolvorearlos de sal y colocarlos en línea, encima de la mesa de cocina.

Elaboración del arroz

Encender el horno a 180 °C.

Se echa el aceite en una sartén y se pone a calentar a fuego suave. Cuando el aceite esté caliente, se echa el lomo de cerdo cortado a cuadraditos y se sofríe dándole vueltas hasta que los trocitos estén ligeramente dorados. Añadir las tiritas de jamón, dar unas vueltas e incorporar a la sartén el tomate rallado, poner una pizca de sal. ¡Ojo!, el jamón aporta la suya. Sofreírlo todo durante cinco minutos más. Enseguida se echa el arroz a la sartén, se rehoga un poco para unir bien todos los ingredientes y se pone el ajo y perejil picado uniéndolos al arroz. Retirar la sartén del fuego y hacer cuatro partes iguales de arroz y repartir cada una de las partes entre los cuatro pimientos. Estos deben quedar rellenos solo hasta la mitad de su capacidad. A medida que se van rellenando los pimientos se van colocando derechos y bien ajustados dentro de una cacerola alta que pueda meterse al horno. Se terminan de rellenar, echando dentro de cada pimento 100 ml de caldo o agua hirviendo, se tapan con dos o tres hojas de col o lechuga mojadas en agua o caldo y se meten en el horno, precalentado de antemano, en la parte media, dejando que se vayan haciendo a la vez los pimientos y el arroz unos 20 minutos. Probar unos granos de arroz antes de sacar los pimientos del horno, verificar el punto de cocción del mismo y retirar la cacerola del horno.

Presentación

Colocar los pimientos en una fuente redonda y verter por encima el jugo que soltaron al asarlos.

Arroz con ragú de pollo

Ingredientes y proporciones para el arroz

- 300 g de arroz
- 20 g de jamón serrano
- 2 dientes de ajos
- 20 ml de aceite de oliva virgen extra (2 cucharadas)
- 750 ml de caldo de ave o agua
- Sal yodada
- Queso parmesano para espolvorear por encima (opcional)

Para el guiso de pollo

- 800 g de pollo troceado
- 200 g de tomate pera
- 30 g de jamón serrano
- 40 ml de vino blanco seco (4 cucharadas)
- 16 aceitunas sevillanas
- 30 ml de aceite (3 cucharadas)
- Sal yodada y pimienta

Preparación

Limpiar el pollo, lavarlo, secarlo con papel de cocina y trocearlo pequeño. Cortar el jamón a tiritas para el guiso del pollo y a cuadraditos pequeños para el arroz. Lavar los tomates partirlos por la mitad y rallarlos. Pelar los ajos, quitar la parte central y picarlos muy finos. Deshuesar las aceitunas.

Empezar por la elaboración del pollo

Se echa el aceite en una cazuela y se pone a calentar a fuego suave. Cuando el aceite esté caliente se echan los trozos de pollo y se sofríen dándoles vueltas hasta que estén ligeramente dorados por todas sus partes y por igual. Añadir las tiritas de jamón, dar unas vueltas y rociar con el vino blanco. Cuando el vino se haya evaporado, incorporar a la cazuela el tomate rallado, poner una pizca de sal y pimienta. ¡Ojo!, el jamón aporta la suya. Dar unas vueltas y seguir cociendo el pollo a fuego lento, vigilando su cocción, hasta que esté tierno. Añadir las aceitunas sevillanas previamente cocidas en agua aparte durante cinco minutos y cocer el conjunto cinco minutos más. Comprobar punto de sal y pimenta, mover la cazuela para unir todos los ingredientes y retirarla del fuego hasta el momento de presentar el pollo a la mesa.

Elaboración del arroz

Se echa el aceite en una fuente para horno y se pone a calentar. Se añade el ajo picado y cuadraditos de jamón, se les da unas vueltas y enseguida se incorpora el arroz a la tartera, rehogar el arroz e inmediatamente incorporar el caldo de ave o agua hirviendo.

Cocer el arroz destapado, los tres primeros minutos a fuego medio, y bajando la intensidad del mismo se deja que siga hirviendo durante 16-18 minutos más a fuego suave o bien se puede cocer metido en el horno (véase arroz al horno con costra). Probar unos granos de arroz antes de sacarlo del fuego y verificar el punto de cocción. En su punto, se retira la sartén del fuego y se sirve de inmediato.

Presentación

Coger un molde en forma de corona, untarlo por dentro con aceite y salpicar las paredes con perejil picado muy fino. Llenar el molde con el arroz y apretarlo ligeramente para mantener la forma circular del molde. Volcar el arroz en medio de una fuente redonda y en el hueco del centro se coloca el ragú de pollo. Repartir las aceitunas y las tiras de jamón por encima y rociar con la salsita de guisar el pollo. Servir de inmediato.

Arroz miramar

Ingredientes y proporciones para el caldo de pescado

1 cabeza de merluza

½ cabeza de rape

½ kg de pescaditos, morralla
(cintas, gallineta, brujas, etc.)

800 ml de agua

Unas hebras de azafrán

Sal yodada

Para el arroz

300 g de arroz

4 cigalas

4 gambas rojas o langostinos

150 g de sepia o calamar

100 g de almejas (opcional)

100 g de tomate pera

2 dientes de ajo picado fino

30 ml de aceite de oliva virgen extra
(4 cucharadas)

750 ml de caldo de pescado

Perejil

Sal yodada

Preparación

Preparar los ingredientes indicados para el caldo. Limpiar bien la cabeza de merluza y de rape, quitar los intestinos de las cintas, gallineta, etc. Enjuagarlo, dejarlo escurrir y conservarlo entero. Mientras se hace el caldo de pescado se preparan los ingredientes del arroz. Lavar las cigalas, gambas o langostinos en abundante agua, escurrirlos y secarlos con papel de cocina y reservar aparte. Preparar las almejas según la receta de arroz con almejas. Limpiar el calamar, lavarlo, secarlo y cortarlo a trocitos que se vean.

¡Ojo!, hay que contar con que reducen al freírlos. Lavar los tomates partirlos por la mitad y rallarlos. Pelar los ajos, quitar la parte central y picarlos muy finos. Lavar el perejil.

Empezar por la elaboración del caldo de pescado

Se echa el agua fría en una cazuela junto con los ingredientes indicados para el caldo, un poco de sal y unas hebras de azafrán y se pone al fuego. Se arrima la cazuela al fuego y en cuanto el agua levante el hervor, se espuma bien, se tapa la cazuela y se deja hacer el caldo lentamente, unos 15-18 minutos a fuego suave. Apartar la cazuela del fuego, dejar reposar un poco y pasar el caldo por un colador fino, manteniéndolo caliente y tapado hasta el momento de incorporarlo al arroz. Desechar los restos de pescado.

Elaboración del arroz

Se echa el aceite en una paella de 30 cm, o sartén grande, se pone a calentar a fuego suave y cuando esté caliente el aceite, se echa un poco de sal y se ponen las gambas y cigalas, se saltean por ambas caras, cuestión de unos minutos, dándoles la vuelta, se sacan y se reservan en un plato tapadas. ¡Ojo!, el marisco no debe quedar frito. En el mismo aceite se echa la sepia o calamar y se rehoga dándole vueltas hasta que esté ligeramente dorado por igual. Retirar los trocitos de calamar hacia los bordes de la paella o sartén sin sacarlos de la paella, formando una corona circular y en el centro echar el ajo picado. Dar unas vueltas y antes de que tome color, incorporar el tomate encima de los ajos, poner una pizca de sal, una pizca de azúcar y una pizca de pimentón dulce por encima del tomate y rehogarlo durante unos cinco minutos, dando vueltas y ligando la salsa con el calamar. Añadir el arroz a la paella y rehogarlo un poco para unir bien el conjunto e inmediatamente incorporar los 750 ml de caldo de pescado hirviendo que habíamos reservado, probar el punto de sal y rectificar si fuera necesario; no poner pimienta. Mover la paella para igualar bien el arroz. Subir la intensidad del fuego para restablecer la ebullición lo antes posible y cocer el arroz destapado, a fuego medio los tres primeros minutos. Bajar la intensidad del fuego y continuar el proceso de cocción a fuego suave durante 14-16 minutos más.

Unos cinco minutos antes de finalizar la cocción y cuando casi está absorbido el caldo, incorporar a la paella las cigalas y las gambas, colocándolas por encima del arroz en forma radial y las almejas salpicadas por toda la superficie. Si fuera necesario, añadir un poco de caldo hirviendo, con mucho cuidado de no pasarnos y se termina la cocción unos minutos más. Probar unos granos de arroz para verificar el punto de cocción. En su punto, es decir, al dente (el grano debe estar cocido pero consistente), se retira la paella del fuego. Se deja reposar cinco minutos fuera del fuego y se sirve el arroz de inmediato.

Presentación

Servir el arroz en la misma paella y adornar por encima con perejil cortado a tijera.

Arroz con calamares

Ingredientes y proporciones para el caldo de pescado

1 cabeza de merluza

½ cabeza de rape

1 litro de agua

Sal yodada

Para los calamares

500 g de calamares

1 cebolla mediana rallada

Tres tomates para salsa

1 diente de ajo

20 ml de aceite virgen extra (3 cucharadas)

40 de vino blanco seco (4 cucharadas)

Unas hojas de perejil

Sal yodada y pimienta

Para el arroz

300 g de arroz

100 g de tomate pera

1 diente de ajo picado fino

30 ml de aceite de oliva virgen extra (3 cucharadas)

750 ml de caldo de pescado

Perejil

Para la decoración del plato

8 gambas hervidas (optativo)

Preparación de los calamares

La limpieza y preparación de los calamares requiere paciencia y tiempo; estos se deben limpiar perfectamente, en varias aguas. Empezar por desprender del cuerpo, con mucho cuidado, la cabeza, las barbas y la tripa. La tripa se tira después de haber extraído la bolsita de tinta (esta se recoge cuidadosamente en una taza). Sacar los ojos, rompiéndolos antes para que no salten y quitar una bolita dura que tienen en la cabeza y un espadón que tienen dentro a lo largo del cuerpo y extraer las aletas.

Lavar las cabezas, barbas, aletas y tentáculos, hasta dejarlos bien blancos, reservarlos. El cuerpo del calamar requiere una esmerada limpieza por dentro y por fuera. Es necesario, para que quede bien limpio, quitar todas las pieles, para que quede en condiciones de cocinarlo. ¡Ojo!, hay que secarlos bien después de lavarlos para que no salpiquen al rehogarlos. Pelar los ajos y picarlos. Pelar y cortar a trocitos muy pequeños la cebolla. Lavar los tomates y rallarlos. Lavar el perejil.

Preparar los ingredientes indicados para el caldo

Limpiar bien la cabeza de merluza y rape, enjuagar el pescado y dejarlo escurrir. Mientras se hace el caldo de pescado se preparan los ingredientes del arroz. Lavar los tomates, partirlos por la mitad y rallarlos. Pelar el diente de ajo, quitar la parte central y picarlo. Lavar el perejil.

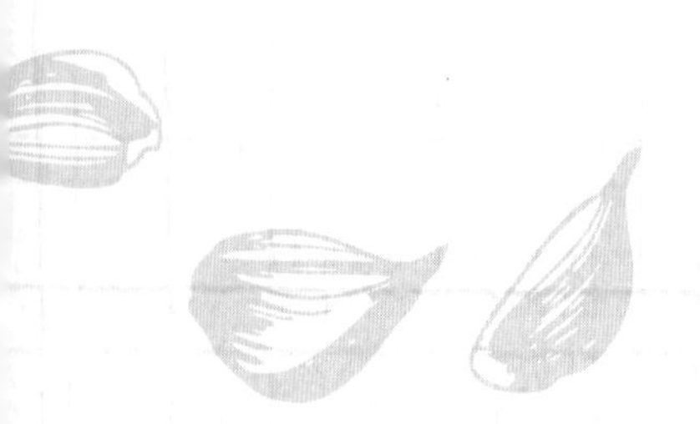

Elaboración de los calamares

Se echa el aceite en una cazuela y se pone a calentar. Cuando esté caliente el aceite, se añade la cebolla, se sofríe ligeramente a fuego lento, dando unas vueltas hasta que llegue al punto de transparencia. Meter los calamares e incorporarlos a la cebolla. Tapar la cazuela y dejar hacer el guiso a fuego lentísimo, hasta que los calamares estén a media cocción. Incorporar el ajo muy picadito y el tomate, rehogarlos un poco y unir todos los ingredientes, tapar la cazuela y seguir guisando los calamares. Pasados 10 minutos, se añade el vino a la salsa y se pone sal. Tapar la cazuela y moverla de vez en cuando, para que la salsa ligue. Los calamares deben vigilarse a menudo y guisarse a fuego muy lento. Para saber si están cocidos, los pincharemos con un tenedor o la punta de un cuchillo y si entra con suavidad ya están hechos. La salsa no debe quedar líquida. Rectificar de sal y pimienta y retirar la cazuela del fuego. Reservar los calamares hasta el momento de presentarlos a la mesa junto con el arroz.

Elaboración del caldo de pescado

Se echa el agua fría en una cazuela junto con los ingredientes indicados para el caldo, un poco de sal y se arrima la cazuela al fuego. En cuanto el agua levante el hervor, se espuma bien el agua, se tapa la cazuela y se deja hacer el caldo lentamente, unos 15-18 minutos a fuego suave. Apartar la cazuela del fuego, dejar reposar un poco y pasar el caldo por un colador fino, manteniéndolo caliente y tapado hasta el momento de incorporarlo al arroz. Desechar los restos de pescado.

Elaboración del arroz

Se echa el aceite en una sartén, se pone a calentar a fuego suave y cuando esté caliente el aceite, se echa el ajo picado, se le da unas vueltas y antes de que tome color, se incorpora el tomate. Poner una pizca de sal y rehogarlo durante unos cinco minutos, dando vueltas y ligando la salsa. Incorporar el arroz a la sartén, rehogarlo un poco e inmediatamente se echan los 750 ml de caldo de pescado hirviendo reservado. Subir la intensidad del fuego para restablecer la ebullición lo antes posible y cocer el arroz destapado, a fuego medio los tres primeros minutos, bajar la intensidad del mismo y continuar el proceso de cocción durante 14-16 minutos más a fuego suave, hasta completar el proceso de cocción. Probar unos granos de arroz para verificar el punto de cocción del mismo.
En su punto (el grano cocido pero consistente), se retira la sartén del fuego, se deja reposar el arroz tres minutos fuera del fuego y se sirve enseguida.

Presentación

Coger un molde con forma de corona circular, untarlo por dentro ligeramente con aceite y llenarlo de arroz. Apretarlo ligeramente para que mantenga la forma circular del molde y volcar la corona de arroz sobre una fuente redonda. Echar los calamares con la salsa en el hueco central de la corona de arroz y colocarle 8 gambas encima del arroz en forma radial. Adornar la fuente con dos rodajas de limón cortadas finas en cada lado y unas hojitas de perejil cortado.

Nota

Los calamares se pueden elaborar con anticipación y calentarlos en el momento de ser consumidos; ahora bien, hay que tener mucho cuidado a la hora de calentarlos para que no se peguen.

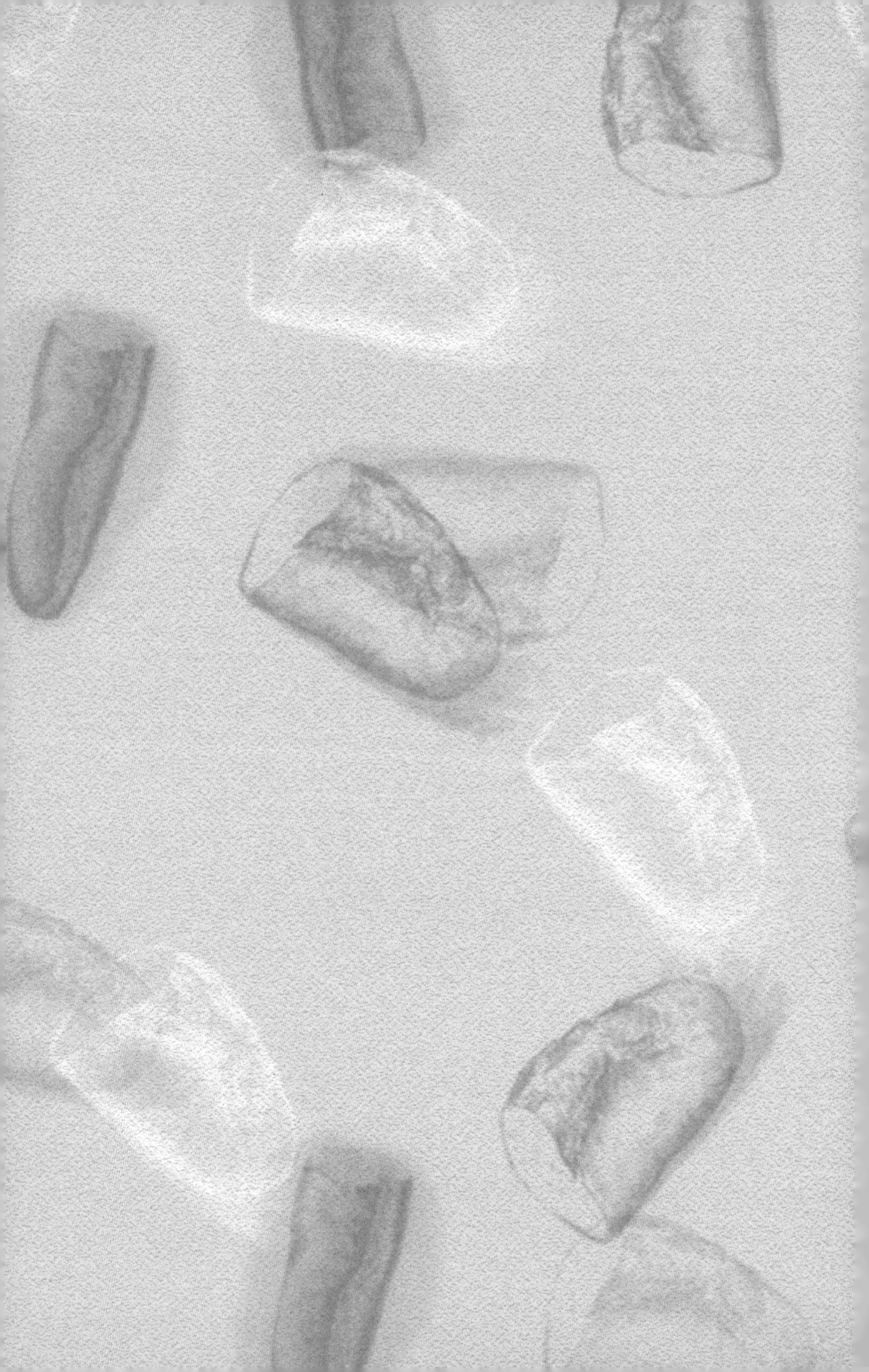

Masas de panadería
y recetas para niños

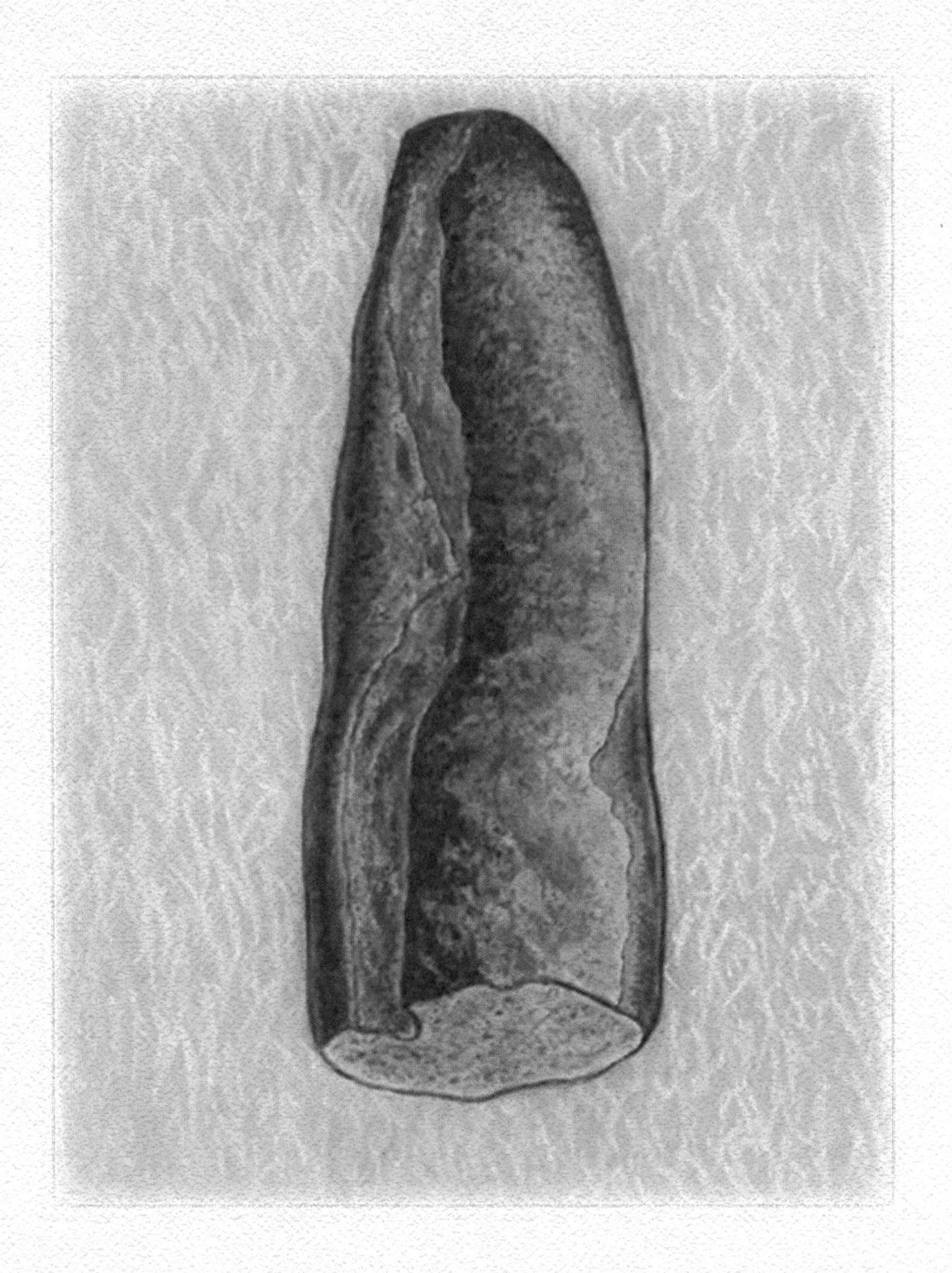

Pan

Durante siglos la harina y el pan han sido uno de los alimentos básicos de la humanidad. El pan se puede elaborar a partir de diversos granos, aunque el trigo ha sido el cereal preferido por el hombre. La historia de la panificación empezó con técnicas rudimentarias miles de años antes de Cristo. Los egipcios utilizaban la harina de trigo para hacer pan y descubrieron que la masa fermentada producía un pan más ligero y de mayor volumen, empezando a utilizar la levadura y a cocer el pan en hornos de barro. Los griegos fueron unos auténticos expertos en la fabricación del pan. Lo elaboraban con y sin levadura, con mezclas de harina y con especias y fueron los inventores del horno precalentado en su interior y apertura delantera. Es muy probable que fueran los iniciadores de la pastelería que llegó a ser un verdadero arte utilizando harinas de trigo, de avena y cebada amasadas con miel, especias, aceite y frutos secos. En tiempos de Augusto se calcula que Roma contaba con más de trescientas panaderías que estaban dirigidas por maestros griegos.

Valor nutricional

La idea equivocada de que el pan engorda y aporta calorías ha sido una de las causas por las que se le ha eliminado en las comidas sin analizar que los nutrientes del pan son necesarios para una dieta equilibrada. El pan aporta carbohidratos, proteínas, lípidos, fibra, sales minerales (calcio, hierro). Ahora bien, el contenido de nutrientes en el pan está en función de la harina utilizada en su elaboración. Las investigaciones de la ciencia han puesto de manifiesto las ventajas nutritivas de las harinas integrales sobre las blancas y el mejor conocimiento de la fibra. La harina integral tiene más fibra y mayor proporción de sales minerales. Para que el pan no resulte indigesto debe estar bien cocido y nunca debe comerse caliente. La calidad del pan dependerá de varios factores: la clase de harina utilizada, el amasado, el tiempo de reposo de la masa y la forma de cocción.

Utilización

El pan acompaña diariamente a las comidas habituales, además entra a formar parte en una serie de platos de la cocina española bien como pan o como masa de pan. Es un ingrediente indispensable en las sopas de pan, los gazpachos andaluces, las migas, las empanadas, en los rebozados de algunas frituras, torrijas, buñuelos, etc.

Preparación

El pan debe cortarse en el momento de presentarlo a la mesa porque se reseca y pierde su textura y parte de su aroma.

Conservación

Para mantener el pan en unas condiciones óptimas, sin que se reseque y ablande es necesario guardarlo en un recipiente cerámico o de madera aireado, nunca debe guardarse en bolsas de plástico ni recipientes herméticos ni tampoco en el frigorífico.

Empanadas

La empanada en la cocina gallega puede ser de fondo de carne o pescado. De fondo de carne; pollo, ternera, conejo, liebre, cerdo. De fondo de pescado; sardinas, anguilas, congrio, bonito, bacalao, lamprea, vieiras, berberechos, zamburiñas, etc.

Empanada de bacalao. Cocina gallega

Ingredientes y proporciones para la masa (6 personas)

1 huevo

100 ml de leche tibia

50 ml de agua tibia

75 ml de aceite de oliva virgen extra

15 g de levadura de panadero

7 g de sal yodada

Una pizca de azúcar

400 g de harina

Para el bacalao

300 g de lomos de bacalao en salazón, mismo grosor y tamaño

20 ml de aceite de oliva virgen extra (2 cucharadas)

Para la compota

600 g de cebollas

80 g de uvas pasas

3 cucharadas de vino blanco seco

30 ml de aceite de oliva virgen extra (3 cucharadas)

Sal yodada y una pizca de pimienta

Preparación del bacalao

Desalar el bacalao 36 horas antes de ponernos a la elaboración de la empanada. Se pone a desalar el bacalao en un recipiente con la piel hacia arriba. Se cubre de agua fría (3 partes de agua por una de bacalao) y se mete el recipiente en el frigorífico, durante 36 horas a 6-7 °C cambiándole el agua cada 9 horas (para más detalles véase desalado de bacalao). Sacar el recipiente del frigorífico cuatro horas antes de ponernos a preparar el bacalao, para que esté a temperatura ambiente.

Transcurrido el tiempo de desalado, sacar las rodajas del agua. ¡Ojo!, comprobar que el bacalao esté bien desalado antes de sacarlo del agua. Colocarlo sobre un paño de cocina para que suelte toda el agua que tenga. Se secan las rodajas con el paño de cocina y se van apretando cada una suavemente con las manos, para extraerle bien el agua restante. Quitarles los restos de espinas, si las tiene. Pelar las cebollas y cortar en juliana. Pelar los ajos y cortarlos en láminas finas.

Preparación del fermento

Empezar por la elaboración del fermento o primera masa. Disolver la levadura en 50 ml de agua tibia. Añadirle 75 g de harina y mezclarlo hasta obtener una masa blanda y lisa. Poner en un bol enharinado, cortar la superficie de la masa en forma de cruz y tapar con un paño de cocina húmedo. Dejar levar la masa unos 30 minutos en un sitio tibio (entre 20 y 25 °C), hasta que la masa haya duplicado su volumen y la cruz se haya borrado.

Preparación de la segunda masa

Batir el huevo hasta dejarlo espumoso. Tamizar el resto de la harina en un bol junto con la pizca de sal. Hacer un hueco en el medio y poner en el centro el huevo batido. Unirlo con la harina, añadiendo poco a poco la leche y amasar hasta confeccionar una masa fina y bien trabajada. Añadir la primera masa (en su punto y si no está, esperar hasta que suba), a la segunda masa. Trabajar las dos con fuerza encima de la mesa de cocina, de forma que se mezclen uniformemente y la masa resultante se despegue de las manos. ¡Ojo!, debe quedar blandita. Si es necesario se añadirá más harina. Incorporar entonces el aceite en varias veces, poco a poco, sin dejar de amasar, hasta que el aceite se haya incorporado por completo en la masa. Hacer una bola y echarla en una vasija honda enharinada. Taparla con un paño húmedo de cocina y dejarla crecer en un sitio tibio, hasta que haya doblado su volumen, con cuidado de que no le dé el aire ni reciba sacudidas.

Empezar por la elaboración de la compota de cebolla

Se echa el aceite en una cazuela y se pone a fuego suave. Cuando el aceite esté ligeramente caliente se añade la cebolla, una pizca de sal y pimienta, y se deja hacer la compota muy lentamente, con la cazuela tapada hasta que la cebolla llegue al punto de transparencia, vigilando el guiso y removiéndolo de vez en cuando. Incorporar a la cebolla el vino y las uvas pasas, tapar la cazuela y continuar la cocción a fuego lento unos 20 minutos más, para que se unan todos los componentes de la compota y se armonicen los sabores. En su punto, comprobar punto de sal, retirar la cazuela del fuego y reservar la compota tapada y caliente hasta el momento de incorporarle los lomos de bacalao. Mientras tanto se hace la compota se elabora el bacalao.

Elaboración del bacalao

Se echan las dos cucharadas de aceite restante en una sartén y se pone a fuego suave. Añadir los lomos de bacalao, con la piel hacia arriba y dejar cocer el bacalao, ¡ojo!, este no debe hervir, a fuego suave durante dos minutos sin darles la vuelta a las rodajas. Probar el punto de cocción del bacalao apretando un lomo con la yema del dedo y si se amortigua un poquito es señal de que está ya listo. En su punto, se vierte la compota de cebolla sobre los cuatro lomos de bacalao y su salsa. Dejar hacer el bacalao con la salsa unos dos minutos a fuego lento, sin que apenas se produzcan borbotones, moviendo la sartén con sumo cuidado para evitar que se pegue y se unan bien el bacalao y la compota. Comprobar punto de sal y pimienta, retirar la cazuela del fuego y reservar hasta el momento de preparar la empanada.

¡Ojo!, la salsa debe quedar sin caldo.

Modelado de la empanada

Precalentar el horno a 210 °C.

Cuando la masa esté en su punto, engrasar ligeramente con aceite una empanadera o placa de horno y espolvorearla con harina. Volcar la masa sobre la mesa previamente espolvoreada de harina y aplastarla para quitarle el aire. Dividirla en dos partes y extender una de las partes de la masa con el rodillo, dejándole un centímetro de espesor. Colocarla sobre la placa o empanadera y pincelar la superficie de la masa ligeramente con aceite. Cubrir la base de la masa con el fondo de bacalao, pasas y cebolla, extendiéndolo uniformemente por toda la base.

Extender la otra mitad de la masa y cubrir por encima el fondo de bacalao. Tapar bien la empanada haciéndole un bordillo por todo alrededor de la masa, envolviendo el borde inferior encima del borde superior, apoyando y enrollando las dos partes para evitar que se salga la preparación del fondo. Hacer un pequeño agujero en la parte de arriba, para que respire la empanada y pincelar toda la superficie con yema de huevo batida disuelta en una cucharada de agua. Dejar reposar la empanada hasta que la masa quede esponjosa. Si se dispone de un poco de masa se puede decorar con tiras cruzadas de la misma.

Meter la empanada en el horno caliente, durante 15 minutos a una temperatura de 210 °C y pasados los 15 minutos, bajar l a temperatura del horno a 180 °C manteniéndola en el horno alrededor de 30 minutos más. Verificar el punto de cocción antes de sacar la empanada del horno, pinchando con la punta de un cuchillo, este debe salir caliente y seco. Sacar la empanada del horno y dejar enfriar en rejilla.

Empanada de vieiras o zamburiñas. Cocina gallega

Ingredientes y proporciones para la masa (6 personas)

1 huevo

100 ml de leche tibia

50 ml de agua tibia

75 ml de aceite de oliva virgen extra

15 g de levadura de panadero

7 g de sal yodada

Una pizca de azúcar

400 g de harina

Para el marisco

Vieiras 4-5 por persona

Para el fondo

2 cebollas

2 pimientos verdes

2 pimientos rojos

2 tomates

1 diente de ajo

40 ml de aceite de oliva virgen extra (4 cucharadas)

Una pizca de pimentón dulce

Sal yodada y una pizca de pimienta

Preparación de las vieiras

Abrir las vieiras y destacar la parte central y dura. Quitar la bolsa negra y limpiarlas extrayéndoles una cintita oscura que tienen alrededor, a modo de barba. Lavar cuidadosamente la nuez, el coral y las barbas para extraerles algún posible resto de arena que puedan tener entre las valvas. Reservarlas hasta el momento de incorporarlas a la empanada. Pelar las cebollas y rallarlas. Lavar los pimientos en agua corriente para eliminar cualquier resto de suciedad y secarlos. Cortarlos por la mitad y quitarles el corazón y semillas y picarlos en trocitos. Pelar el ajo y cortarlo en láminas finas. Lavar los tomates, cortarlos por la mitad y rallarlos.

Preparación del fermento

Empezar por la elaboración del fermento o primera masa. Disolver la levadura en 50 ml de agua tibia. Añadirle 75 g de harina y mezclarlo hasta obtener una masa blanda y lisa. Ponerla en un bol enharinado, cortar la superficie de la masa en forma de cruz y tapar con un paño de cocina húmedo. Dejar levar la masa unos 30 minutos en un sitio tibio (entre 20 y 25 °C), hasta que la masa haya duplicado su volumen y la cruz se haya borrado.

Preparación de la segunda masa

Batir el huevo hasta dejarlo espumoso. Tamizar el resto de la harina en un bol junto con la pizca de sal. Hacer un hueco en el medio y poner en el centro el huevo batido. Unirlo con la harina, añadiendo poco a poco la leche y amasar hasta confeccionar una masa fina y bien trabajada. Añadir la primera masa (en su punto y si no está, esperar hasta que suba) a la segunda masa. Trabajar las con fuerza encima de la mesa de cocina, de forma que se mezclen uniformemente y la masa resultante se despegue de las manos. ¡Ojo!, debe quedar blandita. Si es necesario se añadirá más harina. Incorporar entonces el aceite, en varias veces y poco a poco, sin dejar de amasar, hasta que el aceite se haya incorporado por completo en la masa. Hacer una bola y echarla en una vasija honda enharinada. Taparla con un paño húmedo de cocina y dejarla crecer en un sitio tibio hasta que haya doblado su volumen, con cuidado de que no le dé el aire ni reciba sacudidas.

Elaboración del fondo

Se echa el aceite en una cazuela y se pone a fuego suave. Cuando el aceite esté ligeramente caliente, se añade la cebolla, una pizca de sal y pimienta y se deja hacer la cebolla muy lentamente, con la cazuela tapada, hasta que llegue al punto de transparencia, vigilándola de vez en cuando. Incorporarle los pimientos y las láminas de ajo y seguir guisándolo hasta que los pimientos estén tiernos. Añadir el tomate y una pizca de pimentón y continuar el proceso de cocción a fuego lento unos 20 minutos más, con la cazuela destapada para que se evapore el caldo, se unan todos los componentes del fondo y se armonicen los sabores. Comprobar el punto de sal, retirar la cazuela del fuego y reservar el fondo tapado y caliente, hasta el momento de montar la empanada.

Modelado de la empanada

Precalentar el horno a 210 °C.

Cuando la masa esté en su punto, engrasar ligeramente con aceite una empanadera o placa de horno y espolvorearla con harina. Volcar la masa sobre la mesa, previamente espolvoreada de harina y aplastarla para quitarle el aire. Dividir la masa en dos partes y extender una de las partes con el rodillo, dejándole un centímetro de espesor. Colocarla sobre la placa o empanadera
y pincelar la superficie de la masa ligeramente con aceite. Cubrir la base de la masa con el fondo de pimientos y tomates, extendiéndolo

uniformemente por toda la base y colocando por encima las vieiras reservadas. Extender la otra mitad de la masa y cubrir por encima el fondo con las vieiras. Tapar bien la empanada, haciéndole un bordillo por todo alrededor de la masa, envolviendo el borde inferior encima del borde superior, apoyando y enrollando las dos partes para evitar que se salga la preparación del fondo. Hacer un pequeño agujero en la parte de arriba para que respire la empanada y pincelar toda la superficie con yema de huevo batida disuelta en una cucharada de agua. Dejar reposar hasta que la masa quede esponjosa. Si se dispone de un poco de masa se puede decorar con tiras cruzadas de la misma.

Meter la empanada en el horno caliente, durante 15 minutos a una temperatura de 210 °C y pasados los 15 minutos bajar la temperatura del horno a 180 °C manteniéndola en el horno alrededor de 30 minutos más. Verificar el punto de cocción antes de sacar la empanada del horno, pinchando con la punta de un cuchillo, este debe salir caliente y seco. Sacar la empanada del horno y dejar enfriar en rejilla.

Presentación

Servir la empanada acompañada de una ensalada variada.

Pasta

El trigo (género *Triticum*)

El trigo es una planta que apareció hace aproximadamente unos diez mil años en una zona que se extiende desde Mesopotamia hasta Egipto y que abarca Palestina. Se han encontrado en excavaciones realizadas en villas de agricultores del neolítico numerosos granos de trigo silvestre denominado *Einkorn* (denominación en alemán) que significan «grano sencillo». La palabra «trigo» designa tanto a la planta como a sus semillas comestibles.

Se considera el cereal que da origen a toda la gran familia del trigo. Las plantas tienen sus propias familias, perteneciendo el trigo así como otros cereales (cebada, centeno...) a la familia de las gramíneas; dentro de las familias se clasifican en géneros, siendo el género del trigo *Triticum*, y dentro de él encontramos diversas especies que se distinguen por su composición genética; además, y muy especialmente en el trigo, tenemos subespecies que se corresponden con clases cuyo fenotipo (aspecto exterior) es diferente, pero no así su genotipo (dotación genómica) que es el mismo. Como vemos, se trata de una especie especialmente afortunada por la naturaleza, ya que su dotación genética es muy amplia, cualidad que le proporciona la capacidad de ser cultivado en una gran cantidad de países.

Cultivo de trigo en el mundo

Cultivo de trigo en el mundo

El trigo ha sido ampliamente estudiado tanto desde un punto de vista agronómico para su cultivo, científico para su mejora genética, nutricional para la alimentación.

Las características de los trigos para medir su calidad son las siguientes:

Color: desde blanco amarillento a rojizo oscuro. En general el color rojizo del trigo va unido a la mala calidad del mismo.

Peso por hectolitro: un trigo es de mayor calidad cuanto mayor sea su peso específico o peso por hectolitro. Su valor oscila entre 73 kg para los trigos más bastos y 84 kg para los mejores trigos duros.

Grado de extracción o rendimiento por molienda: cantidad de harina panificable que se puede obtener de la molienda del trigo. Este rendimiento oscila entre el 70 y 75%. El resto, harinillas, salvados, etc., sirven para alimentación animal. Como norma general el rendimiento no excede nunca del peso específico de los granos.

Calidad harinopanadera: esta fuerza depende de la cantidad y calidad de las proteínas que contiene el trigo. Estas proteínas (glialina y glutamina) al hidratarse forman el gluten. El gluten malo es poco elástico, dando panes de mala calidad. La calidad del gluten viene dada por la fuerza o capacidad de la harina para dar textura esponjosa al pan. Dicha fuerza se mide por el índice de hinchamiento mediante un aparato llamado alveógrafo.

Fractura al golpe: puede ser «vítrea» o «harinosa» en mayor o menor grado. Los trigos de fractura vítrea son los denominados trigos duros que sirven para la elaboración de pasta y de sémola; son de la especie *Triticum durum*. Los trigos de fractura harinosa son los panificables, normalmente de la especie *Triticum aestivum*.

ELOISA LANGA SÁNZ
Técnico agrícola del Centro de Investigación
y Tecnología Agroalimentaria del Gobierno de Aragón

Pasta

La pasta es el producto que se consigue por desecación de una masa no fermentada, elaborada por sémolas o harinas procedentes del trigo duro, semiduro, o trigo blando y sus mezclas con agua.

Origen

En tiempos muy remotos, empezó a prepararse en varias zonas de la tierra una masa harinosa que se obtenía al mezclar el trigo molido con agua. Más tarde, alguien tuvo la idea de estirar la masa y ya cocida, cortarla en tiras para comerla más fácilmente o mezclarla con otros ingredientes. En el siglo V a. C. en la Grecia Clásica se preparaban unas pastas alimenticias, *Laganun*. Los romanos tomaban unas papillas de harina cocida en agua con sal que llamaban *pultes*. En el mundo árabe, existió el testimonio escrito de Ibn Idris en el año 1154 y en el siglo XII, en las ciudades de Cerdeña, ya había artesanos que fabricaban pasta. Finalmente, en Italia, a finales de la Edad Media, apareció una industria cuyo desarrollo iba a tener un gran futuro, no solo en Italia, sino también en toda Europa. Surgió en las cocinas de los sicilianos acaudalados, donde perduraba una tradición árabe. A mediados del siglo XIII se instalaron en Nápoles algunos fabricantes de pasta. Otros abrieron establecimientos comerciales en varias ciudades de Liguria, particularmente en Génova, desde donde importaban grandes cantidades de trigo duro, cuya harina y mucho después la sémola sería la materia prima indispensable de los *macaroni* y otras pastas.

En un principio, la pasta era una comida de prestigio, si no de lujo; estaba reservada solo a la población más acomodada. Enseguida, otras regiones italianas, como la Toscana, comenzaron la fabricación de un producto que tenía una gran ventaja: su larga conservación. A pesar de todo, la pasta no se popularizó antes del siglo XVII, siglo en el que también se desarrollaron productos similares en el Levante español.

Valor Nutricional

La pasta de trigo duro es una fuente muy importante de carbohidratos y proteínas, y además, contiene minerales, vitaminas y especialmente fibra.

El valor nutritivo de 100 g de pasta de trigo duro contiene alrededor de 72 g de carbohidratos, 11 g de proteínas y 3 g de fibra. La grasa es prácticamente despreciable. También contiene minerales, calcio, hierro, fósforo, magnesio, etc. La pasta aporta de 290 a 360 kilocalorías por cada 100 gr.

La pasta armoniza con todos los condimentos y con todos los sabores, pero indudablemente el tomate, el ajo, la cebolla, las plantas aromáticas y las especias utilizadas en su justa medida son un complemento ideal.

Compra

La pasta debe estar hecha de trigo duro, trigo especial, universalmente reconocido como el más noble por sus excelentes cualidades alimenticias, dietéticas y gastronómicas. ¡Ojo!, a la hora de comprar la pasta, ver etiqueta del envase para comprobar que cumple este requisito.

Cocción y preparación de la pasta

Para conseguir una auténtica y sabrosa pasta al dente es necesario cierta planificación:

A) Estimar el tiempo de cocción de la pasta elegida, para ser consumida nada más terminada su elaboración.

B) Permanecer atentos durante el proceso de cocción para comprobar su punto óptimo y sacarla del recipiente rápidamente.

La mayoría de las marcas indican en los envases un tiempo de cocción recomendado. ¡Ojo!, dejar cocer la pasta un minuto menos del indicado en el paquete.

Cocción. Reglas de oro

1) La pasta tiene que ser de buena calidad (trigo duro).
2) Vigilar el punto exacto de cocción *al dente*.

Manera de cocer la pasta

Poner a cocer la pasta en una olla alta, en agua hirviendo salada con la siguiente proporción: un litro de agua y 10 g de sal marina por cada 100 g de pasta. Incorporar la pasta cuando el agua llegue al punto pleno de ebullición. ¡Ojo!, echar la sal justo antes de incorporar la pasta. Subir la intensidad del fuego para restablecer la ebullición lo antes posible y bajar luego a fuego moderado. Remover la pasta al principio y de vez en cuando durante el proceso de cocción. El tiempo estimado de cocción estará en función de la calidad y grosor de la pasta elegida, calidad del agua, la intensidad del fuego y el tipo de recipiente utilizado. La pasta está en su punto óptimo *al dente* cuando está cocida por dentro y ejerce una ligera resistencia en los dientes. Retirar la olla, sacar la pasta del agua, e inmediatamente, escurrirla con rapidez en un colador. Condimentar la pasta sin pérdida de tiempo, con la salsa preparada de antemano, y servirla muy caliente. ¡Ojo!, no se debe pasar la pasta por agua fría después de cocerla, excepto para la preparación de ensaladas de pasta o platos fríos de verano.

Nota

La cocina de la pasta es simple, fácil y rápida de preparar, ahora bien, debe cocerse *al dente*. La pasta empapada de agua pierde su sabor característico y no liga bien con los condimentos. La pasta *al dente*, admite, armoniza y liga con todos los condimentos y sabores. Es un alimento básico muy completo y necesita de escasos complementos para convertirse, desde el punto de vista nutricional, dietético y gastronómico, en un alimento perfecto.

Espaguetis con salsa boloñesa

Ingredientes y proporciones para cocer la pasta

- 400 g de espaguetis
- 4 litros de agua
- 40 g de sal marina

Para la salsa boloñesa

- 100 g de carne magra de ternera
- 100 g de lomo de cerdo
- 25 g de jamón serrano
- 250 g de tomate pera rallado
- Una cebolla pequeña
- Media zanahoria pequeña rallada
- 1 diente de ajo
- 40 ml de vino blanco seco (4 cucharadas)
- 30 ml de aceite de oliva virgen extra (3 cucharadas)
- Sal yodada, pimienta, nuez moscada
- Tomillo, orégano, perejil
- Queso parmesano recién rallado o similar

Preparación

Decir al carnicero que pique las carnes muy finas junto con el jamón. Lavar los tomates, partirlos por la mitad y rallarlos. Raspar y lavar la zanahoria, rallarla. Pelar el ajo y picarlo fino. Lavar el perejil.

Empezar por la elaboración de la salsa boloñesa

Poner el aceite a calentar en una sartén a fuego suave. Se echa la cebolla y la zanahoria, se les da unas vueltas y se dejan sofreír, a fuego lento, dándoles unas vueltas de vez en cuando, hasta que llegan al punto de transparencia. Incorporar el picadillo de carnes y rehogarlo con la cebolla para unir bien los dos componentes, hasta que las carnes hayan perdido el color rosáceo. Añadir el vino y llevar a ebullición, removiendo sin cesar hasta que el vino se haya evaporado. Poner el ajo picado y dar unas vueltas para unirlo a la carne. Añadir el tomate y rehogar el conjunto, poner el orégano, el tomillo y un punto de sal, una pizca de pimienta y otra de nuez moscada. Dejar cocer la salsa unos 20 minutos a fuego lento, dándole vueltas de vez en cuando. Comprobar el punto de sal y pimienta, retirar la sartén del fuego y verter la salsa por encima de los espaguetis cocidos. Unos minutos antes de ponernos a comer, cocinar la pasta al dente (véase manera de cocer la pasta). Se cuecen los espaguetis en agua salada. Incorporar la pasta cuando el agua llegue al punto pleno de ebullición. La pasta está en su punto óptimo, al dente, cuando está cocida por dentro y ejerce resistencia entre los dientes. Retirar la olla del fuego, sacar la pasta del agua y escurrirla con rapidez en un colador. Condimentar la pasta sin pérdida de tiempo, con la salsa preparada y servirla muy caliente.

¡Ojo!, no se debe pasar la pasta por agua fría después de cocerla.

Presentación

Se vierten los espaguetis en el fondo de una fuente redonda, se espolvorean por encima con queso rallado y en el centro se pone la salsa boloñesa muy caliente. Espolvorear con perejil cortado y servir en el acto.

Nota

La salsa boloñesa puede prepararse con anticipación y tenerla hecha de antemano, solo que a la hora de ponernos a elaborar la pasta tendremos que calentarla bien antes de ponerla en los espaguetis.

Espaguetis con salsa de anchoas y aceitunas

Ingredientes y proporciones para cocer la pasta

400 g de espaguetis

4 litros de agua

40 g de sal marina

Para la salsa de anchoas y aceitunas

300 g de tomates pera rallados

2 dientes de ajos de piel roja picados finos

4 filetes de anchoas en aceite de oliva

12 aceitunas negras aragonesas

30 ml de aceite de oliva virgen extra (3 cucharadas)

Sal yodada, pimienta

Una pizca de orégano

Unas hojas de perejil

Queso parmesano recién rallado o similar

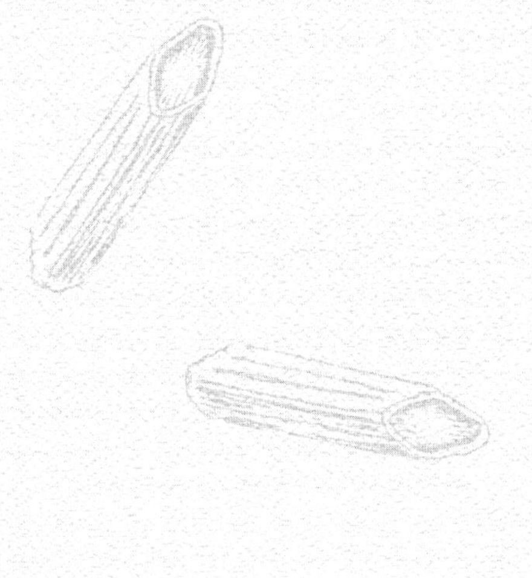

Preparación

Sacar las anchoas del aceite, escurrirlas bien, secarlas con papel de cocina para extraerles el aceite que sobra y cortarlas en pedacitos pequeños. Deshuesar las aceitunas y partirlas en trocitos pequeños. Lavar los tomates, partirlos por la mitad y rallarlos. Pelar el ajo y picarlo muy fino. Lavar el perejil.

Empezar por la elaboración de la salsa

Poner el aceite a calentar en una sartén a fuego suave. Echar el ajo finamente picado y dar unas vueltas. ¡Ojo!, que no se queme. Añadir el tomate, rehogarlo un poco y dejar cocer la salsa unos 15 minutos a fuego lento, dándole unas vueltas de vez en cuando. Agregar las anchoas y las aceitunas, dar unas vueltas para unirlas con la salsa y poner el orégano, una pizca de pimienta y un punto de sal. ¡Ojo con la sal!, las anchoas aportan la suya al conjunto. Dejar cocer cinco minutos más hasta que se unan bien todos los ingredientes. Comprobar el punto de sal y retirar la sartén del fuego. Verter el contenido por encima de los espaguetis, previamente cocidos *al dente.*

Unos minutos antes de ponerse a comer, cocinar la pasta *al dente* (véase manera de cocer la pasta). Se cuecen los espaguetis en agua salada. Incorporar la pasta cuando el agua llegue al punto pleno de ebullición. La pasta está en su punto óptimo, *al dente*, cuando está cocida por dentro y ejerce resistencia entre los dientes. Retirar la olla del fuego, sacar la pasta del agua y escurrirla con rapidez en un colador. Condimentar la pasta sin pérdida de tiempo, con la salsa preparada de antemano y servirla muy caliente. ¡Ojo!, no se debe pasar la pasta por agua fría después de cocerla.

Presentación

Presentar los espaguetis en una fuente redonda y verter por encima la salsa muy caliente. Espolvorear con perejil cortado y servir la pasta enseguida, acompañada de queso recién rallado aparte.

Nota

La salsa de anchoas puede prepararse con anticipación y tenerla hecha de antemano, solo que a la hora de ponernos a elaborar la pasta tendremos que calentarla bien antes de ponerla en los espaguetis.

Espaguetis con gambas

Ingredientes y proporciones para cocer la pasta

400 g de espaguetis

4 litros de agua

40 g de sal marina

Para las gambas

150 g de gambas pequeñas frescas o congeladas

2 dientes de ajo

30 ml de aceite de oliva virgen extra (3 cucharadas soperas)

Una anilla de guindilla roja sin semillas (opcional)

Perejil

Sal yodada y pimienta

Preparación

Limpiar y lavar las gambas en abundante agua, escurrirlas y secarlas con papel de cocina. Pelar los ajos, partirlos por la mitad, quitar la parte central y picarlos finos. Lavar el perejil.

Empezar por la elaboración de las gambas

En una sartén en seco, se echan las gambas con su cáscara y se ponen a cocer a fuego medio. Saltearlas durante un minuto, dar la vuelta y dejarlas un minuto más, es decir, un minuto por cada lado. Retirar la sartén del fuego, pasar las gambas a un plato y dejarlas enfriar un poco. Pelarlas, quitándoles la cáscara, cortarla en trocitos pequeños y reservarlas tapadas hasta el momento de incorporarlas al sofrito de ajos.

Elaboración

Se pone el aceite a calentar en una sartén a fuego suave, se echa el ajo picado y se le da unas vueltas. ¡Ojo de no quemarlo! Añadir el aro de guindilla y las gambas cortadas y rehogar ligeramente con los ajos un par de minutos. En cuanto el conjunto está ligeramente rehogado, se retira la sartén del fuego y se vierte sobre la pasta recién hecha.

Unos minutos antes de ponernos a comer, cocinar la pasta *al dente* (véase manera de cocer la pasta). Se cuecen los espaguetis en agua salada. Incorporar la pasta cuando el agua llegue al punto pleno de ebullición. Alcanzará su punto óptimo, *al dente*, cuando esté cocida por dentro y ejerza una ligera resistencia entre los dientes.

Retirar la olla del fuego, sacar la pasta del agua, e inmediatamente, escurrirla con rapidez en un colador. Condimentar sin pérdida de tiempo con la salsa preparada de antemano, y muy importante, servirla muy caliente. ¡Ojo!, no se debe pasar la pasta por agua fría después de cocerla.

Presentación

Presentar los espaguetis en una fuente redonda y verter por encima el sofrito de ajos y gambas. Espolvorear con pimienta y perejil cortado y servir la pasta acompañada de una salsa de tomate bien caliente aparte.

Nota

La salsa de tomate se puede tener preparada con anticipación y calentarla bien antes de utilizarla (véase receta de salsa de tomate).

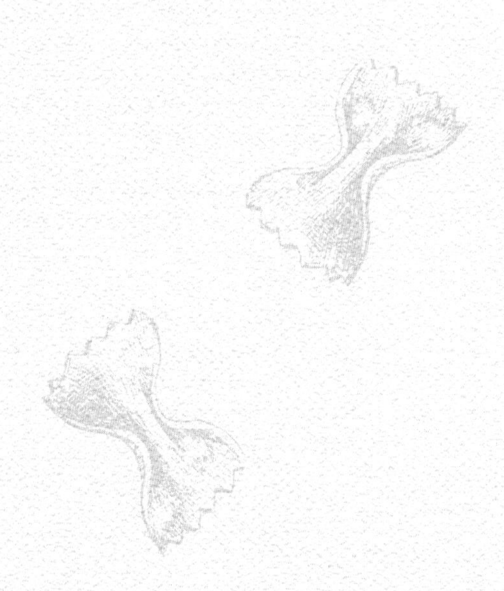

Fideuá (fideos con pescado)

Ingredientes y proporciones

400 g de fideos perla, especiales para fideuá, fideo grueso, hueco del n.º 5 o fideos gordos

4 cigalas

4 gambas rojas o langostinos

150 g de sepia o calamar

100 g de almejas (opcional)

100 g de tomate pera

2 dientes de ajo

30 ml de aceite de oliva virgen extra (3 cucharadas)

1 litro de caldo de pescado

Perejil

Sal yodada

Para el caldo de pescado

1 cabeza de merluza

½ cabeza de rape

½ kg de pescaditos, morralla (cintas, gallineta, brujas, lucernas, etc.) y algunos cangrejos o galeras

1,25 litros de agua

Una pizca de pimentón de la Vera

Unas hebras de azafrán

Sal yodada

Preparación

Preparar los ingredientes indicados para el caldo. Limpiar bien el pescado; cabeza de merluza, congrio, quitar los intestinos de las cintas, gallineta etc. Lavar los cangrejos o galeras.

Empezar por la elaboración del caldo de pescado

Echar los ingredientes indicados para el caldo en una cazuela junto con 1,25 litros de agua, un poco de sal, una pizca de pimentón y unas hebras de azafrán. Se pone la cazuela al fuego y en cuanto el agua levante el hervor, se espuma bien el agua y se tapa la cazuela, dejando hacer el caldo lentamente, unos 15-18 minutos a fuego suave. Apartar la cazuela del fuego, dejar reposar el caldo un poco, pasarlo por un colador fino y mantenerlo caliente y tapado hasta el momento de incorporarlo a los fideos. Desechar los restos de pescado.

¡Ojo!, en este caldo no se debe poner nada de cebolla ni pimienta ya que ablandaría los fideos al cocerlos. Mientras se hace el caldo preparar los ingredientes de la fideuá; lavar, escurrir y secar las gambas y cigalas. Limpiar el calamar, lavarlo, secarlo y cortarlo a trocitos que se vean. ¡Ojo!, hay que contar que reducen al freírlos. Lavar las almejas (véase receta de almejas en salsa). Lavar el tomate, partirlo por la mitad y rallarlo. Pelar los ajos y picarlos muy finos.

Elaboración de la fideuá

Se echa el aceite en una paella de 30 cm o sartén grande y se pone a calentar a fuego suave. Cuando esté caliente el aceite, se echa un poco de sal, se ponen las gambas y cigalas y se saltean por ambas caras, cuestión de unos minutos, y dándoles la vuelta, se sacan y se reservan en un plato tapadas. ¡Ojo!, las gambas no deben quedar fritas. En el mismo aceite echar la sepia o calamar, rehogarlo y darle vueltas hasta que esté ligeramente dorado por igual. Retirar los trocitos de calamar sin sacarlos de la paella, hacia los bordes de la misma, formando una corona circular. Echar el ajo picado en el centro de la paella, darle unas vueltas y antes de que tome color, incorporar el tomate encima de los ajos. Poner una pizca de sal y rehogarlo durante unos cinco minutos, dando vueltas y ligando la salsa con el calamar. Incorporar un litro del caldo de pescado hirviendo (250 ml de caldo por cada 100 g de fideos), probar el punto de sal y rectificar si fuera necesario; no poner pimienta. Subir la intensidad del fuego para restablecer la ebullición lo antes posible e incorporar los fideos. Cuando el caldo llegue al punto pleno de ebullición, cocer los fideos destapados a fuego medio los tres primeros minutos, bajar la intensidad del fuego y continuar el proceso de cocción durante 15-17 minutos más a fuego suave, hasta completar el tiempo. Unos cinco minutos antes de finalizar la cocción se incorporan a la paella las cigalas y las gambas, cuando casi está absorbido el caldo en los fideos, colocándolas por encima de los fideos en forma radial. Colocar también las almejas salpicadas por toda la superficie de los fideos. Si fuera necesario, añadir un poco de caldo hirviendo con mucho cuidado de no pasarnos y terminar la cocción unos minutos más. Probar unos fideos para verificar el punto de cocción. En su punto, es decir, *al dente* (el fideo cocido por dentro pero consistente) se retira la paella del fuego. Se dejan reposar los fideos cinco minutos fuera del fuego y se sirve la fideuá de inmediato.

Presentación

Servir el guiso en la misma paella y adornar por encima de los fideos con perejil cortado a tijera.

Canelones de carne al gratén

Ingredientes y proporciones para cocer los canelones

12 hojas de canelones al huevo

3 litros de agua

30 g de sal marina

Para hacer el relleno

100 g de pechuga de pollo

100 g de lomo de cerdo limpio de grasa

40 g de jamón serrano

3 cucharadas de salsa de tomate concentrado

½ cebolla pequeña

1 diente de ajo picado fino

1 huevo

30 ml de vino de Jerez (3 cucharadas)

30 ml de aceite de oliva virgen extra (3 cucharadas)

Sal yodada, pimienta y nuez moscada

Tomillo

Para espolvorear por encima

Queso parmesano rallado

Para la salsa bechamel

20 g de harina de trigo

20 ml de aceite de oliva virgen extra (2 cucharadas)

250 ml de leche entera de vaca

Una pizca de nuez moscada

Sal yodada y pimienta en grano recién molida

Para el relleno

Decir al carnicero que pique muy finas las carnes. Cortar el jamón a tiritas pequeñas y reservarlo. Pelar el ajo y picarlo muy fino. Lavar el huevo y batirlo entero ligeramente en un bol. Lavar el perejil.

Empezar por la elaboración del relleno

Se echa el aceite en una sartén pequeña y se pone a calentar a fuego suave. Añadir la cebolla y dejarla sofreír a fuego lento, dándole unas vueltas de vez en cuando para que no se queme, hasta que la cebolla llegue al punto de transparencia. Incorporar el picadillo de carnes y rehogarlo junto con la cebolla para unir bien los dos componentes, hasta que las carnes hayan perdido su color rosáceo. Añadir el vino y llevar a ebullición, removiendo sin cesar hasta que el vino se haya evaporado. Poner el ajo finamente picado y las tiritas de jamón y dar unas vueltas para unirlo todo a la carne. Añadir el concentrado de tomate y rehogarlo junto con el resto de los ingredientes, poner el tomillo y un punto de sal, una pizca de pimienta recién molida y otra de nuez moscada. Dejar cocer la salsa unos 15 minutos a fuego lento, dándole vueltas de vez en cuando. Comprobar el punto de sal y pimienta y rectificar si fuera necesario. Retirar la sartén del fuego y esperar un poco que enfríe la carne antes de verterla en el plato donde tenemos el huevo batido. Unir perfectamente todos los ingredientes y reservar el preparado hasta el momento de rellenar los canelones.

Elaboración de la salsa bechamel

Véase receta de salsa bechamel. Poner la leche a calentar. Se echa el aceite en un cazo y se pone a calentar a fuego suave, se añade la harina y se le da unas vueltas. Echar la leche hirviendo poco a poco y remover sin cesar, hasta que incorporemos toda la leche y consigamos una crema fina. Dejar cocer la salsa suavemente, sin dejar de removerla, entre 15-20 minutos, hasta que espese. Cuando la salsa está cremosa, retirar el cazo del fuego y sazonar la crema con sal, pimienta y una pizca de nuez moscada rallada, dar unas vueltas y removerla para unir los ingredientes. Tapar y reservar la salsa caliente hasta el momento que vayamos a utilizarla.

Preparación de los canelones

Encender el horno a una temperatura de 180 °C.

Untar una fuente de horno con aceite de oliva. Se hierven los canelones en agua salada: se echan tres litros de agua en una olla alta hasta que llegue al punto pleno de ebullición. ¡Ojo!, echar la sal justo antes de añadir las placas, se meten las hojas de pasta en la olla de una en una para evitar que se peguen. Subir la intensidad del fuego para restablecer la ebullición lo antes posible y bajarlo luego a fuego moderado para evitar que se rompan las placas al hervir fuertemente. Remover la pasta al principio y de vez en cuando durante el proceso de cocción y seguir las instrucciones que figuran en el envase. El tiempo estimado de cocción estará en función de la calidad y grosor de la pasta elegida, calidad del agua, la intensidad del fuego y el tipo de recipiente utilizado. En su punto, retirar la olla del fuego y sacar las placas de canelones del agua, de una en una y con sumo cuidado para no romperlas, colocarlas extendidas unas al lado de las otras, sobre un paño limpio de cocina y dejar enfriar.

Relleno de los canelones

Extender por encima de cada placa dos cucharadas del relleno. Envolver la placa en forma tubular y colocar los canelones a medida que se vayan rellenando, en hilera, uno tras otro, en la fuente engrasada de horno. Cubrir los canelones con la salsa bechamel que tenemos preparada de antemano, espolvoreándolos por encima con queso rallado y rociándolos con unas gotitas de aceite de oliva. Se coloca la fuente en el horno caliente suave hasta que los canelones estén dorados. Retirar la fuente del horno.

Presentación

Presentar a la mesa en la misma fuente de horno o en platos individuales previamente calentados.

Huevos

Composición y valor nutricional del huevo

El huevo, en su conjunto, es un alimento de gran valor nutricional no solo por la calidad de su proteína, sino también por su aporte en vitamina del grupo B y minerales. La calidad nutricional del huevo no viene condicionada por el color de la cáscara (huevos morenos y blancos) ni por la intensidad del amarillo de la yema, donde intervienen otros factores.

Ventajas alimenticias

Los huevos, desde el punto de vista alimenticio, son el gran comodín de la cocina debido a las grandes posibilidades culinarias que ofrecen. Así pues, podemos consumir huevos solos o formando parte de otros platos. Además los podemos encontrar tanto en platos salados como en todo tipo de dulces, y utilizado combinando con infinidad de productos. El huevo, en su gran diversidad culinaria, tiene la ventaja de ser un alimento muy aceptado por todos los grupos humanos, constituyendo a veces una solución rápida de emergencia a la hora de la elaboración de menús rápidos, cualidad no superada por otros alimentos.

Inconvenientes de su consumo excesivo

La clara cruda contiene unos elementos que actúan como antinutrientes impidiendo su correcta absorción.

La yema posee un elevado contenido de «colesterol», por lo cual sería necesario limitar su consumo habitual en función de los elevados niveles de colesterolemia que presenta nuestra población.

Recomendaciones alimenticias

Debido a su riqueza en colesterol, se recomienda un consumo semanal entre 4-5 huevos, limitándolo a 2-3 en aquellas personas con el colesterol elevado, incluyendo los que se utilizan en la elaboración de distintos platos.

Compra

Los huevos se presentan en el mercado embalados en cajas donde se indica su categoría y clase, fecha de puesta o de envasado, consumo preferente y la recomendación de guardarlos en un lugar refrigerado después de la compra. Su clasificación está en función de su tamaño: XL, supergrandes, 73 g o más, L, grandes, de 63 a 73 g, M, medianos, de 53 a 63 g, S, pequeños, menos de 53 g.

A la hora de la compra, lo importante en un huevo es que sea fresco y no esté cascado, ya que por cualquier grieta que tengan pueden penetrar gérmenes. El índice de frescura de un huevo se aprecia comprobando varios indicadores:

A) La cáscara tiene que ser mate y granulosa, desechando la que es lisa y brillante; esto es un indicador de que la fecha de puesta del huevo es atrasada.

B) Si sumergimos un huevo puesto del día en agua salada, este se precipita al fondo rápidamente, si flota es señal de que la fecha de puesta es atrasada. Los huevos frescos ocupan el interior de la cáscara casi por completo y al agitarlos apenas se percibe movimiento alguno, sin embargo, en un huevo de puesta atrasada, al cambiarlo de posición se percibe perfectamente cómo se mueve su contenido. Esto es debido a la cámara interior del huevo. En un huevo fresco, la cámara de aire es muy pequeña. Por ello, esta cámara a medida que pasan los días va en aumento debido a la evaporación del agua que contiene el huevo a través de los poros de la cáscara. Ahora bien, la manera inmediata de comprobar la frescura de un huevo es cuando al abrirlo sobre un plato, se observa cómo la yema es redonda y abombada y la clara tiene una consistencia densa, apenas contiene líquido y queda recogida en torno a la yema. Por lo que, a medida que van pasando los días desde la fecha de puesta, la yema se ve más aplanada y la clara más líquida y extendida.

Utilización

El huevo es una fuente inagotable de recursos en la cocina, solo o acompañado de otros ingredientes. Los podemos tomar pasados por agua, fritos, en tortilla, cocidos, revueltos, etc. Además es un ingrediente principal en salsas, *soufflés*, bizcochos, cremas y helados, siendo indispensables en el rebozado de los fritos.

Manera de cocer los huevos

Los huevos deben cocerse durante un tiempo determinado, ya que si los cocemos más tiempo del necesario, la yema queda verdosa y si lo hacemos en menor tiempo, la yema queda semilíquida. Por consiguiente, cocer un huevo duro en su punto tiene su técnica: se pone una cazuela con agua al fuego y en cuanto el agua llega al punto de ebullición, hirviendo a borbotones, se introducen los huevos con una cuchara sopera, uno detrás de otro, previamente pasados por agua fría para evitar que se casquen. Cuando el agua y los huevos arrancan de nuevo a hervir, se mira el reloj, se deja que hiervan, bajando la intensidad del fuego para que la cocción sea suave, durante 10-12 minutos, estando el tiempo de cocción en función de su tamaño y frescura; un huevo fresco tarda más en cocer. Nada más terminar el tiempo de cocción, sacar los huevos de la cazuela y enseguida, sumergirlos en agua fría y pelarlos antes de que se enfríen.

Para montar las claras a punto de nieve es necesario que estas no lleven ningún resto de yema y el recipiente donde se vayan a batir esté muy limpio, sin restos de grasa. Se montan mejor las claras si les añadimos unas gotitas de zumo de limón y una pizca de sal.

Conservación

Los huevos, para una conservación óptima, deben mantenerse en el frigorífico, colocados con la parte más puntiaguda hacia abajo, de esta manera los tendremos en las mejores condiciones de consumo durante 12 días. A partir de esta fecha el huevo va perdiendo sus características de frescura. Los huevos deben conservarse en sitio fresco y oscuro porque la luz destruye su componente vitamínico. También es conveniente tenerlos apartados de otros alimentos como pescado, queso, fresas, etc., porque si los colocamos próximos a ellos pueden absorber los sabores intensos de estos alimentos a través de su cáscara porosa. Las claras se guardan en tarros de cristal o en recipientes herméticos.

Tortilla de patata Isabel

Ingredientes y proporciones para cocer la pasta

- 600 g de patatas
- 100 g de cebolla rallada
- 300 ml de aceite de oliva virgen extra
- 4 huevos
- Sal yodada

Preparación

Pelar, lavar, secar y cortar las patatas en cuadraditos pequeños. Pelar y rallar la cebolla. Lavar los huevos.

Elaboración

Se echa el aceite en una sartén y se pone a fuego suave. Cuando el aceite está ligeramente caliente, se echan las patatas en la sartén, se les da un par de vueltas y enseguida se incorpora, justo encima de las patatas, la cebolla rallada. Tapar la sartén, con el fin de evitar que las patatas frían y dejarlo hacer a fuego suave hasta que la cebolla y la patata estén hechas. Estas deben hacerse y cocerse lentamente. Mover las patatas de vez en cuando, rehogándolas un poco, hasta que estén tiernas. Antes de sacar las patatas de la sartén, echarles un poco de sal y retirar la sartén del fuego. Sacar las patatas y dejarlas en un colador poniendo un plato debajo, para que escurran bien el aceite que les sobre.

Echar los huevos en un bol y batirlos ligeramente con una pizca de sal. Incorporar las patatas en los huevos y unir bien el conjunto, rectificando de sal si fuera necesario. Sacar de la sartén el aceite de freír las patatas, dejando solamente una cucharada del mismo; este apenas debe cubrir el fondo de la sartén. Mover esta para que se engrase uniformemente por el fondo y los bordes laterales.

Volver a poner la sartén al fuego, subiendo un poco la intensidad del mismo. Cuando el aceite esté caliente, se vierte el contenido del bol, moviendo la sartén para que la capa de patatas y huevo quede uniforme. Hacer la tortilla por un lado, a fuego medio, unos 2-4 minutos moviendo la sartén y pasando una espátula entre los bordes y la tortilla para evitar que se pegue al fondo. ¡Ojo!, hay que estar atentos, es frecuente que esto ocurra. Cuando el huevo esté ligeramente cuajado, se da la vuelta a la tortilla ayudándonos de una fuente redonda o plato más amplio que el diámetro de la sartén, sujetando el plato fuertemente por debajo con la mano izquierda y dando la vuelta a la sartén.

Echar una cucharada de aceite en la sartén y ponerla de nuevo al fuego a calentar. Incorporar la tortilla poniendo debajo el lado que no está hecho y dejar que se haga por la otra parte, entre 2-3 minutos. ¡Ojo!, vigilar atentamente para que no se queme. La tortilla debe quedar ligeramente dorada por fuera y bien cuajada pero jugosa por dentro.

Presentación

Se pasa la tortilla a una fuente redonda y se sirve como aperitivo, entrante, etc.

Nota

Hay que tener mucho cuidado al dar la vuelta a la tortilla. Sería aconsejable para evitar fracasos comenzar dividiendo el contenido del bol en dos partes y hacer dos tortillas pequeñas hasta conseguir dominar la técnica.

Tortilla de bacalao

Ingredientes y proporciones para la tortilla

4 huevos

10 ml de aceite de oliva virgen extra (1 cucharada)

Para el revuelto de bacalao

100 g de bacalao seco salado

1 cebolla en juliana

20 ml de aceite de oliva virgen extra (2 cucharadas)

Sal yodada

Preparación del bacalao

Desalar el bacalao 36 horas antes de la elaboración del plato. Se pone a desalar el bacalao con la piel hacia arriba en un recipiente. Se cubre de agua fría (tres partes de agua por una de bacalao) y se mete en el frigorífico durante 36 horas a 6-7 °C Cambiarle el agua cada 9 horas (para más detalles véase desalado de bacalao). Sacar el recipiente del frigorífico cuatro horas antes de ponernos a preparar el bacalao, para que esté a temperatura ambiente. Transcurrido el tiempo de desalado, se sacan las rodajas de bacalao del agua y se colocan sobre un paño de cocina, se secan y se quitan las escamas y espinas. Desmenuzarlo con los dedos y reservarlo. ¡Ojo!, comprobar que el bacalao esté bien desalado antes de sacarlo del agua. Pelar la cebolla y picarla en juliana. Lavar el perejil y picarlo.

Elaboración del bacalao

Se echa el aceite en una sartén y se pone a fuego suave, cuando el aceite esté ligeramente caliente se echa la cebolla, una pizca de sal y pimienta, se da unas vueltas y se deja hacer la cebolla muy lentamente con la sartén tapada hasta que la cebolla llegue al punto de transparencia, dando alguna vuelta de vez en cuando. Incorporar a la cebolla el bacalao desmigado, dar unas vueltas y rehogarlo sin parar hasta unir bien los dos elementos y dejar hacer un par de minutos. Añadir el perejil picado, dar un par de vueltas y retirar la sartén del fuego.

Elaboración de la tortilla

Se baten los huevos ligeramente en un bol con una pizca de sal y pimienta. Incorporar en el huevo el rehogado de bacalao y unir bien el conjunto, rectificando de sal si fuera necesario. ¡Ojo, con la sal!

Se echa una cucharada de aceite en una sartén y se pone a fuego suave. Se mueve la sartén para que se engrasen uniformemente el fondo y los bordes laterales. Cuando el aceite esté caliente se vierte el contenido del bol. Mover la sartén con el fin de que la capa de huevo y bacalao quede uniforme. Hacer la tortilla por un lado a fuego suave unos 2-4 minutos, moviendo la sartén y pasando una espátula entre los bordes y la tortilla para evitar que se pegue al fondo. ¡Ojo!, es frecuente que esto ocurra. Cuando el huevo esté ligeramente cuajado, se da la vuelta a la tortilla ayudándonos de un plato más amplio que el diámetro de la sartén, sujetando el plato por debajo con la mano izquierda se le da la vuelta a la sartén, quedando la parte dorada de la tortilla en la superficie. Engrasar con aceite ligeramente la sartén y ponerla de nuevo al fuego a calentar.

Incorporar la tortilla a la sartén poniendo debajo el lado que no está hecho y dejar que se dore por la parte de abajo, entre 1-2 minutos. ¡Ojo!, vigilar atentamente para que no se queme. La tortilla tiene que quedar dorada por fuera y bien cuajada pero jugosa por dentro.

Presentación

Presentar la tortilla en una fuente redonda, espolvorear por encima con perejil.

Tortilla de setas

Ingredientes y proporciones para hacer la tortilla

- 3 huevos
- 10 ml de aceite de oliva virgen extra (1 cucharada)

Para rehogar las setas

- 70 g de setas muy frescas
- 30 g de jamón serrano
- ½ diente de ajo con la piel roja
- 10 ml de aceite de oliva virgen extra (1 cucharada)
- Perejil picado
- Sal yodada y pimienta

Preparación de las setas

Limpiar las setas una por una y cortarles la parte terrosa de las colas. Lavarlas rápidamente bajo el chorro de agua fría, pasándoles varias aguas. Escurrirlas y secarlas con papel absorbente de cocina, pues no conviene tenerlas en el agua porque pierden parte de su aroma. Partirlas en trocitos pequeños y reservarlas. Pelar el ajo, quitar la parte central y picarlo fino. Lavar y picar el perejil.

Elaboración

Se echa una cucharada de aceite en una sartén a fuego suave. Cuando el aceite esté caliente, se echa el ajo picado fino, se le da unas vueltas y antes de que tome color se añaden las setas. Saltearlas durante unos minutos y añadirles el jamón, dar unas vueltas y dejarlas rehogar muy lentamente hasta que las setas estén tiernas. Dar el punto de sal y pimienta y retirar la sartén del fuego. Espolvorear las setas con perejil picado y reservarlas unos minutos.

Elaboración de la tortilla

Se baten los huevos ligeramente en un bol con una pizca de sal. Incorporar en el huevo el picadillo de setas y unir bien el conjunto y rectificar de sal si es necesario.

Se echa una cucharada de aceite en una sartén a fuego suave. Se mueve la sartén para que se engrasen uniformemente el fondo y los bordes laterales. Cuando el aceite esté caliente se vierte el contenido del bol. Mover la sartén con el fin de que la capa de setas y huevo quede uniforme. Hacer la tortilla por un lado a fuego suave, unos 2-4 minutos, moviendo la sartén y pasando una espátula entre los bordes y la tortilla para evitar que se pegue al fondo. ¡Ojo!, es frecuente que esto ocurra. Cuando el huevo esté ligeramente cuajado, se da la vuelta a la tortilla ayudándonos de un plato más amplio que el diámetro de la sartén, y sujetando el plato por debajo con la mano izquierda se le da la vuelta a la sartén, quedando la parte dorada de la tortilla en la superficie. Engrasar con aceite ligeramente la sartén y ponerla de nuevo al fuego a calentar.

Incorporar la tortilla a la sartén poniendo debajo el lado que no está hecho y dejar que se dore por la parte de abajo, entre 2-4 minutos. ¡Ojo!, vigilar atentamente para que no se queme. La tortilla debe quedar dorada por fuera y bien cuajada pero jugosa por dentro.

Presentación

Presentar la tortilla en una fuente redonda y servir acompañada de salsa de tomate servida aparte.

Huevos fritos

Ingredientes y proporciones

4 huevos muy frescos y a temperatura ambiente (sacarlos del frigorífico como mínimo unas dos horas antes de ser utilizados)

Aceite de oliva virgen extra hasta la mitad de la sartén

Sal yodada

Una sartén pequeña de paredes altas

Freír un huevo en su punto tiene su técnica, aunque aparentemente parezca fácil no lo es, así pues, tendremos que contemplar un conjunto de detalles si queremos conseguir con éxito un suculento huevo frito.

Preparación

Lavar los huevos y secarlos con papel de cocina. Cascar un huevo y depositarlo en una taza con sumo cuidado, para evitar que se rompa la yema.

¡Ojo!, los huevos hay que cascarlos de uno en uno a medida que se vayan friendo.

Elaboración

Se calienta el aceite en una sartén a fuego moderado, sin dejar que llegue a «humear». ¡Ojo!, es muy importante que el aceite no llegue a esa temperatura, superior a 180 °C porque la calidad del aceite se pierde. Cuando el aceite esté caliente, se acerca la taza al borde de la sartén y se deja deslizar el huevo suavemente en el aceite, sujetando el mango de la sartén con la otra mano (si es necesario, la protegeremos con un guante de cocina para evitar quemaduras del aceite). Con una espumadera pequeña se va echando aceite caliente sobre el huevo para que quede recogido y jugoso y se haga por dentro. El huevo debe flotar en el aceite mientras se fríe. Sacarlo con la espumadera cuando el huevo queda suelto, la clara está cuajada y la yema cubierta por una capa blanca. Bien escurrido, se coloca en una fuente de servicio. Repetir la misma operación con el resto de los huevos, hasta freírlos todos.

El aceite que sobra puede colarse y emplearse para otra fritura, ya que no adquiere ningún tipo de sabor.

Presentación

Servir de inmediato acompañados de una de las muchas guarniciones que admiten: jamón y chorizo fritos, salsa de tomate y panes fritos o bien servirlos con ajoarriero, pimientos fritos, fritada de pimiento y tomate, pisto, etc.

Nota

Los huevos, para que se frían bien, tienen que ser muy frescos. Se conocen porque al echarlos en la sartén estos se recogen, quedando la yema líquida y la clara bien cuajada; si no es así, la clara se desparrama y la yema cuece demasiado. Hay que freírlos de uno en uno, en una sartén pequeña, honda e individual, llenándola de aceite hasta la mitad de su capacidad. Los huevos, antes de freírlos, deben estar a temperatura ambiente, por lo que hay que sacarlos del frigorífico como mínimo unas dos horas antes de ser utilizados.

Pescado

Pescado y marisco

Con este término se engloban todas las especies comestibles de la fauna marina y de agua dulce. Desde los tiempos más remotos la pesca ha sido uno de los recursos principales en la alimentación del hombre, constituyendo el pescado consumido, tanto fresco como secado al sol, ahumado o salado, una fuente imprescindible de proteínas y otros nutrientes para los humanos.

Valor nutricional

El pescado es una importante fuente de proteínas de alto valor biológico. En general, las proteínas del pescado, alrededor de un 15%, son ligeramente inferiores que las de carnes y sus derivados, aunque su calidad está en el mismo orden que la de la carne. Dentro de su grupo, como en el de otros grupos de alimentos, el pescado es la fuente más rica en yodo. En vitaminas, los pescados, sobre todo los grasos, son una fuente rica de vitaminas del grupo B y D. El aporte de calcio por estos alimentos es, en general, poco importante, sobre todo en especies de tamaño grande.

El contenido en grasa de las distintas especies de pescados es muy variable y está en función del tipo de pescado que sea. El pescado, según su contenido en grasa, suele dividirse en pescados magros (bajo contenido en grasa), semigrasos (contenido medio) y grasos (alto contenido).

Los pescados magros, llamados pescados blancos, contienen menos del uno por ciento de grasa, por lo que su valor calórico oscila alrededor de 50-80 kcal/100 g. En este grupo se encuentran el bacalao, rodaballo, lenguado y gallo.

Los pescados grasos, llamados azules, tienen un contenido en grasa alrededor de 8-15%, con un valor energético alrededor de 80-160 kcal/100 g. Entre las especies más representativas de este subgrupo se encuentran el salmón, arenque, atún, bonito, anguila y sardina.

Los pescados semigrasos o semimagros son aquellos que su contenido en grasa se encuentra alrededor de 2-7%, con un valor energético intermedio entre los anteriores. Los más comunes son la trucha, merluza, caballa y boquerón.

Hay que destacar que, a diferencia de la grasa saturada presente en las carnes y sus derivados, la grasa del pescado es rica en ácidos grasos poliinsaturados de la familia n-3. Esta característica tiene importancia, ya que el pescado puede constituir una alternativa válida al elevado consumo de proteínas de carnes ricas en grasa saturada.

Consumo

El pescado como alimento proteico es semejante a las carnes y tiene el mismo valor nutritivo que ella. Ahora bien, en el conjunto nutricional lo podemos considerar con preferencia respecto a la carne, debido a que posee menor cantidad de grasa y la que contiene (ácidos grasos poliinsaturados) ejerce una incidencia positiva desde el punto de vista de la prevención y tratamiento de las enfermedades cardiovasculares, frente a los efectos negativos de la grasa saturada presente en las carnes. Destacaremos además, su aporte de yoduro y vitamina D cuya importancia se ha dicho. ¡Ojo! debido a la riqueza del pescado en vitamina D y en yodo, sería importante su consumo en zonas con pocos días de sol (regiones lluviosas) y en zonas en las que existe bocio endémico.

Por lo expuesto, las diferentes clases de pescado deben estar presentes en la dieta de dos a cuatro raciones a la semana. La norma de consumo más práctica es adquirir distintos tipos de pescados, bien sean blancos o azules, en función de la organización del menú y del costo en el mercado.

Compra

La principal condición a la hora de la adquisición del pescado es su frescura. Esta se manifiesta a través de varios aspectos. La carne del pescado debe ser consistente y firme, la piel tersa y brillante, y los ojos tienen que estar brillantes, vivos, saltones y resistentes a la presión. Las agallas de color vivo, rojo intenso. En los pescados que se venden cortados en rodajas, la carne debe estar firme, adherida a la espina central y de color blanca rosada. Tras la compra el pescado debe limpiarse despojándole de los vasos sanguíneos, las vísceras, el revestimiento de la cavidad abdominal, las agallas e incluso la cabeza, si esta no es necesaria para su presentación. En el caso de que el pescado no vaya a ser consumido de inmediato, debe guardarse en el frigorífico (¡ojo!, no más de 24 horas), cubierto con un paño limpio húmedo. Es conveniente utilizarlo cuanto antes, ya que pierde sabor y otras propiedades, aun cuando lo mantengamos en el frigorífico.

A la hora de hacer la compra hay que calcular alrededor de 100 g por persona, si se trata de pescado limpio y en filetes. En rodajas alrededor de 150 g. Si se compra el pescado entero, hay que calcular por lo menos alrededor de 250 g por persona.

Utilización

La limpieza del pescado es una tarea que debe hacerse minuciosamente para no estropearlo. En primer lugar hay que cortar las aletas con tijeras, abrir el vientre de abajo a arriba, extraer las vísceras y despojarlo de la película negra interior, arrancándola con la ayuda de un paño limpio. Quitar la cabeza si es necesario y si se deja quitar las agallas y ojos en pescados grandes. Escamarlo antes de cortarlo quitando las escamas con un cuchillo de poco filo o con un utensilio especial que existe para ello, pasándolo en dirección contraria a las escamas y con cuidado para no romper la piel. Limpio el pescado, se corta en rodajas o filetes (la cabeza y las espinas de merluza, gallos, lenguados y otras especies nos servirán para hacer fondos o caldo). La forma de elaborar los pescados es variada, ahora bien, lo importante a la hora de cocinar un pescado después de su frescura es dar el punto exacto de cocción para no estropearlo.

Hervido

Se prepara un «caldo corto» según la receta y se cuece en él el pescado.

Al horno

La mayor parte de los pescados se secan en exceso al exponerlos al calor sin hidratarlos. Para impedir esta deshidratación con la temperatura del horno hay que rociarlos a mitad de cocción con caldo de pescado. Por regla general los pescados grandes se cuecen a 180 °C durante unos 20 minutos por kg de peso y los pequeños a 200 °C en la mitad de tiempo, según su peso.

A la sal

El pescado se cuece en el horno en su propio vapor, envuelto en una capa de sal gorda de 1,5 cm de grosor que se humedece ligeramente rociándola con agua. Con el horno a 230 °C el tiempo de cocción de un pescado de 1,5 kg está alrededor de 40 minutos. La lubina y la dorada son pescados muy apropiados para este tipo de preparación.

Conservación

Como se dijo, la conservación del pescado en el frigorífico del hogar tiene que ser muy breve. La congelación de pescado fresco, en un arcón dedicado a los productos congelados, solo debe hacerse cuando estamos en un puerto de mar o cuando el espacio de horas desde que se capturó es muy breve y el pescado prácticamente está vivo y puede ser congelado inmediatamente.

El pescado congelado industrialmente, que puede adquirirse en los puntos de venta, debe permanecer el mínimo tiempo posible fuera del congelador desde el momento de la compra para no romper la cadena del frío. Por ello, una de las normas es no dejar pasar más de una hora desde la compra hasta que lo depositemos en el congelador. En el congelador del frigorífico puede llegar a conservarse de 10 a 15 días, según el tamaño del producto y la categoría (estrellas) del aparato. En un arcón congelador a temperaturas muy bajas, puede mantenerse de dos a tres meses, según la clase de pescado; los mariscos un mes. Cuando se quiera utilizar el pescado, lo ideal es descongelarlo lentamente, pasándolo al frigorífico. Medio kilo de merluza tarda en descongelar en el frigorífico 6-8 horas. Una rodaja de 100 g lo hará en la mitad de tiempo. Una vez descongelado el pescado puede prepararse como el pescado fresco.

Flan de merluza

Ingredientes y proporciones para el flan

½ kg de merluza en un trozo, peso limpio. Unos 700 g de la parte gruesa de la cola

4 huevos

Un ramito de hojas de perejil

Sal yodada y pimienta

Para el caldo

Agua la justa para que cubra el pescado

2 dientes de ajo con la piel roja, hacer una incisión

¼ de hoja de laurel pequeña

Un pizca de sal yodada

Para la salsa de tomate

½ kg de tomates rojos (peso neto)

65 g de cebolla

20 ml de aceite de oliva virgen extra (2 cucharadas soperas)

Para condimentar

Unas hojas de perejil

Sal yodada y pimienta

Para la presentación

Salsa mayonesa (véase receta salsa mayonesa)

1 lechuga

Unas cuantas aceitunas verdes sevillanas rellenas

Preparación

Limpiar, lavar la merluza y secarla. Lavar los tomates, cortarlos por la mitad y rallarlos. Rallar la cebolla y reservarla aparte. Lavar el perejil.

Preparación del molde

Untar una flanera con aceite de oliva y colocarle en la base, al fondo, un disco de papel repostero cortado a la medida. Untar con aceite el fondo, espolvorearlo ligeramente con harina y darle la vuelta para que suelte la harina que sobra.

Cocer la merluza en un caldo corto

Se pone a hervir el agua en una cazuela (solo la cantidad justa para que cubra el pescado), junto con los dientes de ajo, los granos de pimienta, el laurel y un poco de sal y cuando el agua rompe a hervir, se deja que hierva cinco minutos. Echar la merluza dentro de la cazuela, el pescado solo debe estar cubierto lo justo por el caldo y se pone a hervir de nuevo. Cuando el agua levante el hervor se mira el tiempo y se deja que siga hirviendo durante cinco minutos suavemente, sin que apenas hierva, con la cazuela tapada. Sacar la merluza del caldo, escurrirla y dejarla enfriar. Quitar la piel y las espinas.

¡Ojo!, hay que desespinarla bien y desmenuzarla en trozos del tamaño de una avellana. Reservar en un bol.

Para elaborar la salsa de tomate

Se calienta el aceite en una sartén y se añade la cebolla, se deja sofreír a fuego lento dándole unas vueltas de vez en cuando, hasta que llegue al punto de transparencia. Incorporar el tomate y dejar cocer a fuego lento unos 15-20 minutos, hasta que el jugo se haya evaporado. ¡Ojo!, la salsa debe quedar concentrada. Sazonar con una pizca de azúcar, sal y pimienta y retirar la sartén del fuego, reservando la salsa. En el caso de que tenga líquido, pasar la salsa por un colador para que suelte el líquido que sobra, solo se utilizará la salsa concentrada.

Preparación del flan

Encender el horno a 180 °C. Batir los huevos en un bol igual que para tortilla y añadirle la merluza e incorporar la salsa de tomate concentrada y dos o tres tallos de hojas de perejil cortaditos. Condimentar con sal y pimienta, probar y dar bien el punto. Mezclar con cuidado la preparación con una espátula, hasta que resulte una pasta homogénea. Unido el conjunto, se echa la pasta en la flanera preparada y se la da unos golpecitos ligeros para que quede sin huecos.

Poner a cocer el flan a fuego suave, al baño María, en una cazuela con la mitad de su capacidad de agua caliente. ¡Ojo!, vigilar el nivel del agua, esta tiene que llegar justo a los 2/3 de la flanera y estar atentos cuando hierve el agua para que no entre nada de agua dentro del cuajado, pues suele ocurrir con frecuencia.

Meter la cazuela en el horno precalentado, y dejar hacer el flan hasta que se haya cuajado, alrededor de unos 50-60 minutos. Reconoceremos su buen punto cuando ha cuajado el flan y el centro ofrece cierta resistencia al tacto y se despega fácilmente el borde del molde. Retirar la cazuela del horno y sacar el flan del agua. Dejar enfriar a temperatura ambiente y después meterlo en el frigorífico.

Presentación

En el momento de servir el plato, preparar la lechuga; lavar, secar y cortarla fina a tijera. Hacer una salsa mayonesa con los ingredientes indicados (véase salsa mayonesa). Separar los bordes del flan todo alrededor, volcarlo en una fuente redonda y despegarle el disco de papel de la base. Verter la salsa mayonesa por encima del flan, esta debe estar ligerita para que corra bien y el flan quede cubierto completamente. Disponer la lechuga alrededor del flan formando una corona circular, y poner las aceitunas verdes encima de la lechuga, colocadas alternas a un lado y otro de los bordes. Se sirve frío.

Nota

El flan se puede elaborar previamente y terminarlo de preparar en el momento de presentarlo en la mesa.

Almejas con salsa. Cocina valenciana

Ingredientes y proporciones para las almejas

½ kg de almejas finas o tellinas grandes

200 g de tomates rojos

100 g de cebolla rallada

1 diente de ajo

Un toque o anilla de guindilla roja sin semillas (opcional)

½ cucharadita de postre de orégano

¼ de hojita pequeña de laurel

30 ml de aceite de oliva virgen extra (3 cucharadas)

Sal yodada

Preparación de las almejas

Limpiar las almejas en agua (véase receta de almejas a la marinera). Echar las almejas limpias en una cacerola junto con medio centímetro de agua y ponerlas a fuego vivo para que se abran; sacarlas y colar el agua que han soltado al abrirlas y reservarla.

Preparación de la salsa

Lavar y rallar el tomate y reservarlo. Pelar y cortar el ajo y reservarlo junto con el tomate. Rallar la cebolla y reservar aparte.

Elaboración de la salsa

Se calienta el aceite en una sartén y se echa la cebolla. Sofreírla a fuego lento dándole unas vueltas de vez en cuando, hasta que llegue el punto de transparencia. Incorporar el tomate y el ajo, rehogar el conjunto y añadir el caldo reservado de abrir las almejas, la anilla de guindilla, el orégano, el laurel y un punto de sal. Dejar hacer la salsa unos 20 minutos a fuego lento, dándole unas vueltas de vez en cuando. Incorporar las almejas en la salsa, rectificar de sal y dejar hervir un par de minutos más. ¡Ojo!, no pasar el tiempo de cocción de las almejas. Retirar la sartén del fuego y verter su contenido en una fuente redonda hasta el momento de presentarlo a la mesa.

Presentación

Se sirve en la misma fuente.

Nota

Este plato se puede consumir tanto frío como caliente.

Merluza con pimientos

Ingredientes y proporciones

600 g de merluza en rodajas

1 cebolla mediana

2 pimientos rojos

2 tomates rojos

1 diente de ajo

40 ml de aceite de oliva virgen extra (4 cucharadas)

4 cucharadas de vino blanco seco

Perejil, sal yodada y pimienta

Un aro de guindilla (opcional)

Preparación

Limpiar el pescado. Pelar y rallar la cebolla. Asar los pimientos (véase la receta de pimientos rojos dulces) o ponerlos bajo el grill del horno, darles unas vueltas y sacarlos cuando la piel esté tostada. Pelarlos quitándoles la piel y las semillas y cortarlos a tiras. Lavar los tomates y rallarlos. Pelar el diente de ajo y picarlo. Lavar el perejil.

Elaboración

Se pone el aceite en una cazuela a fuego suave. Echar el ajo, dar unas vueltas e incorporar la cebolla y tapar la cazuela. Dejar hacer suavemente, dándole unas vueltas hasta que la cebolla llegue al punto de transparencia. Añadir las tiras de pimiento, tapar de nuevo y dejar hacer la compota pausadamente, hasta el momento de incorporar el tomate. Añadir el tomate justo cuando los pimientos estén tiernos, un poco de sal, pimienta y la guindilla, y dejar hacer al menos 20 minutos más con la cazuela destapada. Cuando el jugo de la compota se ha evaporado, añadir el vino blanco, mover la cazuela, taparla y dejar cocer unos minutos para que se armonicen los sabores. En su punto, introducir las rodajas de merluza en la salsa y hacerla a fuego lento unos cinco minutos con la cazuela tapada. Servir de inmediato.

Presentación

Presentar el pescado en una fuente redonda, espolvoreado con perejil cortado fino y acompañado con arroz blanco.

Nota

Se puede preparar la salsa de antemano y cocinar el pescado en el momento de presentarlo a la mesa. También se pueden acortar los tiempos si utilizamos pimientos y tomates en conserva, ahora bien, el guiso no saldrá igual de sabroso.

Merluza a la gallega

Ingredientes y proporciones

- 300 g de merluza
- 300 g de patatas
- 5 dientes de ajo, 2 para la ajada
- ½ cebolla
- 70 g de guisantes cocidos aparte (opcional)
- 40 ml de aceite de oliva virgen extra (4 cucharadas)
- Pimentón dulce de la Vera
- Sal yodada y pimienta
- Perejil
- 300 ml de caldo de pescado o agua

Para el caldo de pescado

- 1 cabeza de merluza
- 1 cebolla pequeña picada
- 1 puerro pequeño picado
- 1 zanahoria cortada a rodajas
- Unas hojas de perejil
- 4 granos de pimienta negra y sal yodada
- 500 ml de agua

Preparación

Limpiar el pescado, secarlo y sazonarlo con sal y pimienta y unas gotas de zumo de limón. Pelar las patatas, lavarlas y cortarlas en trozos medianos. Pelar los ajos y cortarlos en láminas finas. Lavar el perejil.

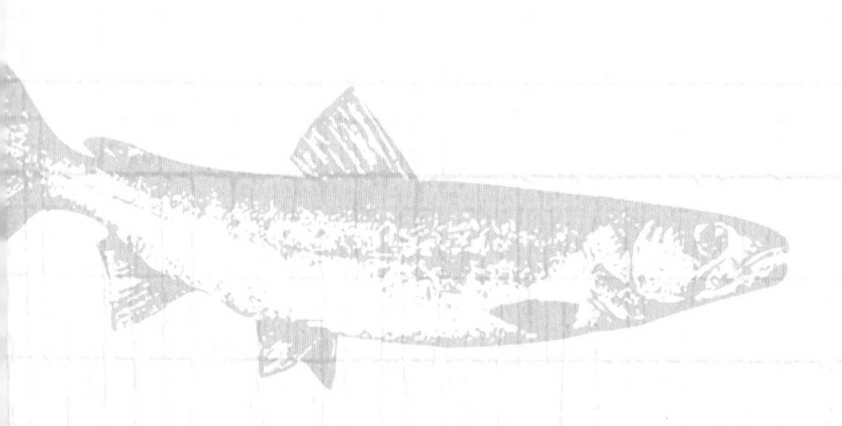

Empezar por preparar el caldo de pescado

Poner los ingredientes indicados para el caldo en una cazuela junto con el agua y arrimar a fuego vivo. Cuando el agua levante el hervor, se espuma, se baja el fuego, se tapa la cazuela y se deja hacer el caldo 20 minutos. Apartar la cazuela del fuego, pasar el caldo por un colador y reservarlo.

Elaboración del pescado

Echar una cucharada de aceite en una cazuela y ponerla a fuego suave. Cuando esté caliente el aceite, echar la mitad de las láminas de ajo, dar unas vueltas e incorporar las patatas rehogándolas un poco y enseguida añadir el caldo de pescado reservado, hirviendo, y la cebolla. Se tapa la cazuela y se dejan cocer las patatas durante 15 minutos a fuego suave, para que la cocción se efectúe pausadamente. Transcurridos los 15 minutos, subir la intensidad del fuego e incorporar el pescado. En cuanto el caldo levante el hervor, bajar la intensidad del fuego, salpimentar y dejar hacer el conjunto a fuego suave unos cinco minutos más, moviendo la cazuela de vez en cuando para que liguen bien los elementos del guiso. Comprobar el punto de cocción del pescado, las patatas y el punto de sal y retirar la cazuela del fuego.

Sacar las patatas y el pescado del caldo de cocción con una espumadera y depositarlo todo en una fuente redonda, colocando primeramente las patatas y encima de estas la merluza.

Para hacer la ajada: se echa el resto del aceite en una sartén y se pone a fuego suave, cuando esté caliente el aceite se incorporan las láminas de ajo restantes, se rehogan un poco y se dejan hasta que estén ligeramente transparentes. Retirar la sartén del fuego y tibio el aceite, se echa la puntita de un cuchillo de pimentón dulce, se deslíe un poco y rápidamente, se incorpora un cucharón de caldo de la cocción del guiso, con el fin de evitar que se queme el pimentón. ¡Ojo!, es muy fácil que así ocurra. Verter la ajada enseguida sobre la fuente, por encima de las patatas y el pescado.

Presentación

Presentar el pescado espolvoreado con perejil cortado fino a tijera.

Nota

Si se desea incorporar los guisantes, tendremos que cocerlos previamente e incorporarlos escurridos justo antes de retirar la cazuela del fuego.

Rollitos de lenguado a la naranja

Ingredientes y proporciones

4 lenguados de ración en filetes

2 naranjas grandes de zumo

2 yemas de huevo

4 cucharadas de vino de Oporto

30 ml de aceite virgen extra (3 cucharadas)

½ limón

Sal yodada y pimienta

Preparación

Pedir al pescadero que quite la piel a los lenguados y saque los filetes del pescado, reservando las espinas y cabezas de los mismos; estas se pueden utilizar para hacer un caldo. Limpiar el pescado, aplastar los filetes ligeramente, salpimentarlos un poco y rociarlos con unas gotas de limón. Enrollar cada filete de lenguado y sujetarlo pinchando con un palillo y colocarlos, en postura vertical, en una fuente de horno, engrasada con aceite y reservarlos.

Elaboración

Precalentar el horno a 160 °C. Echar el zumo de las dos naranjas y un poco de sal y pimienta en un cazo y ponerlo al fuego. En cuanto el zumo levante el hervor, retirar el cazo del fuego, añadirle el vino y verter su contenido hirviendo sobre los rollitos, tapar la fuente con papel para horno engrasado con aceite y meter la fuente al horno precalentado, dejando cocer los rollitos 4-6 minutos. En su buen punto, retirar la fuente del horno y sacarle todo el jugo a los rollitos, estos deben quedar bien escurridos. Meter el pescado en la fuente de horno y mantenerlo dentro de este, para evitar que el pescado se enfríe, pero el horno tiene que permanecer apagado y con la puerta ligeramente abierta para evitar que el pescado siga cociendo. Echar el jugo de cocer el pescado en un cazo y ponerlo al baño María. Diluir las dos yemas en dos cucharadas de leche y añadirlas al jugo del cazo, que tendremos puesto al baño María. Dar vueltas, sin dejar de remover la preparación en el mismo sentido de giro, hasta que espese. ¡Ojo!, esta salsa nunca debe hervir, ya que se cortaría, solo la mantendremos hasta que llegue a unos
90 °C. En su punto, retirar la salsa del fuego y utilizarla enseguida.

Presentación

Disponer los rollitos de lenguado en platos previamente precalentados en el horno, echar la salsa por encima bien caliente. Se puede decorar con trocitos de corteza de naranja confitada espolvoreada por encima (véase receta de guisado de ternera con piel de naranja caramelizada).

Nota

Los filetes de lenguado deben enrollarse siempre por el lado que se ha quitado la piel, así evitamos que se rasguen durante el proceso de cocción, hecho muy probable si lo enroscamos por su lado interno.

Bonito del norte en escabeche

Ingredientes y proporciones

- 400 g de bonito del Norte en una rodaja
- 6 dientes de ajos
- 4 cucharadas de vino blanco seco
- 2 cucharadas de buen vinagre de vino blanco
- 60 ml de aceite de oliva virgen extra (6 cucharadas)
- 8 granos de pimienta
- 1 hoja de laurel pequeña
- Un ramito de tomillo
- Una pizca de orégano
- Una pizca de pimentón de la Vera
- Sal yodada y pimienta
- Perejil

Preparación

Limpiar el bonito, quitarle la piel y la espina central. Salpimentar la rodaja y pasarla muy ligeramente por harina, sacudiendo la harina que le sobra. Pelar los ajos y dejarlos enteros. Lavar el perejil.

Elaboración

Se echa una cucharada de aceite en una sartén y se pone a fuego suave. Cuando esté caliente el aceite, se sofríe el bonito por ambos lados, este tiene que quedar ligeramente blanco. Sacar el pescado de la sartén y reservarlo en un recipiente vidriado con tapa. En la misma sartén se echa el aceite restante y se incorporan los dientes de ajo, se sofríen ligeramente sin que lleguen a dorar, se rehogan un poco y se les añade una puntita de cuchillo de pimentón en polvo. ¡Ojo con el pimentón!, no hay que quemarlo. Añadir de inmediato a la sartén el vino, el vinagre, laurel, tomillo, orégano y la pimienta en grano. Dejar cocer unos minutos suavemente para que se armonicen los sabores, con la sartén tapada para que no se evapore el líquido. Retirar la sartén del fuego y verter su contenido por encima del bonito. Tapar el recipiente y dejarlo en un lugar fresco, al menos 12 horas antes de ser consumido.

Presentación

Presentar el bonito en una fuente redonda, espolvoreado con perejil cortado muy fino a tijera y acompañado con una ensalada.

Rey al horno

Ingredientes y proporciones

1 rey de 1.200 g

1 cebolla mediana

3 tomates rojos

2 dientes de ajo

4 cucharadas de vino blanco seco

2 cucharadas rasas de miga de pan rallado

40 ml de aceite de oliva virgen extra (4 cucharadas)

Perejil

Sal yodada y pimienta

Preparación

Pedir al pescadero que saque las agallas del pescado, recorte la cola y las aletas y lo escame.

Dos horas antes de cocinar el pescado, limpiarlo por dentro hasta que no quede nada de sangre, secarlo muy bien y ponerlo en un plato hondo con los ingredientes indicados para la marinada: cebolla, ajo, perejil, tomillo, aceite, sal y pimienta. Dejarlo en un sitio fresco, durante dos horas, dándole la vuelta al pescado para que se adobe por ambos lados. En el momento en que se va a cocinar el pescado, sacarlo de la marinada y bien escurrido, colocarlo en una fuente de horno ovalada y engrasada ligeramente con aceite. Lavar los tomates, partirlos por la mitad y rallarlos. Pelar y rallar la cebolla.

Para la marinada

1 cebolla a rodajas

1 diente de ajo picado

1 cucharada de aceite de oliva virgen extra

Perejil, tomillo, sal yodada y pimienta

Pelar el ajo y picarlo fino. Lavar el perejil y picarlo. Desmenuzar la miga de pan, esta debe quedar muy pequeñita. Mezclar la miga de pan, el ajo y perejil.

Empezar por la elaboración de la salsa

Calentar el aceite en una sartén y echar la cebolla, sofreírla suavemente y dejar hacer lentamente hasta que llegue al punto de transparencia. Incorporar el tomate y añadir el vino, un poco de sal, pimienta y el aceite de la marinada. Dejar hacer la salsa al menos 20 minutos más, con la cazuela tapada.

Precalentar el horno a 180 °C. Echar por encima del pescado la salsa de tomate, esta tiene que estar concentrada. Sobre la salsa se pondrá la mezcla de miga de pan, el ajo picadito y el perejil picado fino. Rociar unas gotas del aceite por encima y meter la fuente en el horno precalentado. Dejar asar el pescado 20-30 minutos, según el grosor del mismo, vigilándolo de vez en cuando. En su buen punto, comprobarlo, retirar la fuente del horno y servir de inmediato.

Presentación

Presentar el pescado en una fuente alargada adornándolo por encima con unas hojas de perejil.

Besugo a la castellana

Ingredientes y proporciones

1 besugo de 1 kg

4 cucharadas de vino blanco seco

1 pimiento morrón

2 dientes de ajo

2 cucharadas rasas de miga de pan desmenuzada

40 ml de aceite de oliva virgen extra (4 cucharadas)

1 limón

Sal yodada y pimienta

Para la decoración del plato

2 huevos cocidos duros

1 limón

Perejil

Preparación

Pedir al pescadero que saque las agallas del pescado, recorte la cola y las aletas, lo escame y practique en uno de los lados unos cortes no profundos, sin llegar a la espina central. En el momento de cocinar el pescado, limpiarlo por dentro hasta que no quede nada de sangre, secarlo y sazonarlo con sal y pimienta. Colocarlo en una fuente de horno ovalada, engrasada ligeramente con aceite, rociarlo con unas gotas de zumo de limón e intercalar en cada uno de los cortes tiras de pimiento y una rajita de limón, rociar por encima con la mitad del aceite. Pelar el ajo y picarlo fino. Lavar el perejil y cortarlo. Desmenuzar la miga de pan, esta debe quedar muy pequeñita. Mezclar la miga de pan, el ajo y perejil. Lavar los limones.

Elaboración

Precalentar el horno a 180 °C. Se mete la fuente al horno y se asa el pescado durante 10 minutos. Sacar la fuente del horno y añadirle el vino y echar por encima del pescado la mezcla de pan, ajo y perejil. Rociar por encima del besugo, con el resto del aceite y meter la fuente en el horno precalentado. Dejarlo asar alrededor de 20 minutos, según el grosor del pescado, vigilándolo de vez en cuando. En su buen punto, comprobar este antes de sacarlo del horno, retirar la fuente del horno y servir de inmediato.

Presentación

Presentar el pescado recién sacado del horno, en una fuente ovalada y decorar con discos de huevo duro, rajas de limón y hojas de perejil. Verter la salsa muy caliente por encima del pescado.

Nota

Si durante el asado se consume la salsa y queda el besugo seco, se puede añadir alguna cucharada de vino blanco seco. Por el contrario, si la salsa ha quedado demasiado caldosa, una vez asado el pescado, se puede mejorar poniendo esta en un cazo sobre el fuego y dejarla hervir hasta dejarla en buen punto, volviéndola a echar por encima del pescado.

Lubina a la levantina

Ingredientes y proporciones

1 lubina salvaje de 1 kg

¼ kg de tomates rojos

1 cebolla mediana

4 cucharadas de vino blanco seco

40 ml de aceite de oliva virgen extra (4 cucharadas)

1 limón

Sal yodada y pimienta

Para la picada

1 diente de ajo

15 g de miga de pan de pueblo

Para la decoración del plato

8 langostinos de Vinaròs

1 limón

Perejil

Preparación

Pedir al pescadero que saque las agallas de la lubina, recorte la cola y las aletas, y la escame. En el momento de cocinar el pescado, limpiarlo por dentro hasta que no tenga nada de sangre, secarlo y sazonarlo con sal y pimienta. Colocarlo en una fuente de horno ovalada y engrasada ligeramente con aceite y rociarlo con unas gotas de zumo de limón y echar la mitad del aceite por encima. Lavar los tomates y rallarlos. Pelar y rallar la cebolla. Pelar el ajo y picarlo. Lavar el perejil y cortarlo. Desmenuzar pequeñita la miga de pan. Mezclar la miga de pan, el ajo y perejil. Lavar los limones.

Elaboración

Empezar por preparar una salsa de tomate bien concentrada. Echar dos cucharadas de aceite en una sartén, ponerla a fuego suave e incorporar la cebolla, darle unas vueltas y dejarla hacer suavemente, hasta que la cebolla llegue al punto de transparencia. Añadir el tomate, un poco de sal y pimienta, dar unas vueltas y dejar hacer la salsa pausadamente unos 20 minutos con la sartén destapada. En su punto, retirar la sartén del fuego y reservar la salsa tapada hasta el momento de incorporarla en el pescado.

Precalentar el horno a 180 °C. Se mete la fuente al horno precalentado y se asa el pescado durante 10 minutos. Sacar la fuente del horno, añadirle el vino y verter por encima del pescado la salsa de tomate, esta tiene que estar bien concentrada y caliente. Distribuir por encima del pescado la mezcla de pan, ajo y perejil, rociar la lubina con una cucharada de aceite y meter la fuente de nuevo al horno con rapidez para que el pescado no pierda calor. Dejar asar el conjunto alrededor de unos 20 minutos más, según el grosor del pescado, vigilando la lubina y rociándola de vez en cuando con su propio jugo. En su buen punto, comprobar este antes de sacar el pescado del fuego, retirar la fuente del horno y servir de inmediato.

Presentación

Presentar el pescado recién sacado del horno en una fuente ovalada. Echarle por encima la salsa y decorarlo con unas hojas de perejil. Rodearlo con los langostinos hervidos, con la cola pelada y la cabeza pegada y unas rajas de limón cortadas finas.

Nota

Se puede preparar la salsa de antemano y cocinar la lubina y los langostinos en el momento de presentar el plato a la mesa, ahora bien, la salsa debe estar bien caliente cuando la introduzcamos en el pescado. Si ha quedado líquido al hacer la salsa de tomate, este lo retiraremos pasando la salsa por un colador.

Lubina rellena

Ingredientes y proporciones

1 lubina salvaje de 1 kg

40 ml de aceite de oliva virgen extra (4 cucharadas)

1 limón

Sal yodada y pimienta

Para el relleno

2 cebollas medianas

40 g de almendras crudas

80 g de dátiles sin hueso

1 limón

Una pizca de nuez moscada rallada

Una pizca de azúcar

Sal yodada y pimienta

Para la decoración del plato

Unas cuantas almendras crudas

1 limón

Preparación

Pedir al pescadero que saque las agallas de la lubina, recorte la cola y las aletas, la escame y la limpie por dentro, abriéndola lo imprescindible. En el momento de ponernos a cocinar el guiso, limpiar el pescado por dentro, secarlo y sazonarlo con sal y pimienta. Preparar el relleno; triturar las almendras y reservar unas cuantas enteras, para la decoración del plato. Cortar los dátiles bien picaditos y unirlos a las almendras. Pelar y rallar la cebolla.

Elaboración del relleno

Echar dos cucharadas de aceite en una sartén, ponerla a fuego suave y añadir la cebolla, dar unas vueltas y dejar hacer suavemente, hasta que llegue al punto de transparencia. Retirar la sartén del fuego y juntar la cebolla con las almendras y los dátiles. Mezclarlo bien y añadirle las especias, dar el punto de sal y pimienta y regar con unas gotas de zumo de limón. Amasar como si de una pasta se tratase, hasta unir bien los ingredientes.

Rellenar la lubina con las dos terceras partes de la pasta, colocarla en una fuente de horno ovalada engrasada ligeramente con aceite y rociarlo con unas gotas de zumo de limón.
Hacer unas pequeñas albóndigas con el resto de la pasta y disponerlas en la fuente de horno alrededor del pescado y rociarlo con la mitad del aceite por encima.

Precalentar el horno a 180 °C. Se mete la fuente al horno precalentado, en su parte media, y se deja asar el pescado alrededor de 20-25 minutos, según el grosor del pescado, vigilándolo y rociándolo de vez en cuando con su propio jugo. En su buen punto, comprobar este antes de sacar el pescado del fuego, retirar la fuente del horno y servir de inmediato.

Presentación

Presentar la lubina recién sacada del horno en una fuente ovalada y rodearla con las albóndigas. Echar por encima la salsa y decorarlo con las almendras reservadas, previamente laminadas y ligeramente doradas en la sartén. Colocarle unas rajas de limón cortadas finas.

Salmonetes al vino blanco

Ingredientes y proporciones

4 salmonetes de igual tamaño (150 g de peso)

4 cucharadas de vino blanco seco

30 ml de aceite de oliva virgen extra (3 cucharadas)

1 limón y sal

Para la salsa

¼ kg de tomates rojos para salsa

½ diente de ajo

1 cucharadita de cebolla rallada

20 ml de aceite de oliva virgen extra (2 cucharadas)

Sal yodada y pimienta

Preparación

Pedir al pescadero que limpie los salmonetes, los escame y los vacíe por dentro, dejándolos enteros con cabeza y cola. En el momento de cocinar los salmonetes, limpiarlos por dentro, secarlos y sazonarlos con sal y pimienta. Colocarlos uno al lado del otro en una fuente de horno ovalada y engrasada ligeramente con aceite. Rociarlos con unas gotas de zumo de limón y echarles por encima dos cucharadas de aceite. Lavar los tomates y rallarlos. Rallar una cucharadita de cebolla. Pelar medio diente de ajo y picarlo muy fino. Lavar el perejil y cortarlo. Lavar los limones.

Elaboración

Empezar por preparar una salsa de tomate. Echar dos cucharadas de aceite en una sartén, ponerla a fuego suave e incorporar la cebolla, dar unas vueltas y sofreírla suavemente unos cinco minutos. Añadir el tomate y el ajo, un poco de sal y pimienta, dar unas vueltas y dejar hacer pausadamente unos 15 minutos con la sartén destapada. En su punto, comprobar como está de sal, retirar la sartén del fuego y reservar la salsa hasta el momento de servir el pescado.

Precalentar el horno a 180 °C. Se mete la fuente al horno precalentado y se asa el pescado durante 10 minutos. Sacar la fuente del horno y añadirle el vino. Rociar el pescado con una cucharada de aceite y meter la fuente de nuevo al horno con rapidez para que el guiso no pierda calor. Dejar asar el conjunto unos 10 minutos más, según el grosor del pescado, y vigilarlo, rociándolo de vez en cuando con su propio jugo. Cuando esté en su punto, retirar la fuente del horno y servir de inmediato.

Presentación

Presentar los salmonetes recién sacados del horno en la fuente ovalada. Decorarlos con unas hojas de perejil y unas rajas de limón cortadas finas. Servirlos con la salsa de tomate aparte.

Nota

Se puede preparar la salsa de tomate de antemano y cocinar los salmonetes en el momento de presentar el plato en la mesa. La salsa debe servirse bien caliente.

Calamares rellenos

Ingredientes y proporciones

1 kg de calamares pequeños, blancos y frescos, todos de igual tamaño

Para el relleno

50 g de jamón de Teruel (serrano)

Tentáculos y cabezas de los calamares

Un huevo duro

2 cucharadas de cebolla rallada

2 cucharadas de tomate rojo rallado

½ diente de ajo

1 cucharada de miga de pan de pueblo sin tostar

Perejil, sal yodada y pimienta

Para la salsa

1 cebolla mediana rallada

Tres tomates para salsa

1 diente de ajo picado

40 ml de aceite de oliva virgen extra (4 cucharadas)

40 ml de vino blanco seco (4 cucharadas)

Perejil, sal yodada y pimienta

Preparación de los calamares

La limpieza y preparación de los calamares requiere paciencia y tiempo; estos tienen que limpiarse perfectamente, de uno en uno y en varias aguas. Empezar por desprender del cuerpo, con mucho cuidado, la cabeza, las barbas y la tripa. Las cabezas y las tripas se reservan para el relleno del calamar, la tripa se tira después de haber extraído la bolsita de tinta (esta se recoge cuidadosamente en una taza). Sacar los ojos, rompiéndolos antes para que no salten y quitar una bolita dura que tienen en la cabeza y un espadón que tienen dentro a lo largo del cuerpo, y extraer las aletas. Lavar las cabezas, barbas, aletas y tentáculos hasta dejarlos bien blancos y reservarlos para el relleno. El cuerpo del calamar requiere una esmerada limpieza por dentro y por fuera y es necesario, para que quede bien limpio, darle la vuelta. Para dar la vuelta al calamar pequeño, se pone el dedo índice en la punta del extremo del calamar y volviéndolo sobre sí mismo, se le da la vuelta, con precaución para no romperlo. Quitar todas las pieles, lavarlo bien y de esta manera queda en condiciones para cocinarlo. Pelar los ajos y picarlos. Pelar y rallar la cebolla. Lavar los tomates y rallarlos. Lavar el perejil.

Preparación del relleno

Picar el jamón, aletas, barbas, tentáculos y cabezas del calamar a cuchilla. ¡Ojo!, el picadillo debe resultar muy fino pero no deshecho. Añadir al picadillo las dos cucharadas de cebolla rallada y las dos de tomate, el huevo duro machacado, el ajo, perejil, la miga de pan, sal (¡ojo!, el jamón aporta la suya al conjunto) y pimienta. Amasar bien la preparación hasta que forme un todo. Rellenar con esta farsa los calamares con una cucharilla y sujetarlos con un palillo para que queden bien cerrados.

Elaboración

Se pone el aceite en una cazuela y cuando esté caliente, se echa la cebolla, se sofríe a fuego lento, se le da unas vueltas y se introducen los calamares con sumo cuidado, uno junto al otro. Tapar la cazuela y dejar hacer el guiso a fuego lentísimo hasta que estén a media cocción. Incorporar el ajo picadito y el tomate, rehogarlo un poco y añadirle el vino. Salpimentar, tapar la cazuela y moverla de vez en cuando para que la salsa ligue. Los calamares deben vigilarse a menudo y cocerse a fuego muy lento. Para saber si están cocidos, los pincharemos con la puntita de un cuchillo y si entra con suavidad, ya están cocidos. Si la textura resulta muy ligera se puede espesar sacando los calamares de la cazuela y dejando hervir la salsa unos minutos más con la cazuela destapada. Rectificar de sal y pimienta y retirar la cazuela del fuego.

Presentación

Presentar los calamares con su salsa en una fuente rectangular, espolvorear por encima con perejil cortado fino.

Nota

Este plato puede confeccionarse con anticipación y calentarlo en el momento de ser consumido, pero hay que tener mucho cuidado a la hora de calentarlos para que no se peguen.

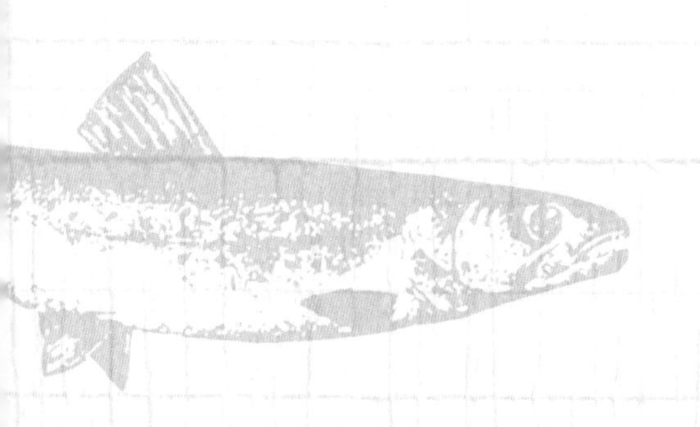

Sardinas al horno

Ingredientes y proporciones

16 sardinas muy frescas, grandes, tiesas y plateadas (su mejor época es julio, agosto y septiembre)

20 ml de aceite de oliva virgen extra (2 cucharadas)

1 limón

Sal yodada y pimienta

Miga de pan seco rallado

2 dientes de ajo

Perejil

Preparación

Pedir al pescadero que limpie bien las sardinas; las escame, quite las cabezas, saque las espinas y las deje abiertas como un libro. Justo en el momento en que se vayan a asar las sardinas, limpiarlas, secarlas, salpimentarlas y rociarlas con unas gotas de zumo de limón. Pelar los ajos y picarlos. Lavar el perejil. Desmenuzar la miga de pan, esta tiene que quedar muy pequeñita. Unir la miga de pan, el ajo y el perejil. Untar las sardinas ligeramente con aceite crudo y pasarlas después por la mezcla de pan, ajo y perejil.

Elaboración

Precalentar el horno a 160 °C. Engrasar ligeramente de aceite una fuente de horno, colocar las sardinas empanadas en el fondo, rociarlas por encima con unas gotas de aceite y meter la fuente al horno precalentado en su parte media. Asar las sardinas hasta que el pan esté ligeramente dorado, 6-8 minutos, vigilando y rociándolas con el jugo que van soltando al asarse. Cuando estén en su punto, retirar la fuente del horno y servir de inmediato en la misma fuente.

Presentación

Servir en la misma fuente de horno recién sacada del fuego y espolvorear por encima unas hojas de perejil.

Cola de rape con hierbas aromáticas

Ingredientes y proporciones

1 cola de rape de unos 800 g

20 ml de aceite de oliva virgen extra (2 cucharadas)

40 ml de vino blanco seco (4 cucharadas)

Para la salsa

1 cebolla mediana

3 tomates para salsa

Unas hojas de perejil

40 ml de vino blanco seco (4 cucharadas)

Una ramita de romero

Una pizca de tomillo

20 ml de aceite de oliva virgen extra (2 cucharadas)

Sal yodada y pimenta

Preparación

Pedir al pescadero que quite la espina central del rape y parta cada lomo en rodajas, reservando la espina del pescado para hacer un caldo. Limpiar el pescado y salpimentarlo. Lavar los tomates y rallarlos. Pelar el ajo y picarlo. Pelar y rallar la cebolla. Lavar el perejil y picarlo.

Elaboración

Empezar por preparar la salsa. Se echan dos cucharadas de aceite en una sartén y cuando está caliente el aceite se añade la cebolla. Sofreírla suavemente y dejarla hacer lentamente hasta que la cebolla llegue al punto de transparencia. Incorporar el ajo, dar unas vueltas y añadir el tomate, el tomillo y el romero, dejar hacer la salsa al menos 20 minutos más con la sartén tapada. Mientras tanto, colocar las rodajas de rape en otra sartén con dos cucharadas de aceite, subir el fuego y dejar evaporar el agua que suelte el pescado. Se saca el pescado de la sartén y se reserva en un plato tapado hasta el momento de meterlo en la salsa. Incorporar el vino al jugo que soltó el pescado y dejarlo hervir para reducirlo un poco. Echar la salsa de tomate en el vino y unir bien el conjunto. Salpimentar la salsa y colocar las rodajas de rape en la salsa y dejar hacer el pescado suavemente unos 10 minutos más hasta que se armonicen los sabores, con la sartén tapada. Cuando estén en su punto, retirar la sartén del fuego y servir de inmediato.

Presentación

Cubrir el fondo de una fuente de servicio redonda con la salsa. Colocar el pescado encima y decorarlo con unas hojas de perejil cortadas.

Nota

Si la salsa resulta demasiado ligera, hacer el pescado con la sartén destapada para que el líquido se evapore y la salsa resulte más consistente.

Mejillones al vapor

Ingredientes y proporciones

2 kg de mejillones de tamaño medio (estos son más finos que los grandes)

2 limones

30 ml de aceite de oliva virgen extra (3 cucharadas)

Perejil

Sal yodada y pimienta

Preparación y limpieza de los mejillones

Separar los mejillones que estén juntos y rasparlos con el cuchillo uno por uno en seco, ya que si se remojan antes en agua se abren soltando todo el líquido. Observar si hay alguno muerto, para ello se dará un golpe seco, con el mango del cuchillo a los mejillones que estén entreabiertos, y el que esté vivo se cerrará, por el contrario, el que esté muerto permanecerá abierto y por tanto habrá que desecharlo. Colocar los mejillones, en seco, a medida que se van limpiando, en una vasija. Una vez todos limpios, se pone agua fría dentro de la vasija y se limpian amasándolos con ambas manos, para que chocando unos con otros les impida abrirse. Retirar los mejillones de la vasija para cambiarles el agua retirando la arena del fondo, si la hubiera. Volver a colocar los mejillones en la vasija para repetir la misma operación. Una vez limpios, escurrirlos en un colador, quedando listos para su elaboración.

Elaboración

En una cazuela se echa el aceite, el zumo de los dos limones, el perejil, sal, una pizca de pimienta y los mejillones. Tapar la cazuela y ponerla a fuego vivo. Cuando empiece a hervir fuertemente, se retira la cazuela del fuego y se deja tapada hasta que todos estén abiertos (unos cinco minutos). ¡Ojo!, los mejillones no deben hervir ya que se endurecen. Una vez abiertos se sirven de inmediato.

Presentación

Presentar los mejillones en una fuente redonda, echando por encima el jugo que han soltado al abrirlos.

Bacalao

El bacalao es un pez gélido que suele pescarse en los mares del Norte, en donde las aguas son frías. En fresco se considera pescado blanco, con un contenido en grasa alrededor de un dos por ciento y unas 86 calorías por cada 100 g. Su temporada es de diciembre a mayo. Durante siglos los pescadores vascos y montañeses marcharon a Escocia, Islandia e incluso Terranova para su captura. Después lo curaban según las técnicas aprendidas de los navegantes normandos, que desde el siglo XI estaban asentados en el Mediodía francés.

El bacalao en salazón merece nuestra consideración por la importancia que tiene en nuestra cocina. Su uso se generalizó a partir del siglo XVII por su buena conservación, que permitía tenerlo siempre a mano. Además, con él se cubrían las mesas en Cuaresma, especialmente en las zonas del interior.

El bacalao, tras su proceso de salazón y secado, se encuentra a la venta como bacalao «blanco» noruego o irlandés, este es el que utilizamos normalmente. Otro tipo, el «amarillo» o inglés, es menos salado y rugoso y se estropea más fácilmente. El bacalao auténtico tiene una línea blanca sobre los lomos negros de la piel, ojo con las especies sucedáneas como el abadejo, que se caracteriza por tener una línea lateral negra sobre los lomos grises.

Conservación

Después de su compra debe guardarse en la parte menos fría del frigorífico, metido en una bolsa de plástico agujereada para que pueda airearse, junto con un limón partido dentro de la bolsa para evitar el olor fuerte. De esta manera puede conservarse unos tres meses sin que se alteren sus propiedades. En el momento en que vayamos a utilizarlo se colocan los trozos, de unos 100 g cada uno, en un recipiente con rejilla en el fondo, con la piel hacia arriba para que salga mejor la sal y se comienza el desalado como se explicará a continuación. Las maneras de preparar el bacalao en nuestro país son innumerables. Además del tradicional pilpil, a la vizcaína, a la catalana (*llauna*), al ajo arriero, etc., se utiliza en potajes, pimientos rellenos, albóndigas, buñuelos y muchas otras fórmulas.

Desalado del bacalao

Para conseguir un suculento plato de bacalao es necesario acertar el desalado del mismo, esta es la clave del plato, ya que un bacalao tanto soso como salado es un atentado contra el sentido del gusto. Por lo tanto, hay que tratar de conseguir un buen punto de desalado si queremos disfrutar de este manjar de nuestra cultura gastronómica.

Ahora bien, aunque este es uno de los secretos, no es el único, pues además intervienen otros atributos: la calidad de la materia prima, el igualar las rodajas, el escamarlas y desespinarlas correctamente, el punto de cocción, la técnica que se emplee en ello (la mano para hacer la salsa, la guarnición, la imaginación, el gusto en la presentación, etc.), es decir, muchos pequeños matices que contribuyen a un todo superior.

Procedimiento de desalado

La técnica hoy imperante en los grandes templos del bacalao es el desalado en frío, en cámara frigorífica a 6-7 °C., durante treinta y seis horas de remojo, cambiando el agua al bacalao cada 9 horas. Cantidad de agua: tres partes de agua por una parte de bacalao; esta cantidad es suficiente, ¡guarden esta proporción y triunfarán!

Muchos sacan las rodajas del bacalao de la cámara frigorífica en el último cambio de agua, unas ocho horas antes de guisarlo, otros cuando faltan cuatro. Ahora bien, lo importante es que a la hora de cocinarlo se encuentre esponjoso y a temperatura ambiente.

Ventajas de esta técnica: los tiempos de la estancia del bacalao en el agua no cambian, ni están en función de la temperatura que marque ese día el termómetro. Estos grados son decisivos para el desalado, ya que a mayor temperatura menos tiempo se necesita. Es decir, fuera de una temperatura estable y fija, el desalado del bacalao está en función de las circunstancias ambientales, necesitando menos tiempo de remojo en verano que en invierno. Por lo tanto, la cámara frigorífica nos garantiza una temperatura constante. Segunda ventaja: el desalado del bacalao en frío se produce lentamente, más despacio que a temperatura ambiente, este hecho le favorece a la carne del pez.

Siempre que el bacalao no sea gordo en extremo, serán suficientes treinta y seis horas de remojo, si fuera muy gordo hay que comprobar el grado de desalado, probando primero antes de sacarlo del agua por si necesita algo más de tiempo.

Si no optamos por esta técnica, se aconsejaría 24 horas de remojo a unos 1 °C -18 °C cambiando tres veces el agua, siempre con agua fría.

Además sería deseable hacer el desalado con la piel del bacalao hacia arriba, de esta manera no se concentra la sal en la piel. Antes de meter el bacalao en el agua es aconsejable quitarle la capa exterior de sal, si lo ponemos debajo del grifo del agua evitaremos que el chorro le dé directamente de golpe, el agua debe caer suavemente de forma indirecta.

Nota

Huyamos de los desalados rápidos, en cualquiera de sus sistemas. Las prisas nunca fueron buenas y menos en el desalado del bacalao.

Comprar

El bacalao tiene que escogerse muy blanco por debajo y muy negro por encima. ¡Ojo!, cuando tiene color amarillo es señal de que es de clase inferior o muy viejo. El bacalao debe ser muy flexible ya que si está tieso es señal de vejez.

Bacalao a la catalana

Ingredientes y proporciones

300 g de lomos de bacalao en salazón, sin espinas y cortado en trozos regulares del mismo grosor

1 diente de ajo con la piel roja

2 cucharadas de miga de pan de leña, desmenuzada fina

Perejil

30 ml de aceite de oliva virgen extra (3 cucharadas)

Una pizca de pimentón de la Vera

Para la salsa de tomate

500 g de tomates rojos

20 ml de aceite de oliva virgen extra (2 cucharadas)

Una pizca de azúcar

Sal yodada y pimienta

Preparación del bacalao

Desalar el bacalao 36 horas antes de la elaboración del plato. Se pone a desalar con la piel hacia arriba en un recipiente. Se cubre de agua fría (3 partes de agua por una de bacalao) y se mete en el frigorífico durante 36 horas a 6-7 °C. Cambiarle el agua cada 9 horas (para más detalles véase desalado de bacalao). Sacar el recipiente del frigorífico cuatro horas antes de ponernos a preparar el plato. Transcurrido el tiempo de desalado, sacar las rodajas del agua, quitar las escamas y reservarlas. ¡Ojo!, comprobar que el bacalao esté bien desalado antes de sacarlo del agua.

En el momento de ponernos a elaborar el plato

Lavar los tomates y rallarlos. Pelar el ajo y picarlo muy fino. Lavar el perejil y cortarlo pequeño. Desmenuzar la miga de pan, esta debe quedar muy pequeñita. Mezclar la miga de pan, el ajo y perejil de tal manera que formen un todo.

Elaboración

Empezar por la elaboración de la salsa de tomate, esta tiene que quedar bien concentrada. Se echa el aceite en una sartén y se pone a calentar a fuego suave. Incorporar el tomate, rehogarlo un poco y dejarlo sofreír unos 15 minutos a fuego lento con la sartén destapada y dándole unas vueltas de vez en cuando para que no se queme. Añadir una pizca de pimienta recién molida, otra de azúcar, otra de pimentón dulce y un puntito de sal. Dejar hacer la salsa cinco minutos más hasta que se unan bien todos los ingredientes. Comprobar el punto de sal, retirar la sartén del fuego y reservar la salsa caliente, hasta el momento de ser utilizada.

Mientras se hace la salsa de tomate, se elabora el bacalao. Se echan los trozos de bacalao en una cazuela cubiertos de agua fría y se pone a calentar a fuego lento. ¡Ojo!, es importante que no se caliente demasiado el bacalao. En cuanto el agua esté un poco más que tibia (aproximadamente 3-4 minutos), retirar la cazuela del fuego, sacar el bacalao del agua y colocarlo sobre un paño de cocina para que suelte el agua que tenga. Se secan las rodajas con el paño de cocina y se va apretando cada una suavemente con las manos para extraerle bien el agua restante. Quitar los restos de espinas y desmenuzar el bacalao con las manos en filetes y reservarlo hasta el momento de meterlo en el horno.

Precalentar el horno a 180 °C. Echar dos cucharadas de aceite en una fuente de horno, colocar los filetes de pescado en el fondo y sobre ellos, por encima, se echa la salsa de tomate, esta debe estar bien concentrada. Poner por encima de la salsa de tomate y cubriéndola la mezcla de miga de pan, ajo y perejil. Rociar por encima con el resto del aceite y meter la fuente al horno precalentado, dejándolo hacer de 10 a 15 minutos. En su buen punto, retirar la fuente del horno y servir de inmediato.

Presentación

Presentar el bacalao en la misma fuente recién sacada del horno, espolvoreado por encima con perejil cortado muy fino a tijera.

Nota

Si al hacer la salsa de tomate nos hubiera quedado líquido, este lo tendríamos que retirar pasando la salsa por un colador.

Cocochas de bacalao y almejas en salsa verde

Ingredientes y proporciones

300 g de cocochas de bacalao

16 almejas de carril

3 dientes de ajo de piel roja

3 cucharadas de fumet de pescado o agua

30 ml de aceite virgen extra (3 cucharadas)

1 cucharada de perejil picado fino

Sal yodada y pimienta

Preparación de las cocochas

24 horas antes de la elaboración de las cocochas, se ponen a desalar en un recipiente. Se cubren de agua fría (3 partes de agua por una de pescado) y se mete el recipiente en el frigorífico durante 24 horas a 6-7 °C de temperatura. Cambiar el agua a las cocochas cada 8 horas (para más detalles véase desalado de bacalao). Sacar el recipiente del frigorífico cuatro horas antes de ponernos a preparar las cocochas, para que estén a temperatura ambiente. Transcurrido el tiempo de desalado de las cocochas, se sacan del agua y se van colocando sobre un paño de cocina para que suelten toda el agua que tengan. Una vez secas, se recortan las barbas y se les quita las espinas si las tienen. ¡Ojo!, comprobar el punto de desalado antes de sacar las cocochas del agua.

En el momento de ponernos a elaborar el plato

Pelar el ajo y picarlo fino. Lavar el perejil, secarlo y cortarlo fino.

Preparación de las almejas

Lavar las almejas en agua fría (véase receta de almejas en salsa verde). Echar las almejas en una cacerola junto con medio centímetro de agua y ponerlas a fuego vivo para que se abran, sacarlas y reservarlas tapadas y calientes. ¡Ojo!, hay que desechar las que no se hayan abierto. Colar el agua, pasarlas por un tamiz fino y reservarlas para incorporarlas a las cocochas.

Elaboración

Se echa el aceite en una cazuela o sartén, junto con los ajos y se pone a fuego lento. Antes de que los ajos empiecen a tomar un color dorado, incorporar las cocochas con la parte blanca hacia arriba y empezar a mover la cazuela, rotatoriamente y constantemente, en círculo. Dejar hacer las cocochas a fuego suave durante unos tres minutos. En cuanto las cocochas empiecen a soltar la gelatina, echar las almejas y el agua caliente que soltaron estas al abrirlas, tapar la cazuela y mantener el recipiente en el fuego, hirviendo muy lentamente durante unos tres minutos más, sin dejar de mover un instante la cazuela. El movimiento debe ser constante y circular hasta que la salsa ligue un poco. ¡Ojo!, esta salsa no es un pilpil por lo que tiene que quedar ligerita, si es necesario se añadirá un par de cucharadas de caldo caliente más o agua. En su punto, comprobar que las cocochas están hechas antes de sacarlas del fuego, se retira la cazuela o sartén del fuego y se añade media cucharada de perejil picado, y se sigue moviendo la cazuela circularmente fuera del fuego hasta conseguir el punto de ligazón preciso. Servir de inmediato.

Presentación

Presentar las cocochas y las almejas en la misma sartén o cazuela recién retirada del fuego y espolvoreadas por encima con el resto del perejil cortado fino.

Bacalao al ajoarriero

Ingredientes y proporciones

- 300 g de bacalao
- 300 g de cebolla
- 2 dientes de ajo
- 1 huevo
- 3 cucharadas de fumet de pescado o agua
- 30 ml de aceite virgen extra (3 cucharadas)
- 1 cucharadita de perejil picado
- Una pizca de pimentón dulce de la Vera
- Sal yodada y pimienta

Preparación del bacalao

Desalar el bacalao 36 horas antes de la elaboración del plato. Se pone a desalar con la piel hacia arriba en un recipiente. Se cubre de agua fría (3 partes de agua por una de bacalao) y se mete en el frigorífico durante 36 horas a 6-7 °C, cambiándole el agua cada 9 horas (para más detalles véase desalado de bacalao). Sacar el recipiente del frigorífico cuatro horas antes de ponernos a preparar el plato para que esté a temperatura ambiente. Transcurrido el tiempo de desalado sacar las rodajas del agua.

¡Ojo!, comprobar que esté bien desalado antes de sacar las rodajas del agua. Colocar las rodajas sobre un paño de cocina para que suelten el agua que tengan, secarlas con el paño apretando cada una de ellas suavemente con las manos para extraerle bien el agua restante. Quitar las escamas y espinas y desmenuzarlo con los dedos. El bacalao debe quedar muy pequeñito. Pelar la cebolla y picarla fina. Pelar el ajo y picarlo muy fino. Lavar el perejil, secarlo y cortarlo muy fino. Mezclar el ajo y perejil picados de tal manera que formen un conjunto. Batir el huevo como para tortilla.

Elaboración

Se echa el aceite en una sartén y se pone a fuego lento. Añadir la cebolla, dar unas vueltas y dejarla hacer suavemente, hasta que llegue al punto de transparencia. Antes de que la cebolla empiece a dorar, incorporar la mitad del picadillo de ajo y perejil y darle dos o tres vueltas, y enseguida echar las migas de bacalao a la sartén. Rehogar el conjunto un poco, dándole unas cuantas vueltas más y ponerle una pizca de pimentón y enseguida las cucharadas de caldo caliente. Remover el conjunto formando una gachuela. Dejar a fuego lento unos 10 minutos y luego poner el resto del picadillo de ajo. Dar unas vueltas y seguir cociendo dos minutos más. Incorporar el huevo batido y retirar la sartén fuera del fuego, moviendo el conjunto, hasta conseguir el punto preciso de ligazón y que no quede un conjunto uniforme.

Presentación

Presentar el ajoarriero en una fuente redonda recién sacado del fuego, espolvoreado por encima con perejil cortado fino.

Nota

Este plato se puede elaborar con migas de bacalao, para ello las tendremos a remojo durante 12 horas solamente.

Bacalao con pisto de pimientos rojos y tomates

Ingredientes y proporciones

4 lomos de bacalao en salazón, del mismo grosor y tamaño, con la piel y sin espinas

2 pimientos rojos

250 g de tomates rojos

2 dientes de ajo cortados a láminas finas, desechar la parte central

40 ml de aceite de oliva virgen extra (4 cucharadas soperas)

Una pizca de azúcar

Sal yodada

Preparación del bacalao

Desalar el bacalao 36 horas antes de ponernos a la elaboración del plato. Se pone a desalar el bacalao en un recipiente con la piel hacia arriba. Se cubre de agua fría (3 partes de agua por una de bacalao) y se mete el recipiente en el frigorífico durante 36 horas a 6-7 °C. Cambiarle el agua cada 9 horas (para más detalles, véase desalado de bacalao). Sacar el recipiente del frigorífico cuatro horas antes de ponernos a preparar el bacalao, para que esté a temperatura ambiente. Transcurrido el tiempo de desalado del bacalao, sacar las rodajas del agua. ¡Ojo!, comprobar que el bacalao esté bien desalado antes de sacarlo del agua y colocarlo sobre un paño de cocina para que suelte toda el agua que tenga. Se secan las rodajas con el paño de cocina y se va apretando cada una suavemente con las manos, para extraerles bien el agua restante. Quitar bien las escamas, con sumo cuidado para no desgarrar la piel, para que el bacalao pueda soltar toda la gelatina a la hora de elaborarlo. Todo esto es imprescindible para que la salsa ligue bien. Quitar los restos de espinas si las tiene.

Preparación del pisto

Lavar los pimientos en agua corriente para eliminar cualquier resto de suciedad y secarlos. Lavar los tomates y rallarlos. Pelar el ajo y cortarlo a láminas finas. Lavar el perejil y cortarlo menudo.

Asado de los pimientos

Encender el horno a 180 °C. Asar los pimientos (véase pimientos rojos dulces). Pelarlos, quitándoles el corazón y semillas y cortarlos en tiras largas. ¡Ojo!, no desechar el jugo que soltaron al asarlos, colarlo y reservarlo para incorporarlo al guiso.

Empezar por la elaboración del pisto de pimientos y tomates

Se echan dos cucharadas de aceite en una cazuela y se pone a fuego lento. Añadir las láminas de ajo y darles unas vueltas e inmediatamente incorporar las tiras de pimientos, rehogarlos un poco y agregar el jugo reservado. Mover la cazuela para unir bien los ingredientes, taparla y guisar los pimentos lentamente, hasta que estén tiernos. Incorporar el tomate y una pizca de pimienta, otra de azúcar y un punto de sal, darles unas vueltas y dejar hacer pausadamente unos cinco minutos, hasta que se unan todos los ingredientes. Echar el ajo y seguir haciendo los pimientos y tomates lentamente con la cazuela tapada unos 15 minutos más, vigilándolos y dándoles alguna vuelta. Comprobar el punto de sal, retirar la cazuela del fuego y reservar el pisto caliente en la cazuela hasta el momento de incorporarle los lomos de bacalao.

Elaboración del bacalao

Se echan las dos cucharadas de aceite restante en una sartén y se pone a fuego suave. Añadir las láminas de ajo y darles unas vueltas y en cuanto el ajo empieza a tomar un color paja, sacar inmediatamente las láminas de ajo de la sartén y reservarlas en un plato. Enseguida, en la misma sartén se ponen las rodajas de bacalao, de dos en dos, con la piel hacia abajo. Solo las mantendremos hacia abajo por unos instantes, y cuando la piel empiece a encoger se les da la vuelta a las rodajas y se dejan «cocer» a fuego suave con la piel hacia arriba durante unos tres minutos más. ¡Ojo!, el bacalao no debe hervir. Probar el punto de cocción del bacalao apretando una rodaja con la yema del dedo y si se amortigua un poquito es señal de que están ya listas. Cuando esté en su punto, se vierte el pisto de pimientos y tomates sobre los cuatro lomos de bacalao y su salsa. Dejar hacer el bacalao con la salsa unos tres minutos a fuego lento sin que apenas se produzcan borbotones, moviendo la cazuela con sumo cuidado para evitar que se pegue y se unan bien el bacalao y el pisto. Cuando esté en su punto, retirar la cazuela del fuego y servir enseguida.

Presentación

Se pueden presentar los lomos de bacalao en una fuente ovalada, acompañados de la salsa de pimientos y tomates alrededor, espolvoreando por encima con perejil cortado.

Nota

Esta salsa se puede elaborar con anticipación y tenerla preparada antes de introducir el bacalao en ella. Para asar los pimientos, si no disponemos de horno, tenemos otra manera de asarlos que consiste en poner los pimientos sobre una plancha o sartén a fuego suave e ir dándoles la vuelta para que se asen por igual; esta sería la manera más idónea de asarlos pero, que sin duda, lleva más tiempo. También pueden asarse poniéndolos bajo el grill del horno y darles unas vueltas hasta que estén asados.

Bacalao a la compota de cebollas y uvas pasas

Ingredientes y proporciones para el bacalao

4 lomos de bacalao en salazón con la piel y sin espinas del mismo grosor y tamaño

30 ml de aceite de oliva virgen extra (3 cucharadas)

Para la compota

1 kg de cebollas

60 g de uvas pasas

4 cucharadas de vino blanco seco

30 ml de aceite de oliva virgen extra (3 cucharadas)

Sal yodada y una pizca de pimienta

Preparación del bacalao

Desalar el bacalao 36 horas antes de la elaboración del plato. Se pone a desalar en un recipiente con la piel hacia arriba. Se cubre de agua fría (3 partes de agua por una de bacalao) y se mete el recipiente en el frigorífico, durante 36 horas a 6-7 °C, cambiándole el agua cada 9 horas (para más detalles véase desalado de bacalao). Sacar el recipiente del frigorífico cuatro horas antes de ponernos a preparar el bacalao para que esté a temperatura ambiente. Transcurrido el tiempo de desalado, sacar las rodajas del agua. ¡Ojo!, comprobar que el bacalao esté bien desalado antes de sacarlo del agua. Colocarlo sobre un paño de cocina para que suelten toda el agua que tengan. Se secan las rodajas con el paño de cocina y se va apretando cada una suavemente con las manos para extraerle bien el agua restante. Quitar bien las escamas, con sumo cuidado para no desgarrar la piel, para que el bacalao pueda soltar toda la gelatina a la hora de elaborarlo. Todo esto es imprescindible para que la salsa ligue bien. Quitar los restos de espinas si las tiene. Pelar las cebollas y cortar en juliana. Pelar los ajos y cortarlos en láminas finas.

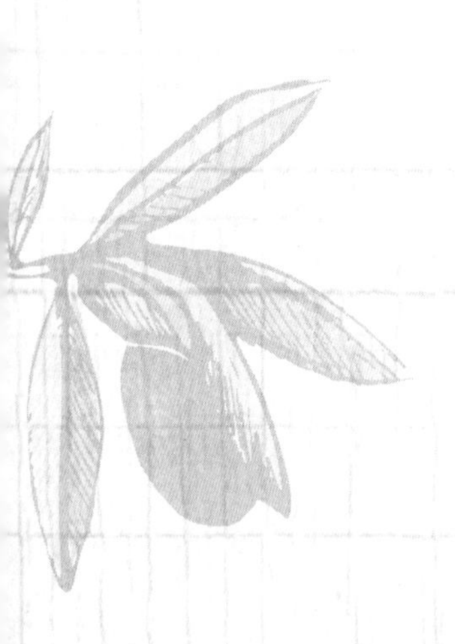

Empezar por la elaboración de la compota de cebolla

Se echa el aceite en una cazuela y se pone a fuego suave. Cuando el aceite esté ligeramente caliente se añade la cebolla, una pizca de sal y pimienta y se deja hacer la compota muy lentamente con la cazuela tapada, hasta que la cebolla llegue al punto de transparencia, vigilando el guiso y removiéndolo de vez en cuando. Incorporar a la cebolla el vino y las uvas pasas, tapar la cazuela y continuar la cocción a fuego lento unos 20 minutos más, para que se unan todos los componentes de la compota y se armonicen los sabores. Cuando esté en su punto, comprobar el punto de sal, retirar la cazuela del fuego y reservar la compota tapada y caliente hasta el momento de incorporarle los lomos de bacalao. Mientras se hace la compota se elabora el bacalao.

Elaboración del bacalao

Se echan las dos cucharadas de aceite restante en una sartén y se pone a fuego suave. Añadir los lomos de bacalao con la piel hacia arriba y dejar «cocer» el bacalao (¡ojo!, este no debe hervir) a fuego suave durante cuatro minutos, sin darles la vuelta. Probar el punto de cocción del bacalao apretando un lomo con la yema del dedo, y si se amortigua un poquito es señal de que están ya listos. En su punto, se vierte la compota de cebolla sobre los cuatro lomos de bacalao y su salsa. Dejar hacer el bacalao con la salsa unos tres minutos a fuego lento sin que apenas se produzcan borbotones, moviendo la cazuela con sumo cuidado para evitar que se pegue y se unan bien el bacalao y la compota. En su punto, comprobar el punto de sal y pimienta, retirar la cazuela del fuego y servir enseguida.

Presentación

Presentar el bacalao a la mesa en la misma cazuela recién sacado del fuego.

Nota

Esta compota de cebollas se puede preparar de antemano, solo tendremos que calentarla muy bien antes de incorporarle los lomos de bacalao.

Bacalao gratinado al horno con puré de patatas

Ingredientes y proporciones

300 g de bacalao en salazón sin espinas y del mismo grosor (delgado)

Unas gotas de limón

Unas cucharadas de leche

300 g de patatas

20 ml de aceite de oliva virgen extra (2 cucharadas)

Un huevo

Sal y una pizca de pimienta

Queso parmesano recién rallado

Para la salsa bechamel

20 g de harina de trigo

20 ml de aceite de oliva virgen extra (2 cucharadas)

250 ml de leche entera de vaca

Una pizca de nuez moscada

Sal yodada y pimienta

10 g de queso parmesano recién rallado o similar

Preparación del bacalao

Desalar el bacalao 36 horas antes de la elaboración del plato. Se pone a desalar con la piel hacia arriba en un recipiente. Se cubre de agua fría (3 partes de agua por una de bacalao) y se mete en el frigorífico durante 36 horas a 6-7 °C, cambiándole el agua cada 9 horas (para más detalles véase desalado de bacalao). Sacar el recipiente del frigorífico cuatro horas antes de ponernos a preparar el bacalao para que esté a temperatura ambiente. Transcurrido el tiempo de desalado del bacalao se sacan las rodajas del agua, se quitan las escamas y se reserva. ¡Ojo!, comprobar que el bacalao esté bien desalado antes de sacarlo del agua. Pelar y lavar las patatas y dejarlas enteras. Lavar el huevo, secarlo y batirlo como si fuera para tortilla y reservarlo.

Empezar por elaborar las patatas

Poner a cocer las patatas al vapor en una olla tapada, durante 30 minutos. Comprobar el punto de cocción de las patatas antes de sacarlas del fuego. Las patatas tienen que estar bien cocidas pero no deshechas. Cuando las patatas están cocidas se sacan de la olla, se dejan enfriar un poco y se secan. Pasar las patatas por un tamiz y hacer un puré. Sazonarlo con sal y ponerle una pizca de pimienta y otra de nuez moscada. Añadir al puré las dos cucharadas de aceite de oliva y unir todos los ingredientes, trabajándolo bien y removiendo con una cuchara hasta formar una pasta uniforme. Por último añadir el huevo batido y unirlo bien al preparado. Si el puré resultara demasiado espeso y seco, se puede añadir alguna cucharada de leche, la justa. ¡Ojo!, no pasarnos. Reservar el puré tapado hasta el momento de introducirlo en el horno.

Mientras se hacen las patatas, se elabora el bacalao

Se echan los trozos de bacalao en una cazuela cubiertos de agua fría junto con unas cucharadas de leche y el zumo de un cuarto de limón y se pone la cazuela a calentar a fuego suave, para que el agua caliente poco a poco y el calor vaya penetrando lentamente en el bacalao. En cuanto el agua esté llegando al punto de ebullición, mantener este punto durante cuatro minutos exactos sin que el agua llegue a hervir. ¡Ojo!, no pasar este tiempo de cocción y mantener el agua sin que llegue al punto de ebullición, ya que el agua tiene que estar bien caliente pero sin que llegue a hervir (es importante que el agua nunca llegue a hervir porque si hierve el bacalao se endurece). Retirar la cazuela del fuego, dejar enfriar un poco, sacar el bacalao del agua y colocarlo sobre un paño de cocina para que suelte el agua que tenga. Secar los lomos con el paño de cocina, apretando cada uno de ellos suavemente con las manos, para extraerle bien el agua restante. Quitar la piel y las espinas del bacalao, desmenuzarlo con los dedos, deshacerlo en trocitos pequeños y reservarlo tapado para que no se enfríe.

Elaboración de la salsa bechamel

Poner la leche a hervir. Se echa el aceite en un cazo y se pone a calentar a fuego suave, se le añade la harina y se da unas vueltas. ¡Ojo, no debe quemarse! Echar la leche poco a poco y se va removiendo sin cesar con una cuchara o batidor de mano (nunca batidora eléctrica) hasta conseguir una crema fina. Una vez incorporada toda la leche se van dando vueltas siempre hacia el mismo lado llegando bien al fondo del recipiente, ya que la harina tiende a depositarse en él y formar grumos. Dejar cocer la salsa suavemente, sin dejar de remover hasta que espese ligeramente, entre 15-20 minutos. Cuando la salsa está cremosa y ligada, retirar el cazo del fuego y sazonar la salsa con sal, pimienta y una pizca de nuez moscada rallada, dar unas vueltas e incorporarle los 10 g de queso rallado. Remover la salsa nuevamente para unir bien todos los ingredientes. Tapar y reservar la salsa caliente hasta el momento de introducirla en el horno. Encender el horno a una temperatura de 200 °C.

Montaje del plato

Untar con aceite una fuente resistente al horno. Hacer con el puré de patata por dentro un borde o corona circular alrededor de la fuente (puede hacerse bien con una cuchara o empleando una manga pastelera de punta ancha y rizada). Con este último procedimiento quedará más presentable. En el fondo del hueco central que forma la corona de patata, se echan unas cucharadas de salsa bechamel y encima de esta se coloca el bacalao un poco desmigado. Cubrir este con el resto de la salsa (el centro debe quedar abombado). Espolvorear la salsa ligeramente por encima con queso rallado, con cuidado de que este no caiga en el borde de la patata y rociar por encima con unas gotitas de aceite de oliva. Meter enseguida la fuente en el horno fuerte, para que se gratine rápidamente. Servir el bacalao nada más sacarlo del horno.

Presentación

Presentar el bacalao en la misma fuente recién sacado del horno.

Aves
y conejos

Pollo, pavo, gallina, pato, conejo

La importancia de estos alimentos deriva principalmente de su contenido en proteína de elevado valor biológico.

La domesticación de algunas aves se consiguió hace 4.000 años a partir de especies capturadas o de huevos de las mismas.

La domesticación del pollo tuvo lugar en el Valle del Indo, hace 2.500 años. De ahí pasó a Persia, a través de los intercambios comerciales. Más tarde llegó a Occidente y se sabe que alrededor del siglo v a. C. había llegado a Grecia.

Desde entonces hasta hoy en día, el pollo ha pasado por épocas de verdadero esplendor, de ser considerado un plato de días solemnes, hasta la actualidad en que se cría en granjas masivamente, hecho que ha reducido considerablemente su coste pero también la calidad de su carne.

Un pollo de cría industrial tarda alrededor de 40-50 días en alcanzar un peso de 1,5-2 kilos. Su régimen alimenticio es con piensos compuestos y vive dentro de jaulas para que su engorde sea más rápido. Un pollo rural o de campo se alimenta con grano (maíz, cebada, trigo), picotea las hierbas del campo y vive libre en espacios abiertos. Además es de una raza seleccionada, hace ejercicio y, por lo tanto, tiene menos grasa y su carne es más sabrosa y firme. Ahora bien, con este régimen de vida tarda 80 días en alcanzar un peso de 1,5-2 kilos y, en consecuencia, su precio es mayor que el de un pollo industrial. Algunos pollos de estas características llevan una etiqueta especial o sello de calidad, que garantiza que se trata de un producto excepcional.

Valor nutricional

Aparte de su elevado contenido en proteína de elevado valor biológico, las carnes tienen porcentajes variables de grasa, mayormente de grasa saturada; solo las carnes magras de animales de granja, como el pollo, tienen porcentajes destacables de grasa poliinsaturada. En cuanto a minerales, las carnes son buenas fuentes alimentarias de hierro, no solo por su elevado contenido en este mineral, sino porque además, el que contienen, se encuentra en forma orgánica, como hierro «hemo», el cual es absorbido más fácilmente en el aparato digestivo, frente a las fuentes vegetales con hierro mineral o «no hemo» que tiene una absorción en porcentajes más bajos. El aporte vitamínico es más bien moderado, viniendo de las vitaminas del grupo B, carece de vitamina C.

Recomendación nutricional

La grasa saturada tiene incidencia en los niveles plasmáticos de colesterol y por consecuencia en el desarrollo de enfermedades cardiovasculares y en otras alteraciones patológicas. Por lo tanto, se debe tener en cuenta que la ingesta elevada de proteínas de animales terrestres lleva implícito una ingesta elevada de grasa saturada y colesterol. Así pues, debido al elevado consumo de proteína por parte de la población en general, sobre todo a la ingesta de carnes y derivados cárnicos, se aconseja reducir el consumo de carnes. En general, se puede establecer como raciones recomendadas entre dos y cuatro a la semana. Ahora bien, esta recomendación indicada genera un problema real: disminuye el aporte de hierro. Esto se soluciona, en parte, a través del consumo frecuente de distintos tipos de legumbres (lentejas, garbanzos, alubias) en la alimentación semanal.

Compra

Al adquirir las carnes de aves empaquetadas hay que fijarse en la fecha límite de venta especificada en el envoltorio, que suele ser de seis a ocho días para los pollos enteros y de cinco días para los troceados. Para calcular la cantidad necesaria, teniendo en cuenta que se pierde un 25% en la preparación, al comprar las aves enteras harán falta unos 300 g por persona si es pavo o capón. El pato y la oca pierden un 50% de su peso en la preparación y en el transcurso de la cocción, porque se funde la abundante grasa que tienen bajo la piel.

Utilización

El pollo puede cocinarse asado, relleno, con arroz, en ensalada, en croquetas, etc. Las verduras acompañan perfectamente a los guisos de cocción lenta, aportando su sabor. Las hierbas aromáticas y algunas especias son indispensables en los adobos o marinadas de las carnes, previos al asado. Las frutas, especialmente las manzanas y frutos secos, contribuyen a dar consistencia y sabor a los rellenos de las aves. El vino blanco es en algunos casos un magnífico medio de cocción; también algunos licores, que en pequeña cantidad pueden dar un toque especial a un plato determinado.

Preparación

La preparación previa de un ave entera requiere quitar restos de plumillas y lavarla bien por dentro para eliminar los restos de las vísceras que hayan podido quedar. Si se va a asar entero, es conveniente sujetarle las patas con un cordel de algodón. Si el ave se va a asar en el horno es necesario ir dándole vueltas varias veces en el transcurso de la cocción y regarla cada 10-15 minutos con su propio jugo. Si el ave se dora demasiado y aún no está hecha, se reduce la temperatura del horno. Para verificar el punto de cocción hay que pinchar con una aguja gruesa en el muslo, si el jugo sale claro ya está hecho, si sale de color rosáceo, mantener 10 minutos más en el horno y volver a probar de nuevo. Una vez fuera del horno dejar reposar el ave 15-20 minutos en un sitio templado para que la carne reabsorba sus jugos.

Conservación

Si la carne de ave es muy fresca, puede mantenerse envuelta en el frigorífico pero solo dos días porque se deteriora con facilidad y proliferan los gérmenes.

Pollo al vino blanco

Ingredientes y proporciones

- 1 pollo de 1,5 kg limpio y troceado
- 1 cebolla grande pelada y rallada
- 2 zanahorias
- 2 dientes de ajo
- 100 ml de buen vino blanco seco
- 40 ml de aceite de oliva virgen extra (4 cucharadas)
- 2 cucharadas soperas de coñac o Armagnac
- Una pizca de nuez moscada
- Una pizca de tomillo
- Perejil, sal yodada y pimienta

Preparación

Limpiar los trozos de pollo y salpimentarlo. Pelar los ajos y cortarlos en láminas finas. Pelar las cebollas y rallarlas. Raspar, lavar y rallar las zanahorias. Lavar el perejil.

Elaboración

Se echa el aceite en una cazuela y se pone a calentar a fuego suave. Echar los trozos de pollo y sofreírlos lentamente, rehogándolos y dándoles vueltas, hasta que todas sus partes estén ligeramente doradas. ¡Ojo!, no debe quemarse el aceite ni el ave. Cuando el pollo está en su punto, se saca de la cazuela y se reserva tapado hasta el momento de incorporarlo de nuevo a la cazuela. En el mismo aceite se echa la cebolla rallada y la zanahoria, se le da unas vueltas y se deja hacer suavemente tapada, hasta que llegue al punto de transparencia. Añadir a la cazuela el coñac o Armañac, el tomillo, la nuez moscada y el vino, subir el fuego y llevar al punto de ebullición. En cuanto levante el hervor el vino, incorporar de nuevo el pollo a la cazuela, bajar la intensidad del fuego, tapar la cazuela y dejarlo guisar a fuego lento, vigilando de vez en cuando, hasta que el pollo esté tierno.

Llegado a un buen punto de cocción, comprobar este antes de pasar a la fase siguiente; se retira el pollo de la cazuela y se pasa la salsa por un colador chino, o en su defecto sirve cualquier colador grande. Con el mango del mortero se van pasando todas las verduras hasta conseguir una salsa ligera.

Poner el pollo de nuevo en la cazuela e incorporar la salsa obtenida. Rectificar de sal y pimienta. Cocer a fuego muy lento durante unos minutos y mover la cazuela con mucho cuidado para que no se pegue la salsa.

Presentación

Echar el pollo con la salsa en una fuente, acompañarlo con pasta fresca servida aparte, con perejil cortado por encima. Servir de inmediato.

Nota

Este pollo se puede elaborar con anticipación, solo que tendremos mucho cuidado a la hora de calentarlo, moviendo la cazuela para que no se pegue la salsa y hacer la pasta en el momento de servirlo a la mesa.

Pollo a la compota de cebolla

Ingredientes y proporciones

1 pollo de 1,5 kg limpio y troceado

½ kg de cebollas cortadas en láminas finas

75 g de uvas pasas de Málaga

75 ml de buen vino blanco seco

2 cucharadas de brandy

50 ml de aceite de oliva virgen extra (5 cucharadas)

Sal yodada y pimienta

Preparación

Limpiar el pollo y salpimentarlo. Pelar las cebollas y cortarlas en láminas finas.

Elaboración

Se echa la cebolla en una cazuela y dos cucharadas de aceite. Ponerla a fuego suave, taparla y cocer suavemente hasta que la cebolla llegue al punto de transparencia. Añadir las uvas pasas, el vino, un poco de sal y pimienta. Tapar de nuevo y hacer la compota, pausadamente, hasta el momento de incorporarla al pollo.

Mientras tanto, en otra cazuela se echa el aceite restante, tres cucharadas, se pone la cazuela a fuego suave y cuando el aceite esté ligeramente caliente, se echan los trozos de pollo. Sofreírlos lentamente, rehogarlos y darles vueltas, hasta que todas sus partes estén ligeramente doradas. ¡Ojo!, no debe quemarse el aceite ni el ave. Cuando el pollo esté en su punto, se rocía con las dos cucharadas de brandy tibio y se flamea. Bajar el fuego e incorporar la compota de cebolla con las uvas pasas, mover el conjunto para unirlo y dejarlo guisar lentamente hasta que el pollo esté tierno.

Presentación

Echar el pollo con la salsa en una fuente, acompañarlo con arroz blanco, servido aparte.

Pollo en salsa de almendras

Ingredientes y proporciones

1 pollo de 1,5 kg limpio y troceado

1 cebolla grande

2 dientes de ajo

50 ml de Jerez o 75 ml de vino blanco oloroso

30 ml de aceite de oliva virgen extra (3 cucharadas)

Sal yodada, pimienta y perejil

Para la picada

1 yema de huevo duro

16 almendras sin tostar

Para acompañar al pollo

½ kg de patatas

Aceite de oliva suficiente para freír las patatas

Preparación

Limpiar el pollo y salpimentarlo. Pelar la cebolla y rallarla. Pelar los ajos y cortarlos en láminas finas. Lavar el perejil. Lavar el huevo y ponerlo a cocer durante 10-12 minutos en un cazo con agua hirviendo, sacarlo del agua, dejarlo enfriar y pelarlo. Separar la clara de la yema. Pelar las patatas, lavarlas, secarlas y cortarlas en cuadraditos pequeños.

Elaboración

Se echan las láminas de ajo y el aceite en una cazuela, se pone a fuego suave, se les da unas vueltas hasta que las láminas estén ligeramente transparentes, se sacan y se echan en el mortero. En el mismo aceite se ponen las almendras, se sofríen ligeramente y se sacan dejándolas en el mortero, junto con las láminas de ajo, hasta el momento de hacer la picada.

En la misma cazuela y en el mismo aceite se echan los trozos de pollo y se sofríen lentamente, rehogándolos y dándoles vueltas, hasta que todas sus partes estén ligeramente doradas. ¡Ojo!, no quemar el aceite ni el ave. Cuando el pollo está en su punto, se saca de la cazuela y se reserva tapado, hasta el momento de incorporarlo de nuevo a la cazuela. En el mismo aceite se echa la cebolla, se da unas vueltas y se deja hacer suavemente hasta que llegue al punto de transparencia. Incorporar de nuevo el pollo a la cazuela, añadir el vino y mover la cazuela para unir bien el conjunto. Dejar guisar lentamente hasta que el pollo esté tierno.

Unos 10 minutos antes de terminar la cocción se prepara la picada: machacar en el mortero las láminas de ajo y las almendras hasta conseguir una pasta; añadir solo la yema de huevo duro y seguir trabajando la pasta con el mango del mortero hasta que todos los ingredientes estén bien unidos. Incorporar un poco de caldo o agua, para aligerar la pasta. Añadir el contenido del mortero a la cazuela y moverla un poco para unir todos los componentes. La salsa resultante debe ser ligerita, si está demasiado espesa, se aligerará con unas cucharadas de caldo o, en su defecto, agua. Dejar cocer unos minutos más hasta que la salsa ligue. Dar el punto de sal y pimienta, retirar la cazuela del fuego y servir de inmediato.

Mientras se hace el pollo, se pone en la sartén aceite suficiente y se fríen las patatas.

Presentación

Colocar el guiso en una fuente y decorar con perejil cortado por encima. Servir el plato acompañado de las patatas aparte.

Pollo guisado con peras glaseadas y almendras

Ingredientes y proporciones

1 pollo de 1,5 kg limpio y troceado

2 cebollas medianas

2 dientes de ajo, cortados a láminas finas

40 ml de aceite de oliva virgen extra (4 cucharadas)

3 cucharadas de vino blanco oloroso

½ barrita de canela en rama

Sal yodada y una pizca de pimienta

Para el glaseado de las peras, que acompañan al pollo

½ kg de peras de carne firme

Un limón

20 ml de aceite de oliva virgen extra (2 cucharadas)

1 cucharada de miel

50 g de almendras sin piel

Preparación

Limpiar los trozos de pollo y salpimentarlos. Pelar las cebollas y cortarlas en juliana. Pelar los ajos y cortarlos en láminas finas, desechar la parte central.

Preparación de las peras

Lavar las peras, pelarlas, cortarlas por la mitad, quitarles las semillas y regarlas con zumo de limón.

Elaboración

Se echa la cebolla y dos cucharadas de aceite en una cazuela, se pone a fuego suave, se tapa y se deja hacer suavemente hasta que la cebolla llegue al punto de transparencia. Añadir el vino, la barrita de canela, un poco de sal y pimienta, tapar de nuevo y dejar hacer la compota pausadamente hasta el momento de incorporarla al pollo.

Mientras tanto en otra cazuela se echa el aceite restante, dos cucharadas, y las láminas de ajo, se dan unas vueltas hasta que los ajos estén transparentes, no hay que freírlos. Sacar los ajos de la cazuela, echarlos en un plato y reservarlos, hasta el momento de incorporarlos al guiso. En la misma cazuela se echan los trozos de pollo, se sofríen lentamente a fuego suave, rehogándolos y dándoles vueltas hasta que todas sus partes estén ligeramente doradas. ¡Ojo!, no debe quemarse el aceite ni el ave. Cuando el pollo esté en su punto, incorporar a la cazuela la compota de cebollas y el ajo, tapar la cazuela y dejar que el pollo se haga lentamente, vigilando de vez en cuando hasta que esté tierno. El pollo debe guisarse en su propio jugo y muy despacito. El guiso estará en su punto cuando el pollo esté tierno y la salsa haya adquirido una textura suave. Darle el punto exacto de sal y pimienta y retirar la cazuela del fuego.

Glaseado de las peras

Mientras se guisa el pollo, poner las peras a cocer al vapor durante unos 10 minutos y sacarlas. En una sartén, poner el aceite y la miel, echar las peras y dorarlas ligeramente unos 20 minutos, a fuego suave.

Presentación

Servir el guiso en una fuente, disponer los trozos de pollo en el centro y colocar las peras alrededor. Salpicar las almendras por encima del pollo.

Pechuga de pavo trufada

Ingredientes y proporciones (10-12 personas)

- 1 pechuga entera de pavo
- 400 g de ternera
- 200 g de lomo de cerdo sin grasa
- 100 g de jamón de Teruel en un trozo cortado en tiras gorditas
- 100 g de tocino de jamón en lonchas cortadas muy finas
- 50 ml de Jerez oloroso seco
- 2 yemas de huevo duro
- ½ trufa vegetal (se puede adquirir en tiendas especializadas)
- Una pizca de nuez moscada rallada
- Sal yodada y pimienta negra

Preparación de la carne picada

Picar la carne: ternera y lomo de cerdo. Ambas carnes deben quedar finamente picadas y el picadillo tiene que resultar muy fino. Si es necesario se pasará dos veces por la máquina de picar la carne. Poner la carne picada en un bol y sazonarla con sal, pimienta y nuez moscada rallada al gusto. Amasar la pasta para que quede sazonada uniformemente. Probar un poco de carne, poniéndola previamente a freír en la sartén, y rectificar el aderezo si fuera necesario. ¡Ojo!, es muy importante darle el punto exacto de salazón al picadillo, para ello, se probará las veces necesarias hasta conseguirlo. Incorporar las yemas de huevo, el vino de Jerez y la mitad de la trufa vegetal, finamente picada. El resto de la trufa se reservará cortada en láminas finas. Dejar reposar la preparación, tapada, unos 30 minutos, para que se armonicen los sabores.

Cortar la pechuga en filetes delgados. Cortar la loncha de jamón en tiras de un centímetro de ancho. Preparar una terrina (recipiente de gres de forma medio esférica) o también sirve un molde redondo o rectangular, corriente, de un litro de cabida. Disponer las lonchas finas de tocino en el fondo y en los bordes de la terrina, dejando que sobrepasen hacia afuera del recipiente, es decir, forrar el molde con las lonchas de tocino.

Elaboración

Colocar una primera capa de pechuga de pavo en el fondo del molde, sobre esta disponer una capa de tiras de jamón y sobre este se echa una capa de la carne picada. Repetir la operación colocando todos los ingredientes por capas hasta terminar con todos ellos, cuidando que la última capa sea de pechuga. Volver las lonchas de tocino encima de las carnes y cubrir con más lonchas de tocino, si fuera necesario. La carne debe quedar bien envuelta por las lonchas de tocino.

Precalentar el horno a 210 °C. Tapar el molde de la carne con una tapadera y ponerlo a cocer al baño María en una cacerola con agua fría que llegue solo hasta la mitad del molde. Ponerlo a cocer, primero fuera, sobre la placa del fuego, y cuando hierva el agua (Ojo con el agua cuando empiece a hervir, hay que tener cuidado con ella para que no entre dentro del molde), se introduce el baño María en el horno, estando 15 minutos a 210 °C y bajando la temperatura, 1 hora a 180 °C y los últimos 15 minutos finales se baja a 150 °C. La estancia total en el horno tiene que ser de 1 hora y 30 minutos. Verificar el punto de cocción de la carne antes de sacar el molde del horno, con la punta de un cuchillo. Esta debe salir caliente y limpia y, además, la superficie de la carne tiene que ofrecer cierta resistencia al tacto. Sacar la terrina del horno, destaparla y dejar escurrir la grasa que le sobra, inclinando el molde. Dejar enfriar y una vez fría, poner en el frigorífico y dejar reposar 24 horas antes de servir.

Presentación

En el momento de servir la carne, quitar las lonchas de tocino e introducir la terrina en agua caliente unos instantes, para desprender la carne mejor. Desmoldarla, volcarla encima de la mesa quitando el resto de las lonchas de tocino y cortarla en lonchas. Servir la carne sobre un lecho de lechuga cortada muy fina.

Pato asado con manzanas y ciruelas pasas

Ingredientes y proporciones para el pato

1 pato entero de 1.200 g, este tiene que ser joven y tierno

2 cucharadas de coñac

30 ml de aceite de oliva virgen extra (3 cucharadas)

Sal yodada y pimienta

2 cucharadas de coñac para flambearla al final

Para el relleno

1 manzana golden

2 ciruelas pasas

Una cucharada sopera de aceite de oliva virgen extra

Una cucharadita de sal gorda

Dos pizcas de pimienta negra

Para el glaseado de las manzanas

5 manzanas golden, una de las cuales servirá para el relleno del pato

8 ciruelas pasas

30 ml de aceite de oliva virgen extra (3 cucharadas)

5 g de azúcar moreno

Pimienta

Preparación

La noche anterior limpiar el pato por dentro y ponerlo en una ensaladera. Regar el interior y el exterior con el coñac. Dejarlo reposar en el frigorífico, tapado, hasta el día siguiente.

Sacar el pato del frigorífico y sazonarlo por dentro con sal gorda y las dos pizcas de pimienta; así queda listo para efectuar su relleno.

Preparación del relleno

Pelar la manzana, cortarla en rodajas finas y ponerla a freír con el aceite. Mientras tanto, partir las ciruelas pasas en trozos pequeños y añadirlos a la manzana. Dejar que se doren un poco y rellenar el interior del pato con este preparado. Atarle las alas y las patas al ave con hilo de bramante, untarlo bien con aceite por fuera y colocarlo en una fuente para horno.

Precalentar el horno a 210 °C.

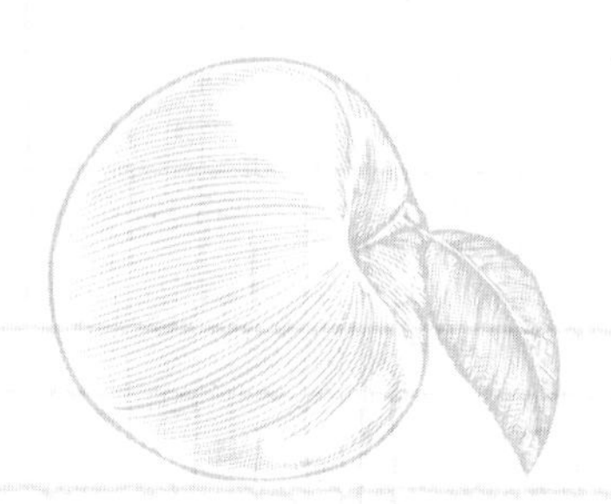

Elaboración

Meter la fuente en el horno precalentado a 210 °C y mantener esa temperatura durante 15 minutos. Darle la vuelta al pato y regar bien con el jugo de la fuente. Bajar la temperatura del horno a 180 °C y seguir asándola unos 15 minutos más. Sacar la fuente del horno y echarle cinco cucharadas de agua salada y darle otra media vuelta al pato. Volver a poner el ave en el horno y dejar unos 10 minutos más o hasta que la piel esté dorada. Si es necesario se añadirá un poco de agua, en el caso de que se haya evaporado el jugo. Antes de sacar el pato del horno, verificar que esté bien asado. Para ello, pincharemos con la punta de un cuchillo debajo de la zanca. En su punto, sacar del horno y servir de inmediato.

Glaseado de las frutas que acompañan al ave

Mientras se asa el pato, se glasean el resto de las frutas. Pelar las manzanas, cortarlas en seis y ponerlas a freír en el aceite junto con el azúcar, en una sartén, a fuego suave. Cuando las manzanas estén doradas y tiernas, se les añade las ciruelas pasas, se deja que se doren un poco, se echa un poco de pimienta y quedan listas para ser utilizadas.

Presentación

Depositar el pato, entero, en una fuente ovalada y decorarlo con la compota de manzanas y ciruelas alrededor. Justo en el momento antes de presentar la fuente a la mesa, se calientan las dos cucharadas de coñac y se flambea el pato. Cortarlo y servirlo de inmediato.

Conejo al ajoaceite

Ingredientes y proporciones

1 conejo de 1 kg o 1,5 kg limpio y troceado

1 kg de tomates pera o tomate de carne roja

1 cebolla grande

2 dientes de ajo, cortados a láminas finas

30 ml de aceite de oliva virgen extra (3 cucharadas)

Sal yodada y pimienta

Un ramillete de finas hierbas compuesto por romero, tomillo, hinojo y orégano

Para el ajo aceite

3 dientes de ajo

1 yema de huevo cruda

40 ml de aceite de oliva virgen extra (4 cucharadas)

Preparación

Limpiar los trozos de conejo y salpimentarlos. Lavar los tomates, partirlos por la mitad y rallarlos. Pelar la cebolla y rallarla. Pelar los ajos y cortarlos en láminas finas desechando la parte central. Lavar el perejil. Preparar el ramillete de finas hierbas y atarlas.

Elaboración

Poner una cazuela a fuego suave, echar el aceite y las láminas de ajo, darles unas vueltas hasta que los ajos estén ligeramente transparentes y sacarlos de la cazuela. Echarlos en un plato y reservarlos hasta el momento de incorporarlos al guiso. En la misma cazuela, se echan los trozos de conejo y se sofríen lentamente a fuego suave, y se rehogan dándoles vueltas, hasta que todas sus partes estén ligeramente doradas. ¡Ojo!, no se debe quemar el aceite ni el conejo. Cuando el conejo esté en su punto, se saca y se reserva tapado, hasta el momento de incorporarlo de nuevo a la cazuela. En el mismo aceite de freír el conejo se echa la cebolla, se le da unas vueltas y se deja hacer suavemente tapada, hasta que llegue al punto de transparencia. Incorporar al guiso las láminas de ajo, el tomate rallado y el ramillete de finas hierbas. Cuando levante el hervor, añadir de nuevo el conejo a la cazuela. Tapar y dejar que se haga el conejo lentamente, este debe guisarse en su propio jugo y muy despacito, hasta que esté tierno.

El guiso está en su punto cuando el conejo esté tierno, se desprende fácilmente del hueso y la salsa ha adquirido una textura suave. Darle el punto exacto de sal y pimienta y retirar la cazuela del fuego.

Mientras el conejo se está guisando, se prepara un ajoaceite con los ingredientes indicados (véase receta de salsa all-i-oli).

Machacar los tres dientes de ajo en el mortero, hasta dejarlos bien desechos y queden como una crema. Añadir la yema de huevo y con la maza del mortero se remueve sin parar para que vaya ligando con los ajos y, poco a poco, se va incorporando el aceite, en hilillo muy fino, dando vueltas sin parar con la maza para que vaya ligando, poco a poco, todo el conjunto y se consiga una salsa muy densa. Finalmente, se añade un poco de sal.

Presentación

El conejo se puede presentar sobre una fuente ovalada con la mitad del ajo aceite, vertido por encima justo en el momento de servirlo a la mesa; el resto de la salsa se sirve aparte.

Conejo con tomate

Ingredientes y proporciones

1 conejo de 1 kg a 1,5 kg limpio y troceado

1 kg de tomates pera o tomate de carne roja

1 cebolla grande rallada

2 dientes de ajo, cortados a láminas finas, desechar la parte central

40 ml de aceite de oliva virgen extra (4 cucharadas)

50 ml de Jerez oloroso seco

½ hoja de laurel

Sal yodada y una pizca de pimienta

Perejil

Preparación

Limpiar los trozos de conejo y salpimentarlos. Lavar los tomates, partirlos por la mitad y rallarlos. Pelar la cebolla quitando las capas más duras y rallarla. Pelar los ajos y cortarlos en láminas finas desechando la parte central. Lavar el perejil.

Elaboración

Poner una cazuela a fuego suave, echar el aceite y las láminas de ajo, se les da unas vueltas hasta que los ajos estén ligeramente transparentes y se sacan de la cazuela. Echarlos en un plato y reservarlos hasta el momento de incorporarlos al guiso. En la misma cazuela, a fuego suave, se echan los trozos de conejo. Sofreírlos lentamente, rehogarlos y darles vueltas, hasta que todas sus partes estén ligeramente doradas. ¡Ojo!, no debe quemarse el aceite ni el conejo. Cuando el conejo está en su punto, se saca y se reserva tapado, hasta el momento de incorporarlo de nuevo a la cazuela. En el mismo aceite de freír el conejo se echa la cebolla, se le da unas vueltas y se deja hacer suavemente, tapada, hasta que llegue al punto de transparencia. Incorporar al guiso las láminas de ajo, el tomate y el laurel. Cuando levante el hervor, añadir de nuevo el conejo a la cazuela. Tapar y dejar que se haga el conejo lentamente, removiendo de vez en cuando. Cuando la cebolla se ha absorbido en el tomate incorporar el vino de Jerez. El conejo debe guisarse en su propio jugo y muy despacito, hasta que esté tierno. Si es necesario se añadirá un poco de caldo para terminar la cocción.

El guiso está en su punto cuando el conejo esté tierno, se desprenda fácilmente del hueso y la salsa haya adquirido una textura suave. Darle el punto exacto de sal y pimienta y retirar la cazuela del fuego.

Presentación

El conejo se puede presentar sobre una fuente ovalada y decorado con perejil cortado a tijera.

Carnes rojas

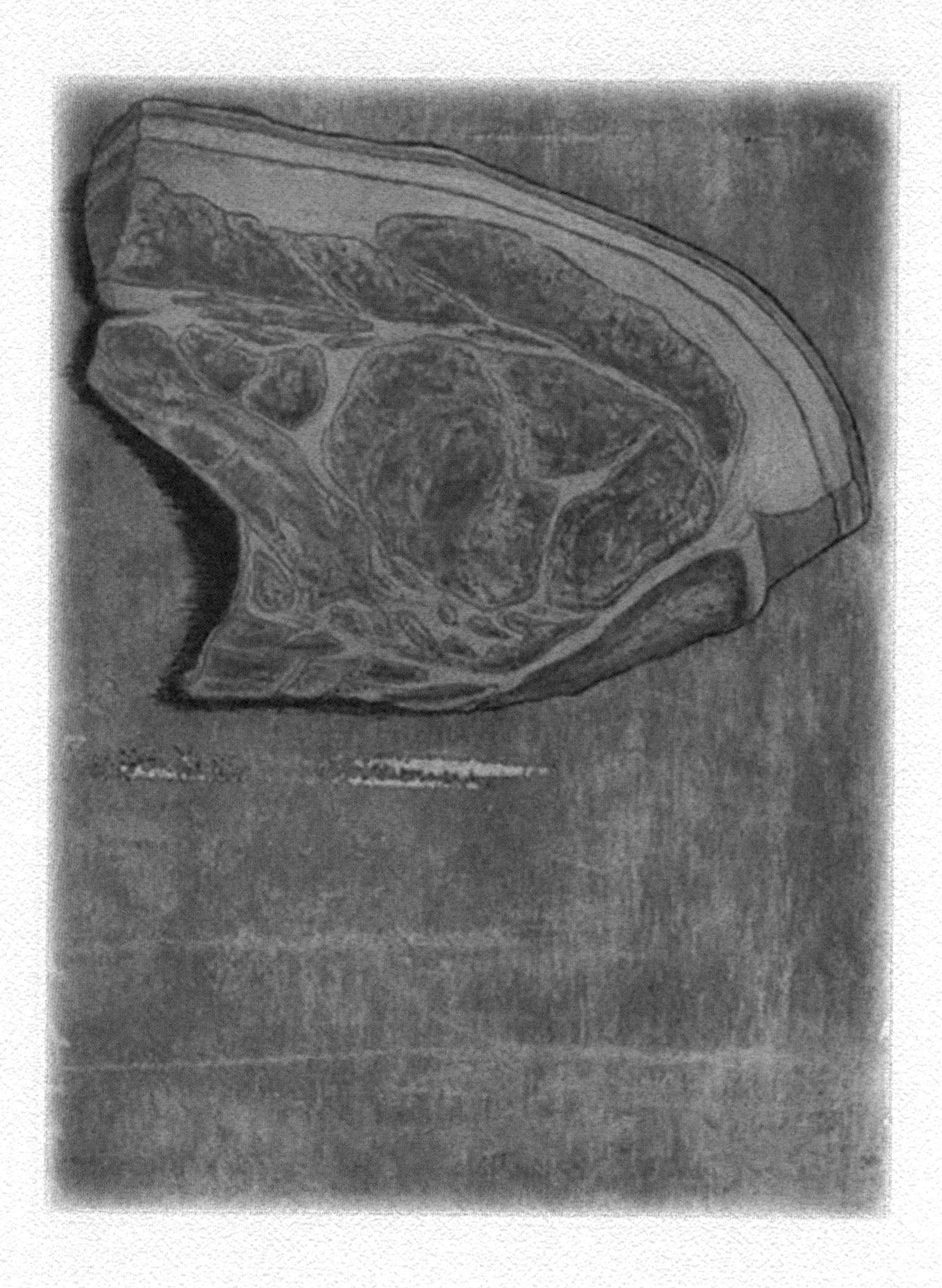

Las carnes rojas y derivados cárnicos son alimentos de origen animal con un importante contenido de aminoácidos esenciales para el ser humano. Como ya se dijo en el apartado de aves, la importancia de estos alimentos deriva principalmente de su alto contenido en proteína animal y por tanto de elevada calidad.

Como efectos fisiopatológicos destacan los problemas de deficiencias en la ingesta afectando a las estructuras corporales y otras funciones. Por otro lado, los excesos de la ingesta en proteínas pueden causar, a largo plazo, algunas alteraciones patológicas. Los requerimientos nutricionales tienen carácter individual según edad, sexo, talla y peso, ahora bien, hoy en día a causa del elevado consumo de proteína de la población, debido sobre todo a la ingesta de carnes y derivados cárnicos (95 g frente a 50 g de ingestas recomendadas), unido al hecho de la gran cantidad de grasa saturada de las mismas, se aconseja reducir el consumo de carnes en general pudiendo establecerse como raciones recomendadas entre dos y cuatro a la semana. Por otra parte, esta recomendación indicada, como ya se ha dicho anteriormente, conlleva una consecuencia: al disminuir la ingesta de carnes se disminuye el aporte de hierro.

Para la comercialización, el contenido en grasa y la parte no comestible sirven para dividir la carne en tres categorías:

Primera: Tejido muscular casi sin desperdicio.

Segunda: Con tejido conectivo y grasa visible.

Tercera: Con un elevado contenido en grasa y mucha porción no comestible.

El valor nutritivo de los productos elaborados con estas carnes va a estar en función del tipo de carne del punto de partida. Hemos de destacar que la grasa de las carnes rojas es grasa saturada mayoritariamente, solo las carnes magras de animales de granja contienen grasa poliinsaturada.

Fricandó de ternera con setas silvestres

Ingredientes y proporciones

- 600 g de ternera, paletilla, morcillo o tapa plana, cortada en escalopes finos de unos 50 g cada uno
- 200 g de setas frescas silvestres o en su defecto 100 g de setas secas cortadas en tiras largas
- Un tomate maduro
- Una cebolla mediana
- 3 dientes de ajos enteros
- 50 ml de vino blanco seco
- 50 ml de caldo de ternera o buey
- 40 ml de aceite de oliva virgen extra (4 cucharadas)
- ¼ de hoja de laurel, tomillo, orégano, una pizca de cada
- Sal yodada y pimienta
- Harina para enharinar los filetes

Preparación de las setas frescas

Cortar la parte terrosa de las colas de las setas, lavarlas rápidamente bajo el grifo de agua fría o en una ensaladera de agua con zumo de limón pero sin dejarlas mucho tiempo. Escurrirlas, secarlas con papel absorbente de cocina y partirlas en tiras largas.

Preparación de las setas secas

Poner las setas secas a remojo en agua durante una hora para hidratarlas, escurrirlas, secarlas con papel absorbente de cocina y partirlas en tiras largas. Pelar y rallar la cebolla. Lavar el tomate, partirlo por la mitad y rallarlo. Pelar los ajos y dejarlos enteros. Salpimentar los escalopes de ternera, enharinarlos ligeramente, sacudiendo la harina que les sobra.

Elaboración

Se pone el aceite a calentar a fuego suave en una sartén ancha. Cuando esté caliente el aceite se introducen los escalopes y se sofríen ligeramente por ambas caras. ¡Ojo!, solo consiste en cerrar los poros de la carne, para que no escapen los jugos al guisarlos. Sacarlos de la sartén y dejarlos reservados en un plato tapados. En el mismo aceite se sofríen las setas, se les da unas vueltas para que resulten jugosas, se sacan y se reservan en un plato. En el mismo aceite poner los ajos enteros, se les da unas vueltas y se echa la cebolla rallada. Sofreír suavemente la

cebolla, dándole unas vueltas de vez en cuando hasta que llegue al punto de transparencia. Incorporar el tomate y dejar sofreír el conjunto suavemente, durante unos 15 minutos hasta que la salsa esté hecha y jugosa. Añadir el vino, las finas hierbas (laurel, tomillo, orégano) y un poco de sal y pimienta. Dejar hacer la salsa suavemente unos cinco minutos con la sartén destapada. Cuando esté en su punto, retirar la sartén del fuego, pasar la salsa por el chino o colador grande, si queremos que la salsa resulte más fina, y echarla en una cazuela amplia, para que quepan bien los escalopes. Poner la cazuela a fuego suave e incorporar la carne reservada, dejarla hacer añadiendo el caldo o, en su defecto, agua hirviendo. Incorporar las setas reservadas y mover la cacerola para unir bien el conjunto. Se deja que hierva a fuego tirando a medio durante 6-7 minutos y se baja la intensidad del fuego al mínimo para que la cocción sea muy lenta, vigilando a menudo. ¡Ojo!, en este guiso se puede pegar la harina de rebozar la carne, por lo que hay que estar al tanto y mover la cazuela de vez en cuando. Guisar hasta que la carne este tierna, unos 30-40 minutos, según como sea de tierna la carne. Antes de sacarla del fuego, rectificar de sal y pimienta y, si fuera necesario, añadirle una cucharada sopera de vino blanco seco y antes de que empiece a hervir, retirar la cazuela del fuego y servir el fricandó de inmediato.

Presentación

Servir la carne acompañada de pasta fresca con dos cucharadas de aceite de oliva y salpicada de perejil cortado fino.

Guisado de ternera con patatas

Ingredientes y proporciones

600 g de ternera, paletilla, o aguja, cortada en trozos

12 cebollitas francesas tamaño nuez

16 patatas pequeñas tamaño huevo

1 cabeza de ajos

50 ml de vino blanco seco (5 cucharadas)

1 cucharada sopera de vinagre de vino blanco

40 ml de aceite de oliva virgen extra (4 cucharadas)

2 granos de pimienta negra

¼ de hoja de laurel pequeña

½ clavo

Sal yodada, pimienta y perejil

Caldo de ternera o agua si se precisa

Preparación

Pedir al carnicero que corte la carne en tacos de tres centímetro. Pelar las cebollitas y dejarlas enteras. Pelar la cabeza de ajos y dejarla entera. Lavar el perejil. Pelar y lavar las patatas en el momento de introducirlas en el guiso y dejarlas enteras.

Elaboración

Se pone el aceite a calentar a fuego suave en una cazuela. Cuando esté caliente el aceite, se echa la carne y se sofríe ligeramente. ¡Ojo!, solo consiste en cerrar los poros de la carne para que no escape su jugo al guisarla. Sacar la carne de la cacerola y reservarla en un plato tapada. En el mismo aceite se echan las cebollitas y se sofríen suavemente, dándoles unas vueltas de vez en cuando, hasta que lleguen al punto de transparencia. Incorporar la cabeza de ajos entera y la carne, darle unas vueltas y añadir al guiso el vinagre, subir un poco la intensidad del fuego hasta que el vinagre se haya evaporado. Agregar el vino, el clavo, laurel, los granos de pimienta y un poco de sal. Tapar la cazuela y bajar la intensidad del fuego al mínimo para que la cocción sea lenta. Vigilar a menudo y dejar hacer la carne suavemente unos 60 minutos. Incorporar al guiso las patatas enteras y caldo o agua hirviendo, el suficiente para que las patatas queden justo cubiertas. Tapar la cazuela y terminar la cocción del conjunto suavemente durante unos 20 minutos o hasta que la carne esté tierna y las patatas cocidas. En su punto, retirar la cacerola del fuego y antes de sacarla rectificar de sal y pimenta si fuera necesario.

Presentación

Servir la carne en platos individuales, presentando la ternera en el centro y colocando cuatro patatas y tres cebollitas en un lado, vertiendo la salsa por encima. Decorar con perejil cortado a tijera.

Nota

Ojo con el líquido de cocción de las patatas, hay que poner solo el justo. El guiso debe resultar jugoso pero, a la vez, ni demasiado seco ni demasiado caldoso.

Estofado de buey marinado con ciruelas pasas

Ingredientes y proporciones

600 g de buey o ternera, paletilla, o aguja, cortada en trozos

1 cebolla mediana

2 dientes de ajos

2 zanahorias medianas

2 tomates medianos para salsa

75 g de ciruelas pasas

2 cucharadas soperas de coñac

40 ml de aceite de oliva virgen extra (4 cucharadas)

Sal yodada y pimienta

Para la marinada

1 zanahoria a rodajas finas

½ cebolla a rodajas

Un manojo de hierbas aromáticas (perejil, tomillo, un trocito de hoja de laurel)

¼ de litro de buen vino tinto

Preparación

Pedir al carnicero que corte la carne en tacos de tres centímetros.

Preparación de la marinada

12 horas antes de la elaboración del guiso se prepara la marinada con los ingredientes indicados; pelar la cebolla y cortarla a rodajas finas. Raspar la zanahoria, lavarla y cortarla en rodajas finas. Poner las verduras en un recipiente vidriado con tapa junto con el vino, las hierbas aromáticas, un poco de sal y pimienta.

Dejar marinar el conjunto al menos 12 horas en el frigorífico, darle algunas vueltas de vez en cuando. Al día siguiente, escurrir la carne y reservar el jugo de la marinada.

Pelar la cebolla y rallarla. Pelar los ajos y dejarlos enteros. Raspar las zanahorias, lavarlas y cortarlas a rodajas finas. Lavar y pelar los tomates y rallarlos.

Elaboración

Se pone el aceite a calentar a fuego suave en una cazuela. Cuando esté caliente el aceite, se echa la carne y se sofríe ligeramente. ¡Ojo!, solo consiste en cerrar los poros de la carne para que no escape su jugo. Sacar la carne de la cazuela y reservarla en un plato tapada. En el mismo aceite se echa la cebolla, los ajos enteros y la zanahoria. Sofreír las verduras suavemente dándoles unas vueltas de vez en cuando hasta que lleguen al punto de transparencia. Incorporar la carne reservada, darle unas vueltas, rociar con el coñac y flambear. Añadir al guiso el jugo de la marinada colado y pasado por un colador chino. Tapar la cacerola y dejar hacer la carne suavemente unos 60 minutos, a fuego bajo para que la cocción sea lenta, vigilando a menudo la carne.

Incorporar al guiso los tomates rallados y las ciruelas, tapar la cazuela y terminar la cocción del conjunto suavemente durante unos 30 minutos más a fuego lento. En su punto, retirar la cazuela del fuego, pero antes de sacarla rectificar de sal y pimienta si fuera necesario.

Presentación

Servir la carne acompañada de arroz blanco, patatas al vapor o pasta fresca.

Carne de ternera encebollada con pimientos rojos

Ingredientes y proporciones

600 g de ternera, paletilla, o aguja, cortada en trozos

2 pimientos morrones

Una cebolla mediana rallada

3 dientes de ajos

50 ml de vino blanco seco (5 cucharadas)

40 ml de aceite de oliva virgen extra (4 cucharadas)

Sal yodada y pimienta

Preparación

Pedir al carnicero que corte la carne en tacos de tres centímetros. Pelar y rallar la cebolla. Lavar los pimientos. Pelar los dientes de ajo y picarlos finos. Asar los pimientos (véase receta de pimientos rojos dulces).

Elaboración

Se pone el aceite a calentar a fuego suave en una cazuela. Cuando esté caliente el aceite se echa la carne y se sofríe ligeramente. ¡Ojo!, solo consiste en cerrar los poros de la carne. Sacar la carne de la cazuela y reservarla en un plato tapada. En el mismo aceite se echa la cebolla y se sofríe suavemente dándole unas vueltas, de vez en cuando, hasta que llegue al punto de transparencia. Incorporar el ajo y la carne reservada, dar una vuelta y añadirle el vino. Subir la intensidad del fuego un poco y dejar hacer el guiso, hasta que el vino se haya reducido. Incorporar los pimientos en tiras y el jugo que soltaron al asarlos y un poco de sal y pimienta. Tapar la cazuela y bajar la intensidad del fuego al mínimo, para que la cocción sea lenta, vigilando a menudo y dejar hacer la carne y pimientos suavemente unos
60 minutos, o hasta que la carne y los pimientos estén tiernos y la salsa esté jugosa. En su punto, retirar la cazuela del fuego. Antes de sacarla del fuego rectificar de sal y pimienta si fuera necesario.

Presentación

Servir la carne en una fuente alargada acompañada de los pimientos. Espolvorear por encima con perejil cortado a tijera.

Ragú o guisado de ternera con patatas y otras hortalizas

Ingredientes y proporciones

600 g de ternera, paletilla, o aguja, cortada en trozos

12 cebollitas francesas tamaño nuez

8 patatas pequeñas tamaño huevo

¼ de guisantes frescos de cáscara brillante

4 alcachofas muy tiernas y de tamaño mediano

2 zanahorias medianas

2 coles de Bruselas de color verde muy vivo, si están descoloridas es señal de que son viejas (optativo)

2 dientes de ajo

40 ml de aceite de oliva virgen extra (4 cucharadas)

Sal yodada y pimienta

Una puntita de cuchillo de pimentón de la Vera

200 ml de caldo de ternera o agua

Preparación

Pedir al carnicero que corte la carne en trozos de tres centímetros. Pelar las cebollitas y dejarlas enteras. Dejar los ajos enteros con su piel. Lavar el perejil. Pelar y lavar las patatas en el momento de introducirlas en el guiso y dejarlas enteras. Desgranar los guisantes momentos antes de que se vaya a guisar la carne. Quitar las hojas más duras de las alcachofas, cortar las puntas y a medida que se van limpiando se van frotando con limón y se van sumergiendo en un bol con agua fría, a la que se le habrá añadido zumo de limón, evitando así que se pongan oscuras. Raspar, lavar y cortar en rodajas finas las zanahorias. Cortar la punta del rabo, al ras, de las hojas de las coles de Bruselas, arrancarles las hojitas amarillas si las tienen, dejarlas enteras y lavarlas.

Elaboración

En una cazuela se pone el aceite a calentar a fuego suave. Cuando esté caliente el aceite, se echa la carne y los dos dientes de ajo enteros y se rehoga el conjunto ligeramente. Incorporar las cebollitas y sofreírlas suavemente dándoles unas vueltas de vez en cuando y dejar hacer la carne, hasta que las cebollas lleguen al punto de transparencia. Añadir la puntita de cuchillo de pimentón, dar una vuelta e incorporar de inmediato el caldo o agua. ¡Ojo con el pimentón, puede quemarse! Subir un poco la intensidad del fuego, hasta que el líquido comience a hervir y echar los guisantes y zanahorias. Tapar la cazuela y bajar la intensidad del fuego para que la cocción sea lenta, pero sin que deje de hervir, vigilando el guiso a menudo. Dejarlo hacer suavemente unos 30 minutos hasta que guisantes y zanahorias estén a medio cocer. Incorporar a la cazuela las patatas enteras y alcachofas y si fuera necesario, más caldo o agua hirviendo, el suficiente para que las patatas queden solo justo cubiertas. Tapar la cazuela y terminar la cocción de las verduras, 10 minutos a fuego vivo y bajando la intensidad del fuego, seguir 10 minutos más a fuego suave o hasta que la carne esté tierna y las patatas cocidas. En su punto, retirar la cazuela del fuego y rectificar de sal y pimienta, si fuera necesario, antes de sacarla del fuego.

Presentación

Servir el ragú en una fuente redonda, presentando la ternera junto con las hortalizas. Decorar con perejil cortado a tijera.

Nota

¡Ojo con el líquido de cocción!, hay que poner el justo. El guiso tiene que resultar jugoso pero, a la vez, ni demasiado seco ni demasiado caldoso.

Revoltillos de ternera

Ingredientes y proporciones

8 escalopes de ternera, paletilla, morcillo o tapa plana, cortados finos y pequeños, de unos 50 g cada uno

Para el relleno

150 g de lomo de cerdo sin grasa

50 g de jamón serrano

1 diente de ajo picado fino

1 yema de huevo duro

Una pizca de nuez moscada rallada

Sal yodada y pimienta negra

Perejil

Para la salsa

1 tomate maduro

1 cebolla mediana cortada a trozos medianos

1 patata mediana

1 diente de ajo entero

1 rebanadita de pan fina pasada bajo el grill del horno

Un trocito de corteza de limón fina

1 huevo cocido duro

40 ml de aceite de oliva virgen extra (4 cucharadas)

Sal yodada y pimienta

Cinta para atar la carne o hilo de bramante

Harina para enharinar los filetes

Empezar por la preparación del picadillo

Picar la carne: lomo de cerdo y jamón, ambos deben estar finamente picados, tiene que resultar un picadillo muy fino, si es necesario se pasará dos veces por la máquina de picar la carne. Poner la carne picada en un bol y sazonarla con sal, pimienta y nuez moscada rallada al gusto y el ajo picadito fino. Amasar la pasta para que quede sazonada uniformemente y probar un poco de carne, poniéndola previamente a freír en la sartén, rectificando el aderezo si fuera necesario. ¡Ojo!, es muy importante darle el punto exacto de salazón al picadillo, por ello, se probará las veces necesarias hasta conseguirlo. Incorporar al picadillo la yema de huevo y perejil cortado muy fino. Unir bien todos los ingredientes y dejar reposar la preparación, tapada, unos 30 minutos, para que se armonicen los sabores.

Preparación de la salsa

Pelar la cebolla y cortarla a trozos medianos. Lavar el tomate y dejarlo entero. Pelar el ajo y dejarlo entero. Pelar, lavar la patata y dejarla entera. Poner a cocer los huevos durante unos 10-12 minutos.

Preparación de los escalopes

Salpimentar los escalopes y dividir el picadillo en 8 partes iguales. Colocar una parte del picadillo en el centro de cada uno de los escalopes. Enrollar la carne en forma de canuto y atarla con un hilo de bramante. Enharinarlos ligeramente, sacudiéndolos para que suelten la harina que les sobra.

Elaboración

En una cazuela se pone el aceite a calentar a fuego suave, cuando esté caliente el aceite se echan los rollitos y se sofríen ligeramente por ambas caras. ¡Ojo!, solo consiste en cerrar los poros de la carne para que no escapen sus jugos al guisarla. Sacar los rollitos de la cazuela y dejarlos reservados en un plato tapados. En el mismo aceite se echa la corteza de limón y el diente de ajo entero. Cuando esté todo ligeramente rubio se retira la cazuela del fuego y se echa el perejil fuera del fuego sacándolo enseguida para que se conserve verde.

Echar la corteza de limón, el pan, el diente de ajo y el perejil en un mortero y picarlo muy fino hasta que forme una pasta fina. Incorporarle una yema de huevo duro, echar un poco de agua en el mortero y desliar bien todo el picadillo. Reservarlo en un bol pequeño hasta el momento de incorporarlo a la salsa.

En la misma cazuela de freír la carne y en el mismo aceite se echa la cebolla cortada, se sofríe suavemente dándole unas vueltas de vez en cuando, hasta que la cebolla llegue al punto de transparencia. Añadir agua a la cazuela. ¡Ojo!, hay que poner la justa para que solo llegue a los rollitos por la mitad, pues no debe cubrirlos. En cuanto el caldo levante el hervor, incorporar los rollitos, la patata pelada y el tomate sin pelar y dejar hervir el conjunto suavemente durante unos 15 minutos con la cazuela tapada. Dar la vuelta a la carne para que siga cociendo otros 15 minutos más, vigilando el caldo; este solo debe quedar tres centímetros en la cazuela hasta que la patata y los rollitos estén tiernos. En su punto, comprobarlo, retirar la cazuela del fuego, sacar la carne y reservarla.

Picar en el mortero la patata y el tomate y añadirle el picadillo reservado. Pasar todo el conjunto por el chino o colador grande, junto con la salsa de la carne, ayudándose con la mano del mortero para que pase bien todo. Echar la salsa resultante en una cazuela donde quepan bien los escalopes y ponerla a fuego muy suave. Incorporar la carne reservada y mover la cazuela para unir bien el guiso. Dejar que caliente la salsa y la carne a fuego muy lento, bajando la intensidad del fuego al mínimo, vigilando a menudo para que no se pegue. ¡Ojo!, esta salsa debe calentarse pero no tiene que llegar a hervir, por lo que hay que estar muy al tanto. Antes de sacarla del fuego, rectificar de sal y pimienta si fuera necesario y justo antes de que comience a hervir, retirar la cazuela del fuego y servir los rollitos con su salsa.

Carne nevada

Ingredientes y proporciones (8 personas)

1 kg de redondo de ternera en un trozo

1 rebanada gordita de jamón serrano (1 cm)

Unos pepinillos en vinagre (opcional)

Sal yodada y pimienta negra

Para la salsa

1 tomate maduro

1 cebolla mediana cortada a trozos medianos

1 patata mediana

3 dientes de ajo enteros sin piel

1 rebanadita de pan fino pasado por el grill del horno

Un trocito de corteza de limón fina

2 huevos cocidos duros

8 cucharadas soperas de aceite de oliva virgen extra

Sal yodada y pimienta

Cinta para atar la carne o hilo de bramante

Para la decoración de la carne

Salsa mayonesa (batidora eléctrica, véase receta)

Las claras de los huevos duros muy picaditas

Preparación de la carne

Decir al carnicero que haga tres incisiones o agujeros a lo largo de la carne para poder colocar las tiras de jamón. Cortar el jamón a tiritas del mismo grosor. Pelar la cebolla y cortarla a trozos medianos. Lavar el tomate y dejarlo entero. Pelar los ajos y dejarlos enteros. Pelar, lavar la patata y dejarla entera. Poner a cocer los huevos durante unos 10-12 minutos. Sacarlos, pelarlos y separar las claras de las yemas y reservar aparte.

Preparación de la carne

Introducir las tiras de jamón en dos de los agujeros del redondo. Introducir los pepinillos en el tercer agujero de la carne. Atar la carne con el hilo de bramante apretándola ligeramente. Enjuagarla y secarla.

Elaboración

En una cacerola se pone el aceite a calentar a fuego suave; cuando esté caliente el aceite se echa un poco de sal y se introduce el rollo de carne y se sofríe suavemente por todos los lados, dorando la carne ligeramente. ¡Ojo!, solo consiste en cerrarle los poros para que no escapen sus jugos al guisarla. Sacar la carne de la cazuela y dejarla reservada tapada. En el mismo aceite se echa la corteza de limón y el diente de ajo entero y cuando esté todo ligeramente rubio, se retira la cazuela del fuego y se echa el perejil fuera del fuego, sacándolo enseguida para que se conserve aun verde.

Echar la corteza de limón, el pan, el diente de ajo y el perejil en un mortero. Picarlo muy fino, hasta que forme una pasta fina. Incorporar las dos yemas de huevo duros, echar un poco de agua al mortero. Desliar bien todo el picadillo y reservarlo en un bol pequeño. En la misma cazuela de freír la carne y en el mismo aceite se echa la cebolla cortada. Sofreírla suavemente dándole unas vueltas, de vez en cuando, hasta que llegue al punto de transparencia. Añadir agua a la cacerola. ¡Ojo!, hay que poner la justa para que la carne quede solo cubierta por la mitad. En cuanto el agua levante el hervor, incorporar la carne, la patata pelada y el tomate sin pelar y dejar cocer el conjunto suavemente durante unos 45 minutos con la cazuela tapada. Dar la vuelta a la carne para que siga cociendo otros 45 minutos más por el otro lado, vigilando el caldo, este solo debe quedar tres centímetros en la cazuela, hasta que la carne esté tierna. Verificar el punto de cocción de la carne antes de sacarla del fuego, para ello pincharemos la carne con la punta de un cuchillo largo y si la carne está cocida, la punta entrará sin dificultad.

En su punto, retirar la cazuela del fuego, sacar la carne y ponerla encima de la tabla de picar para que se enfríe. Una vez fría la carne se corta en rodajas y se reserva hasta el momento de presentarla en la mesa.

Picar en el mortero la patata y el tomate, y añadirle el picadillo reservado en el bol. Pasar todo el conjunto por el chino o colador grande, junto con la salsa de guisar la carne, ayudándose con la mano del mortero. Se echa la salsa ya pasada en un cazo y se pone a fuego muy suave y se deja que se caliente, a fuego muy lento, bajando la intensidad del fuego al mínimo. ¡Ojo!, esta salsa debe calentarse bien pero no tiene que llegar a hervir, por lo que hay que estar muy al tanto. Antes de sacarla del fuego, rectificar de sal y pimienta si fuera necesario y antes de que empiece a hervir retirar el cazo del fuego y servir la salsa bien calentita junto con la carne.

Colocar la carne en una fuente de servicio, recuperándole su posición redonda inicial y en el momento de presentarla a la mesa poner la salsa muy caliente alrededor de la carne.

Presentación

En el momento de servir la carne, poner por encima la salsa mayonesa y sobre ella las claras de huevo cocidas muy picadas a cuchilla, como si fuera sal gorda.

Longaniza de Aragón. Josefina Gabasa

Ingredientes y proporciones

2 kg de cinta de lomo fresco de cerdo

40 g de sal

1 g de pimienta blanca en polvo

2 g de canela en polvo

Una pizca de nuez moscada rallada

2 ml de vinagre de cava (media cucharadita de las de café)

Una manzana, una naranja

Hinojo, tomillo

350 ml de agua mineral

Tripa de cerdo

Hilo de algodón

Preparación

Cortar la cinta de lomo en tiras y pasarlas por la picadora, con la rejilla de agujeros medianos. Se echa la carne ya picada en una ensaladera vidriada, se sazona con la sal y se riega con el vinagre. Amasar varias veces para que quede bien incorporado el vinagre en la carne. Lavar y cortar la naranja y la manzana en pedazos. Echarlos en un cazo, junto con el agua, unas ramitas de hinojo y tomillo. Poner el cazo al fuego y llevar el agua al punto de ebullición. Dejar cocer pausadamente cinco minutos con el cazo tapado y retirarlo del fuego (debe quedar 300 ml de infusión). Colar y echar 300 ml de la infusión caliente sobre la carne picada y amasar bien, hasta obtener una pasta ligada y homogénea. Una vez fría la carne, se le añaden las especias en polvo (pimienta, canela y nuez moscada), se trabaja y se amasa bien toda la pasta con el objeto de que quede bien mezclada y homogénea. Tapar con un paño y dejar reposar en lugar fresco por espacio de 24 horas, dándole vueltas de vez en cuando.

Elaboración

Al día siguiente, echar un poquito de carne en una sartén y sofreírla ligeramente. Probar la carne y sazonarla, si fuera necesario, hasta dar con el punto exacto. Lavar bien los intestinos y ponerlos a remojar durante 1-2 horas en agua fría previamente hervida con unas ramitas de hinojo. Sacar los intestinos del agua y envasar la masa en la tripa con una maquinilla especial para ello, formando piezas de 50 o 60 cm de largo. Atar los extremos con hilo de algodón, formando después una anilla. Pinchar cada una de las piezas con una aguja fina de coser para sacar el aire que contenga dentro cada pieza de longaniza. Colgarlas en lugar aireado y seco hasta su oreo definitivo. ¡Ojo!, las longanizas tienen que quedar envasadas un poco flojas. Tras su oreo se guardan en una tela limpia blanca.

Presentación

La longaniza se consume sola y cruda, pero también frita en tacos o guisada con huevos abiertos y espárragos silvestres, etc.

Nota

Con esta preparación se pueden elaborar unas riquísimas salchichas para niños. Solo que tendremos que cambiar el calibre del intestino de cerdo por otro más pequeño y atarlas cada diez centímetros.

Chocolate
CHOCOLATE
CHOCOLATE
CHOCOLATE

El chocolate *(Theobroma cacao)*

Origen

El chocolate se extrae de las semillas del árbol del cacao, llamado *Theobroma cacao*, nombre latino que significa «comida de los dioses». Este árbol, que crecía hacia el año 1000 a. C., en estado salvaje, en las selvas vírgenes del Amazonas, Yucatán y Guatemala, fue descubierto por los mayas y más tarde por los aztecas.

Entre los años 600-1500 los nativos celebraban grandes ceremonias anuales en su honor y sus granos eran ofrecidos como presente a los dioses. Sus semillas eran tan estimadas entre los mayas y aztecas que las utilizaban como moneda de cambio en las transacciones comerciales, y la nobleza convierte el extracto de cacao en una bebida mezclada con especias que llamaban *chocolat*.

En 1502, Colón conoció la existencia del cacao en Honduras, a través de un jefe indígena; este le obsequió con semillas de cacao, como forma de pago y tributo por su presencia. Un par de años más tarde fueron los mayas quienes ofrecieron a los conquistadores españoles el famoso *xocolati*, bebida a base de cacao con maíz molido, vainilla, pimienta, guindilla u otras especias.

En 1517, el emperador azteca Moctezuma ofrece al explorador español Hernán Cortés su bebida favorita, el *chocolat* quien tras probarlo dio la noticia al emperador Carlos V de esa bebida que consumían los indios y que tenía una acción beneficiosa contra la fatiga corporal. En 1520 se efectuó el primer envío de cacao a España y en 1528 Hernán Cortés vuelve a España con algunos granos de cacao y los utensilios necesarios para preparar la bebida de chocolate, instalándose enseguida fábricas para su elaboración con las semillas que se importaban de las Indias. En 1550 el cacao y el chocolate que de él se obtenía llegó a Inglaterra. En 1552 se inaugura la primera cafetería en Londres donde se podía escoger como bebida café, té o chocolate. En principio, el chocolate era una bebida de prestigio, solo para altos mandatarios, dado el elevado precio que tenía en el mercado el cacao.

Hacia el año 1600 el cardenal Richelieu popularizó el chocolate en París, si bien la popularidad y consumo llegó cuando se le agregó azúcar en su elaboración. En 1815 se consigue separar la manteca de cacao durante el proceso de producción resultando el cacao en polvo. Y en 1831 se empezó a fabricar chocolate a la taza y el cacao en el Reino Unido. En 1875 el suizo Henry Nestlé incorporó leche al chocolate y elaboró el primer chocolate con leche, impulsando el consumo del chocolate en el mundo y fundando una de las industrias más rentables de la historia. Entre 1920 y 1980 la industria chocolatera se centra principalmente en producir grandes cantidades de chocolate a bajo precio y en vender más (márketing). En 1985 marcas como Valrhona empiezan a comercializar un chocolate elaborado con granos de gran calidad y de regiones seleccionadas. Comienza la revolución. En 1989 Lindt lanza una tableta de chocolate con el 70% de cacao siendo la primera marca de supermercado en popularizar las proporciones de cacao. En 2004 Chuao, en Venezuela, se convierte en la primera región de cultivo de cacao protegida legalmente como productora de granos con denominación de origen. Ahora bien, solo el 5% de todo el cacao consumido al año se utiliza en la elaboración de barritas de chocolate de calidad.

Valor nutricional

El principal componente del chocolate es la semilla del cacao, que posee un contenido de carbohidratos alrededor del 45%. La manteca de cacao, materia que se encuentra de manera natural en los granos de cacao, tiene un contenido en grasa alrededor de un 24% siendo la mayor parte grasa insaturada, al igual que el aceite de oliva. El chocolate, además, es una buena fuente de minerales y vitaminas del grupo B y A.

Propiedades

El chocolate tiene un alto valor nutritivo y energético y aporta entre 450-600 calorías por cada 100 g según su composición: negro, blanco, con leche, con leche y frutos secos, etc.

Compra

Hoy en día contamos con una oferta importante de diferentes tipos de chocolates en el mercado. El chocolate en tableta se obtiene a partir de cacao en polvo mezclado con azúcar, en cantidad variable, más la adición de otros elementos o aromas: canela, vainilla, nuez moscada y frutos secos: almendras, avellanas etc. Otros tipos son chocolate con leche, blanco, chocolate fondant, de cobertura etc. Ahora bien, lo más importante en un chocolate es que sea de buena calidad. Esta va a estar en función de su menor contenido en azúcar y su mayor contenido en cacao que le confiere más finura. Un buen chocolate tiene que ser amargo, de color marrón claro, aspecto brillante y debe quebrarse fácilmente al romperlo.

Por el contrario, un chocolate de menor calidad se elabora con una mezcla de polvos de cacao (extraídos de la pasta de cacao pulverizada) y otras grasas vegetales que son un sustituto mucho más barato que la manteca de cacao. A ello se le añaden y mezclan otros ingredientes como el azúcar, la leche, la vainillina (no vainilla) y agentes emulsionantes como la lecitina. Todos ellos ingredientes de baja calidad, crudos y baratos. Se trata de semillas inferiores mezcladas con vainilla artificial y grasas vegetales asequibles. ¡Ojo!, empieza por leer los ingredientes que llevan tus tabletas de chocolate a la hora de la compra si quieres adquirir un buen chocolate.

Conservación

El chocolate, como emulsión seca, presenta una estructura frágil y bastante más inestable, ya que la manteca de cacao se funde en torno a los 30 °C. Por lo cual hay que tener presente el incremento de las temperaturas, siendo la ideal para su conservación de entre 12 y 20 °C por lo que el chocolate debe guardarse lejos de cualquier fuente de calor. También le perjudica el exceso de humedad, ya que esta deja una película blanca que no siempre resulta agradable, aunque no supone riesgo para la salud, además, pueden aparecer mohos sobre todo en otoño debido a la proliferación de hongos que le aporta un desagradable sabor a alcohol debido a la fermentación alcohólica. El chocolate debe conservarse en su envoltorio, alejado de potenciales emanaciones contaminantes (humo, quesos, etc), ya que absorbe fácilmente los olores debido a su elevado índice de manteca. Si no tiene el envoltorio aislante, conservarlo en un recipiente hermético puede ser una buena solución. En cuanto a su duración, el chocolate negro macizo se conserva un año; el chocolate con leche ocho meses, y los pralinés seis. Las ganaches y las trufas artesanales son productos frescos, sin conservantes añadidos, por lo que se conservan de tres a quince días a partir de su elaboración, estando su conservación en función de la nata y la manteca empleadas (crudas, pasteurizadas o esterilizadas). ¡Ojo!, en períodos de intenso calor con temperaturas próximas a los 30 °C cuando el chocolate empieza a fundirse, una solución óptima de conservación es la bandeja de las verduras del frigorífico. En este caso, es aconsejable introducir el chocolate en un recipiente de metal hermético o bien envolver la tableta o la caja en papel absorbente que neutralizará la humedad de la bandeja. El chocolate debe sacarse del frigorífico una hora antes de su consumo para que alcance una temperatura adecuada para la degustación (unos 20 °C).

Utilización

Sin duda, el chocolate tiene en la repostería la mayor parte de sus aplicaciones: bombones, tartas, mousse, flanes, helados, muselinas… etc.

El chocolate de cobertura es un chocolate fondant extraordinariamente rico en manteca de cacao. Cuando se calienta obtiene una fluidez, cualidad que le hace ser muy adecuado para recubrir la superficie de tartas y pasteles. Ojo a la hora de utilizar y templar el chocolate fondant, este tiene que fundirse al baño María y esperar a que se temple, no sobrepasando la temperatura de 32 °C porque se quemaría y se estropearía perdiendo parte de sus valores. Este chocolate se presenta en el mercado en distintos tipos: dulce, semiamargo, amargo, negro, con leche o blanco.

Trufas de chocolate y castañas

Ingredientes

- 200 g de chocolate de cobertura
- 300 g de crema de castañas dulce (véase receta de crema de castañas)
- 100 g de mantequilla
- Una pizca de vainilla
- Chocolate granulado
- 1 paquete de moldecitos de 2 cm de diámetro

Preparación

Cortar la mantequilla a trozos pequeños y reducirla a punto de pomada.

Elaboración

En un cazo de repostería se echan la cobertura de chocolate y la pizca de vainilla, se pone el cazo al baño María a fuego lento, removiendo con una espátula repostera hasta que la cobertura esté fundida. Añadir la mantequilla al chocolate y seguir dándole vueltas hasta conseguir incorporarla bien en el chocolate. ¡Ojo!, el agua del baño no debe hervir y la cobertura no debe pasar de 32 °C. Echar el puré de castañas cuando la mantequilla esté bien incorporada y unirlo al preparado anterior dándole vueltas y trabajando la pasta hasta obtener una crema muy fina y homogénea. Retirar el cazo del fuego y verter la pasta de trufa en un recipiente de cristal con tapa. Dejar enfriar a temperatura ambiente. Tapar y dejar reposar la pasta durante 24 horas en el frigorífico.

Modelado de las trufas

En un plato se pone chocolate granulado. Se saca la pasta de trufas de la nevera y con una cucharilla de café, se van cogiendo porciones pequeñas de pasta y se van formando bolitas, enrollando la pasta con las manos. Echar cada bolita sobre el chocolate granulado y hacerla rodar hasta que quede bien cubierta de fideos de chocolate. Colocar las trufas en un recipiente cerrado y mantenerlo en el frigorífico.

Presentación

Presentar las trufas recién sacadas del frigorífico en moldecitos de papel.

Trufas de chocolate

Ingredientes

- 100 g de chocolate de cobertura
- 100 g de mantequilla
- 50 g de azúcar glas
- 1 cucharada sopera y media de cacao amargo en polvo
- 1 cucharadita de ron moreno
- Una pizca de vainilla en polvo
- Cacao en polvo para cubrirlas
- Un paquete de moldecitos de 2 cm de diámetro

Preparación

Se mezcla el azúcar glas junto con el cacao en polvo. Cortar la mantequilla a trozos pequeños y reducirla a punto de pomada.

Elaboración

En un cazo de repostería se echan la cobertura de chocolate y la pizca de vainilla, se pone el cazo al baño María a fuego lento, removiendo con una espátula repostera hasta que la cobertura esté fundida. Añadir la mantequilla al chocolate y seguir dándole vueltas hasta conseguir incorporarla bien en el conjunto. ¡Ojo!, el agua del baño no debe hervir y la cobertura no debe pasar de 32 °C. Incorporar el azúcar y el cacao tamizados y seguir removiendo la pasta hasta unir bien los ingredientes y consigamos una crema uniforme. Añadir el ron y dar unas vueltas hasta incorporarlo al preparado y obtengamos una mezcla homogénea y compacta. Retirar el cazo del fuego, verter la pasta en un recipiente de cristal y dejar enfriar un poco a temperatura ambiente. Colocar la pasta tapada en el frigorífico en reposo durante 24 horas.

Modelado

En un plato se tamizan dos cucharadas soperas de cacao. Sacar la pasta de trufas de la nevera y con una cucharita de las de café se van cogiendo porciones pequeñas formando bolitas, enrollando la pasta con las manos. Hacer rodar cada bolita sobre el cacao en polvo hasta que las trufas queden bien cubiertas de cacao y colocar cada una en un moldecito de papel. Reservar en el frigorífico tapadas hasta el momento de ser consumidas.

Pastas de almendra bañadas de chocolate (moscovitas)

Ingredientes

- 100 g de azúcar glas
- 40 ml de agua mineral (4 cucharadas)
- 100 g de almendra picada granulada
- 40 g de nata espesa (4 cucharadas)
- Una pizca de vainilla en polvo
- 10 g de harina
- 120 g de chocolate de cobertura con leche
- Papel vegetal de horno

Preparación

Preparar una bandeja de horno con papel vegetal. Cortar el papel a la medida de la bandeja y colocarlo en el fondo. Pintar con una nuez de mantequilla, espolvorear con harina y dar la vuelta hacia abajo para que caiga la harina sobrante.

Elaboración

Poner el azúcar a hervir junto con los 40 ml de agua en un cazo a fuego medio. En cuanto el almíbar llegue al punto de ebullición se deja hervir hasta conseguir los 115°-118 °C alrededor de unos 6-8 minutos. Comprobar este punto vertiendo una gota de almíbar en un vaso de agua fría; la gota debe formar una bolita en el agua del vaso. Es decir, si echamos una gota de almíbar en un vaso con agua fría se percibe en el vaso una gota blanca, esto es el indicador de que se ha llegado a los 115 °C. Llegado a este punto introducir la almendra granulada en el almíbar. Hervir un minuto y enseguida incorporar la nata de leche y la vainilla. Dejar que hierva otro minuto más. Retirar el cazo del fuego y añadir la harina previamente tamizada fuera del fuego. Unir todos los ingredientes con una espátula y con movimientos envolventes suaves.

Encender el horno a 180 °C.

Elaboración de las moscovitas

Disponer encima de la bandeja preparada unos montoncitos de pasta con la ayuda de una cucharilla pequeña o manga pastelera con boquilla ancha, dejando unos centímetros de separación entre cada pastita. Aplastarlos con un tenedor pasado por agua fría. Meter las moscovitas a cocer en la parte media del horno precalentado durante unos 8 minutos hasta que se produzca la caramelización en los bordes. Sacar las pastitas del horno y dejarlas enfriar un poco. Despegar las moscovitas del papel en caliente y ponerlas a enfriar en una rejilla.

Elaboración del chocolate

En un cazo de repostería se echan la cobertura de chocolate y la pizca de vainilla y se pone el cazo al baño María a fuego lento. Remover el chocolate con una espátula repostera hasta que la cobertura esté fundida. ¡Ojo!, el agua del baño no debe hervir y la cobertura no debe pasar de 32 °C. Cuando la cobertura está lisa, templada y espesa pero, a su vez, un poco fundida, cubrir cada moscovita con una capa delgada y uniforme de chocolate con una espátula por la parte lisa. Dejar enfriar en un sitio fresco, hasta que se ponga duro el chocolate. Una vez frías, mantener en una lata metálica bien cerrada.

Nota

Si gusta más el perfume de naranja, se pueden aromatizar las moscovitas con piel de naranja rallada y unas gotas de zumo de naranja incorporado en el momento de añadir la nata.

Tiramisú tres texturas. Cocina italiana

Ingredientes para la plancha de bizcocho

3 huevos

60 g de harina

60 g de azúcar

1 cucharada sopera de agua

Composición

Se trata de una plancha de bizcocho bañada con almíbar al café y cubierta por una capa de mousse de queso, que a su vez, se cubre con otra capa de sabayón al perfume de vainilla. El tiramisú se termina con una plancha de bizcocho al café decorada por encima con cacao en polvo y láminas de chocolate negro.

Elaboración

Forrar un molde para horno rectangular con papel vegetal, engrasarlo ligeramente y espolvorearlo con harina, dándole la vuelta para que caiga la que sobra.

Separar las yemas de las claras y colocarlas en dos boles distintos. Trabajar las yemas junto con 40 g de azúcar hasta conseguir que el azúcar se haya disuelto y la crema tenga un color amarillo pálido.

Batir las claras a punto de nieve con una pizca de sal. Cuando estén bien firmes incorporarles los 20 g de azúcar restantes y batir enérgicamente para unir bien el azúcar con el punto de nieve, evitando que bajen las claras.

Incorporar a la crema de las yemas las claras a punto de nieve y la harina tamizada, ambas a la vez y poco a poco, y con movimientos envolventes suaves y suma delicadeza se va uniendo a la crema con una espátula, nunca un batidor, claras, yemas y harina hasta conseguir una crema homogénea. ¡Ojo!, no batir la pasta.

Se echa la crema en el molde que tenemos preparado de antemano y se mete a cocer al horno en la parte media, previamente precalentado a 180 °C, unos 10-15 minutos, vigilando hasta que el bizcocho esté ligeramente dorado. Sacar el molde del horno y dejar la plancha de bizcocho enfriar en rejilla.

Ingredientes para el almíbar al café

100 ml de agua

40 g de azúcar

2 g de café

Unas gotas de vino blanco seco, Armagnac o ron

Unas gotas de limón

Elaboración

En un cazo se echan el agua y el café y se pone al fuego, y en cuanto el agua levante el hervor se retira el cazo del fuego, se tapa y se deja el café reposar en infusión unos tres minutos. Colar y añadirle el azúcar. Una vez frío se le añade el perfume elegido: ron, Armagnac o vino blanco. Reservar hasta el momento de bañar la plancha de bizcocho.

Ingredientes para el sabayón al perfume de vainilla

3 yemas de huevo

150 ml de vino blanco seco (Marsala)

100 g de azúcar

¼ de vaina de vainilla como perfume

Preparación

Separar las yemas de las claras reservando estas para otra preparación. Echar las yemas en un bol junto con el azúcar. Trabajar ambos ingredientes hasta conseguir que el azúcar se haya disuelto y la crema resultante tenga un color amarillo pálido. Incorporar el vino y unirlo a la preparación. Añadir la vaina de vainilla.

Elaboración

En un cazo se echa la preparación y se pone a cocer a fuego lento al baño María sin dejar de mover el preparado con una cuchara repostera y llegando al fondo del cazo, hasta que la crema resultante forme una película fina en la cuchara y tenga una textura semejante a unas natillas. ¡Ojo!, esta crema no debe llegar a hervir ya que se cortaría (véase la receta de natillas). Retirar la crema del baño María, taparla y reservarla hasta el momento de ser utilizada. En el caso de que la crema no se vaya a utilizar de inmediato, habrá que rociarla por encima con una cucharadita de vino (igual que el utilizado en la elaboración de la crema) para evitar que se forme una película en su superficie.

Ingredientes para la crema de tiramisú

250 g de queso mascarpone

65 g de azúcar

25 ml de agua (2,5 cucharadas)

Piel rallada de corteza de limón ecológico como perfume

Preparación

Lavar y cepillar la corteza de limón.

Elaboración

En un cazo se echa el agua, el azúcar y la piel rallada de limón. Se pone al fuego y en cuanto el agua levante el hervor se deja que hierva, justo un minuto. Retirar el cazo del fuego, taparlo y dejarlo reposar en infusión hasta que enfríe. Colarlo y reservarlo. Mientras tanto, batir el queso con la batidora hasta que resulte una crema semimontada. Incorporar el almíbar a la crema batida, poco a poco, hasta conseguir una crema homogénea. Reservarla hasta el momento de montar el dulce.

Montaje del tiramisú

Cortar la plancha de bizcocho en dos partes iguales y bañarlas con el almíbar al café por una cara solamente, vertiendo el almíbar con una cuchara suavemente y poco a poco para evitar impregnar excesivamente el bizcocho y que llegue a romperse. Colocar una de las partes con sumo cuidado sobre un molde rectangular y proporcional a la medida del bizcocho (ligeramente engrasado con aceite) y cubrir con una capa de espuma de queso. Colocar encima otra capa de sabayón y cerrar el pastel con la otra mitad de la plancha de bizcocho bañado con almíbar al café. Dejar enfriar en el frigorífico entre 4-5 horas antes de ser consumido.

Presentar el pastel recién sacado del frigorífico y decorarlo, en el momento de servirlo, con cacao en polvo y láminas de chocolate negro.

Galletas bañadas de chocolate

Ingredientes

1 huevo

125 g de azúcar

75 ml de aceite de oliva virgen extra de 0,2° de acidez

250 g de harina

75 g de chocolate negro de cobertura

1 sobre doble de gasificante El Tigre sin endulzar o en su defecto 1 g de bicarbonato sódico

La corteza rallada de un limón biológico

1 cucharada sopera de zumo de limón

Preparación

Lavar el limón, rallar la piel y reservarlo. Tamizar la harina en un bol y hacer un hueco en el centro, como si fuera un volcán. Untar con aceite una lata o bandeja para horno y espolvorearla ligeramente de harina dando la vuelta para que suelte la harina que le sobra.

Elaboración

Poner en un bol el huevo y batirlo como para tortilla. Incorporarle el zumo de limón y mezclarlo un poco. Añadir el azúcar, la piel rallada de limón, el gasificante y batir la preparación con energía hasta que el azúcar esté bien incorporado. Echar el aceite y mezclarlo en la pasta sin batirlo.

Echar la pasta del huevo en el centro del volcán de la harina y con una espátula se va atrayendo la harina hacia el centro de la pasta, sin amasarla, uniendo bien los ingredientes hasta conseguir una pasta homogénea y blandita, pero que no se pegue a las manos. Enharinar las manos para trabajar la masa y que no se pegue, y recogerla en una bola. Añadir más harina si fuera necesario. ¡Ojo!, la masa debe quedar blandita ya que si la masa está dura las galletas resultantes lo estarán a su vez. Precalentar el horno a 180 °C.

Modelado de las galletas

Espolvorear la mesa de trabajo con harina. Extender la masa encima y estirarla con el rodillo hasta conseguir un espesor de 7-10 mm. Cortar tiras de 3 cm de ancho por 6 cm de largo y sobre cada tira hacer un dibujo en forma de surcos paralelos con la punta de un tenedor, o bien, cortar redondeles de 6 cm de diámetro con un molde. Depositar las galletas en la bandeja de horno preparada. Meter en el horno precalentado y hornearlas hasta que las galletas están ligeramente rubias, de 10 a 15 minutos. Sacarlas del horno, retirarlas de la bandeja y dejarlas enfriar en rejilla.

Elaboración del glaseado del chocolate

En un cazo se echa la cobertura de chocolate y se pone al baño María, a fuego lento. Remover el chocolate con una espátula repostera hasta que la cobertura esté fundida. ¡Ojo!, el agua del baño no debe hervir y la cobertura no debe pasar de 32 °C.

Cuando la cobertura está lisa, templada y espesa, pero a su vez, un poco fundida, cubrir por arriba la mitad de cada una de las galletas con una capa delgada y uniforme de chocolate con una espátula o pincel. Dejar enfriar en un sitio fresco, hasta que el chocolate se solidifique. Una vez frías las galletas hay que conservarlas en una lata metálica bien cerrada.

Helado mantecado al chocolate

Ingredientes para la crema

1 litro de leche entera ecológica

8 yemas de huevo

150 g de azúcar

200 g de chocolate negro de 64%-70% de pureza según gustos

¼ de vaina de vainilla (optativo)

Preparación

Partir el chocolate en trozos y reservarlo. Limpiar los huevos y separar las claras de las yemas. Reservarlas por separado. Las claras no se utilizan en esta preparación. Reservarlas en un tarro de cristal, bien tapado, para la elaboración de otra receta. Echar las yemas y el azúcar en un bol y batirlo hasta que la mezcla se vuelva más pálida y esponjosa.

Elaboración

Echar el chocolate y unas cucharadas de leche en un cazo y ponerlo a fuego lento. Darle vueltas con una espátula hasta que esté fundido. Añadirle, poco a poco, la leche restante y disolver bien el chocolate en la leche. Llevar el chocolate al punto de ebullición y dejarlo hervir solo unos minutos a fuego lento; retirar enseguida el cazo del fuego y reservarlo unos minutos para que el chocolate pierda un poco de calor antes de introducirlo en las yemas.

Echar el chocolate caliente encima de las yemas, poco a poco, sin dejar de remover con una cuchara. ¡Ojo!, no introducir el chocolate hirviendo ya que se cortarían las yemas. Unir bien la preparación hasta que esté todo el chocolate incorporado. Verter la crema en un recipiente repostero y ponerlo al baño María a fuego suave removiendo la crema sin cesar con una cuchara, siempre en el mismo sentido de giro para que no se corte la crema. Cuando al sacar la cuchara de la crema se percibe que esta se cubre de una capa delgada aterciopelada y además desaparece la espuma de la superficie, retirar de inmediato el recipiente del agua del baño María. La crema debe estar en un punto de espesor medio. ¡Ojo!, la crema tiene un punto muy crítico en donde si lo pasamos se corta. Hecho que suele ocurrir con frecuencia si no se tiene práctica, por lo cual hay que estar muy atentos para que la crema en ningún momento del proceso llegue al punto de ebullición. Pasar la crema por un colador vertiéndola en un recipiente de cristal. Remover la crema con frecuencia hasta que esté fría para evitar que se forme nata en la superficie. Poner la crema bien fría en la heladora eléctrica hasta que el helado haya cuajado o, en su defecto, depositarlo en un molde de cristal tapado y meter en el congelador del frigorífico. Mover con frecuencia para evitar que se formen cristales hasta que la crema haya tomado consistencia. Bien trabado el helado y en su punto no remover más.

Un poco antes de servir el helado, sacarlo del congelador para que tenga una consistencia más suave.

Presentación

Servir el helado en copas de cristal colocando dos bolas en cada copa acompañado de pastas de almendra. (Véase receta.)

Nota

Podemos formar las bolas bien con un aparato especial que existe para ello, o en su defecto, con una cuchara sopera.

Chocolate a la taza a la francesa

Ingredientes (5 personas)

½ l de leche entera

100 g de chocolate negro entre 63%-70% de pureza

25 g de chocolate con leche

10 g de almidón de maíz (maicena)

25 g de azúcar

Una pizca de vainilla molida para aromatizar el chocolate

Una pizca de sal

Utensilios utilizados

Un batidor de mano de varillas y si es posible en espiral

Una cacerola alta

Preparación

Cortar las dos clases de chocolate en pedacitos pequeños y reservarlos en un bol (el chocolate no se debe rallar ya que al rasparlo se precipita demasiado pronto al fondo del recipiente utilizado perdiendo su parte mantecosa). Echar en un bol 100 ml de leche, reservando los 400 ml restantes y disolver los 10 g de maicena, previamente pasada por un colador y removerlo bien con una espátula para evitar que se formen grumos.

Elaboración

Se echan los 400 ml de leche reservados anteriormente, el azúcar y la pizca de sal en una cacerola de repostería alta y se pone a hervir a fuego medio. En cuanto el agua levante el hervor, se incorpora la maicena bien disuelta sin grumos y se va dando vueltas con el batidor de mano, sin parar. Cuando la leche vuelve a hervir de nuevo, se retira la cacerola del fuego y se le añade la picada de chocolates reservada. Batir enérgicamente con el batidor hasta incorporar el chocolate en la leche.

Volver a poner la cacerola al fuego, bajando la intensidad del mismo. Dejar hervir el chocolate a fuego suave durante 15 minutos, removiendo sin cesar con el batidor siempre en el mismo sentido de giro. ¡Ojo!, hay que llegar bien al fondo de la cacerola para evitar que el chocolate se pegue ya que esto suele ocurrir con facilidad, si no se está al tanto, transmitiendo al chocolate mal sabor.

Unos minutos antes de finalizar la cocción, cuando el chocolate ha tomado consistencia y ha perdido sabor la maicena, se perfuma con la pizca de vainilla, incorporándola al chocolate en el último momento.

Retirar la cacerola del fuego y servir el chocolate enseguida en tazas grandes. Se vierte desde cierta altura para que resulte espumoso.

Servir el chocolate acompañado de brioches, pan tostado con mantequilla, cruasanes o bizcochos.

El chocolate a la francesa resulta exquisito si se coloca encima de cada taza un copo de crema Chantilly. Siempre es más suave de sabor que el chocolate a la española pero su textura es más densa.

Nota

El popular chocolate a la taza no tiene una fórmula única, a los que les gusta más fuerte su sabor utilizarán agua y chocolate negro con 70% de pureza, los que prefieran el chocolate más suave utilizarán leche y chocolate negro con 63% de pureza. Para los que les resulte esta fórmula un chocolate demasiado espeso podrán reducir la maicena a la mitad, cinco gramos y conseguirán un chocolate con menos consistencia, sobre todo si utilizamos leche. Para los más golosos, hay que servirlo acompañado de azúcar aparte para que cada cual lo añada hasta ponerlo a su gusto.

Si hacemos chocolate a la taza para niños, utilizaremos en su elaboración leche y chocolate negro con 63% de pureza. Así pues, cada uno elegirá la fórmula adecuada en función de su gusto.

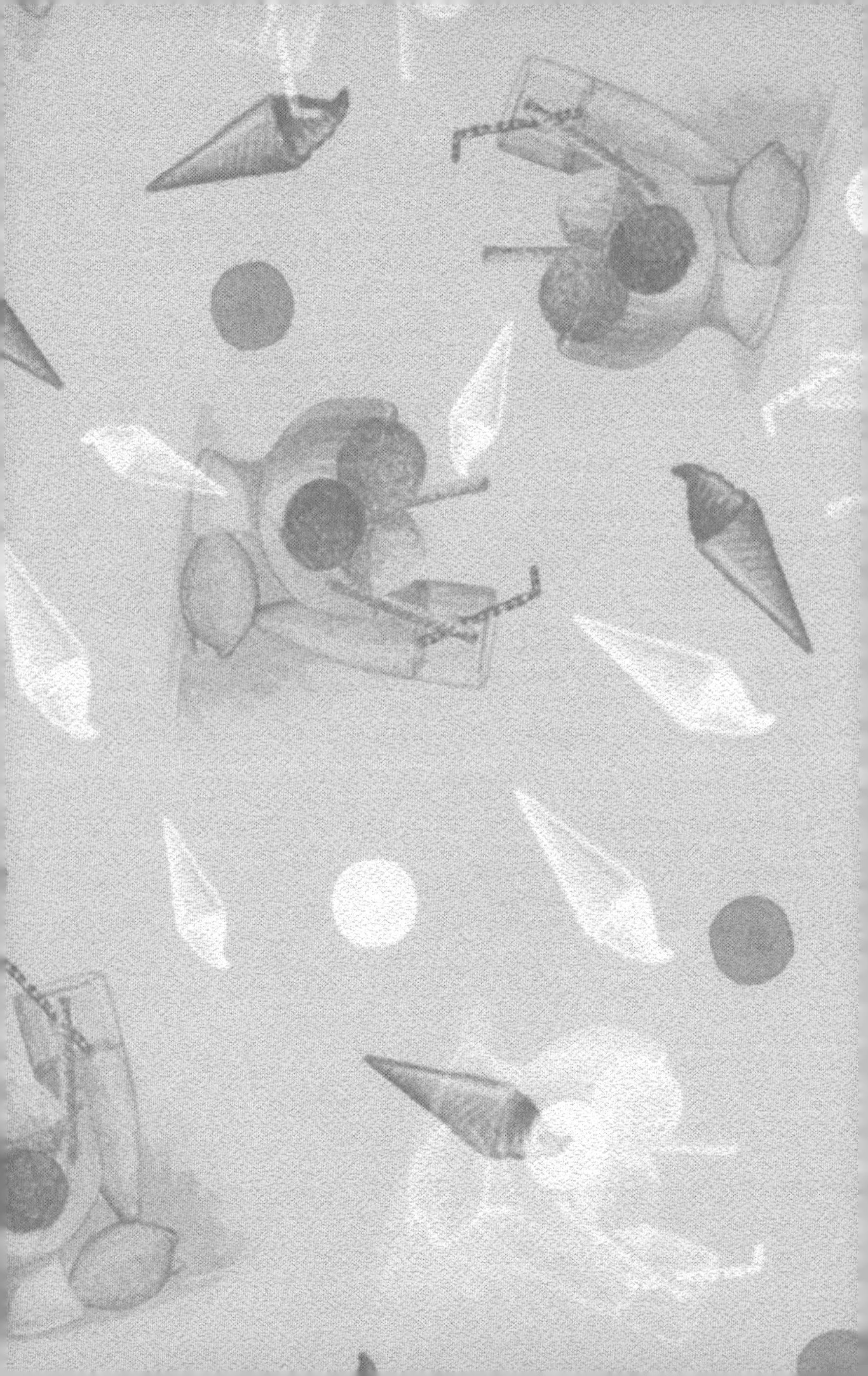

Helados y sorbetes

Al parecer, el origen del helado está en China. Tenemos constancia de ello en textos muy antiguos de su cocina. La técnica del helado, como la del sorbete, pasó a la India y después a Persia, donde se sabe que en el siglo VI se hacían helados de esencia de rosas y de otros frutos. Los árabes, en la corte refinada de los califas de Bagdad, ya los elaboraban, haciendo referencia en las páginas de *Las mil y una noches.*

Crema helada con melocotones en almíbar y salsa de moras al licor

Ingredientes para la crema

- ½ litro de leche entera ecológica
- 5 yemas de huevo
- 150 g de azúcar
- ½ vaina de vainilla

Para la guarnición

- 1,5 kg de melocotones de Calanda, amarillos de carne firme
- 300 g de azúcar
- 750 ml de agua mineral
- ½ vaina de vainilla

Para la salsa

- 125 g de mermelada de moras (véase la receta de Mermelada de moras)
- 20 ml de agua mineral (2 cucharadas)
- 5 ml de zumo de limón (una cucharadita)
- 20 ml de licor de mora (2 cucharadas) opcional

Preparación de la crema

Lavar los huevos, secarlos y separar las yemas de las claras, reservando estas para otra preparación. Trabajar las yemas con el azúcar, hasta que la mezcla se vuelva más clara y esponjosa.

Elaboración

Poner a hervir la leche en un cazo junto con la vaina de vainilla partida por la mitad. En cuanto la leche llegue al punto de ebullición retirarla del fuego, taparla y reservarla un poco. Echar la leche caliente, (¡ojo!, no hirviendo) encima de las yemas y el azúcar y, sin dejar de removerlo, unir bien la preparación. Se pone la crema al baño María y se va dando vueltas con una cuchara, removiendo sin cesar siempre en el mismo sentido de giro y llegando bien al fondo del recipiente para que la crema no se corte. ¡Ojo!, la crema en ningún momento debe llegar a hervir. (Seguir el mismo procedimiento que en la receta de helado mantecado.) Retirar la crema del baño María, pasarla por un colador y dejarla enfriar en un recipiente de cristal, removiendo con frecuencia hasta que esté fría para evitar que se forme nata en la superficie. Reservar la crema tapada en el frigorífico hasta que esté bien fría. Poner la crema muy fría en la heladora, o en su defecto depositarla en un recipiente vidriado que soporte el frío, y meterlo en el congelador del frigorífico. Mover el helado con frecuencia para evitar que se formen cristales, hasta que haya tomado consistencia. Bien trabado el helado y en su punto, no removerlo más. Reservarlo en el congelador hasta el momento de ser consumido.

Preparación de la compota

Lavar y pelar los melocotones, partirlos por la mitad y sacarles el hueso.

Elaboración del almíbar

En una cazuela para repostería echar el azúcar, el agua y la vainilla, partida por la mitad. Ponerla a fuego lento y cuando el agua llegue al punto de ebullición meter los melocotones, tapar la cazuela y cocerlos a fuego muy lento, hasta que los melocotones estén tiernos pero a su vez enteros. Retirar la cazuela del fuego y poner los melocotones en un bol, vertiendo el jarabe por encima. Dejarlos enfriar y reservarlos tapados en el frigorífico, hasta el momento de ser utilizados.

Nota

Si no estamos en temporada de melocotón fresco, se puede sustituir la compota por melocotones en almíbar.

Elaboración de la salsa de moras

Echar la mermelada, el agua y el zumo de limón en un cazo repostero. Ponerlo al fuego y llevarlo al punto de ebullición. Hervirlo a fuego lento solo 1-2 minutos, remover la salsa hasta que esté uniforme. Retirar el cazo del fuego, dejar enfriar un poco y añadir el licor. Incorporar el licor en la salsa y reservarla hasta el momento de ser utilizada.

Presentación

Presentar el helado acompañado de la compota de melocotones bien escurridos, vertiendo por encima la salsa de moras al licor.

Helado mantecado con cerezas al vino tinto

Ingredientes para el helado

½ litro de leche entera ecológica

5 yemas de huevo

150 g de azúcar

½ barrita pequeña de canela en rama

La piel de medio limón

para la compota

500 g de cerezas de carne firme

150 g de azúcar

1 botella de vino tinto Somontano pinot noir

½ barrita de canela en caña

La piel de medio limón

Preparación del helado

Lavar los huevos, secarlos y separar las yemas de las claras, reservando estas para otra preparación. Trabajar las yemas con el azúcar hasta que la mezcla se vuelva más clara y esponjosa. Lavar el limón.

Elaboración

Poner a hervir la leche en un cazo repostero junto con la barrita de canela en rama y la piel de limón. En cuanto la leche llegue al punto de ebullición retirarla del fuego, taparla y reservarla. Echar la leche caliente (¡ojo!, no hirviendo) encima de las yemas y el azúcar, y sin dejar de removerlo, unir bien la preparación. Se pone la crema al baño María y se va dando vueltas con una cuchara, removiendo sin cesar siempre en el mismo sentido de giro y llegando bien al fondo del recipiente para que la crema no se corte. ¡Ojo!, la crema en ningún momento debe llegar a hervir. (Seguir el mismo procedimiento de la receta de helado mantecado.) Retirar la crema del baño María, pasarla por un colador y dejarla enfriar en un recipiente de cristal, removiendo con frecuencia hasta que esté fría para evitar que se forme nata en la superficie. Reservar la crema tapada en el frigorífico hasta que esté bien fría. Poner la crema muy fría en heladora o, en su defecto, depositarla en un recipiente vidriado que soporte el frío y meterlo en el congelador del frigorífico. Mover el helado con frecuencia para evitar que se formen cristales hasta que haya tomado consistencia. Bien trabado el helado y en su punto, no removerlo más. Reservarlo en el congelador hasta el momento de ser consumido.

Preparación de la compota de cerezas

Lavar y quitar las semillas a las cerezas.

Elaboración de la compota

En una cazuela para repostería, echar el vino junto con el azúcar, la canela y la piel de limón. Poner la cazuela a fuego lento y cuando el vino llegue al punto de ebullición hervirlo hasta que el vino se haya reducido a la mitad. Incorporar las cerezas en el almíbar y dejarlas hervir solamente dos minutos. Retirar la cazuela del fuego y colocar las cerezas en un recipiente de cristal con tapa. Verter el vino por encima, dejarlo enfriar y reservar.

Presentación

Servir el helado en recipientes individuales, acompañado de la compota templada. Cubrir por encima con el almíbar.

Blanco y negro. Leche helada combinada con un granizado de café

Ingredientes

- 1 litro de leche entera de producción ecológica
- 250 g de azúcar
- Una barrita de canela en rama
- 2 tiras de piel de limón ecológico (solo la superficie amarilla)
- Canela en polvo para espolvorear por encima

Preparación

Lavar el limón. En un recipiente —solo para repostería— disolver el azúcar en la leche, para ello daremos unos cuantas vueltas hasta que se haya disuelto el azúcar en la leche. Añadirle la barrita de canela y las dos tiras de piel de limón. ¡Ojo!, es importante disolver bien el azúcar en la leche antes de ponerla a hervir al fuego.

Elaboración

Poner el recipiente a fuego lento, remover la leche con frecuencia hasta llegar al punto de ebullición. Retirar el recipiente del fuego, tapar la leche hasta que esté fría para evitar que se forme nata en la superficie. Pasar la leche por un colador fino y ponerla a helar, bien a través de una heladora o en su defecto en un recipiente vidriado con tapa en el congelador. Mover con frecuencia la preparación, para evitar que se formen cristales al helarse hasta que la leche haya tomado consistencia. Bien trabada la leche y en su punto, no removerla más.

Presentación

Servir en copas individuales combinando una bola de leche helada con otra de granizado de café.

Nota

Si solo queremos consumir la leche helada, servir esta en copas individuales, formando pirámide y espolvoreando por encima canela en polvo.

Horchata de chufas helada

Ingredientes

250 g de chufas

200 g de azúcar moreno

1 litro de agua mineral

Un trocito de piel de limón

½ barrita de canela en rama

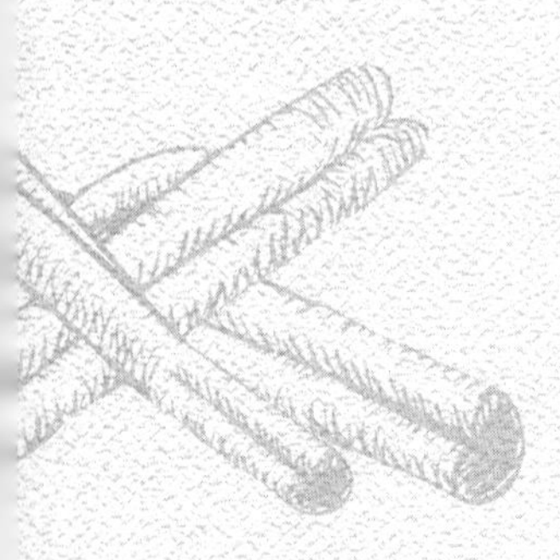

Preparación

Limpiar las chufas quitando las defectuosas. Ponerlas a remojo en agua durante 12-14 horas. Enjuagarlas y volverlas a elegir. Lavarlas bien de nuevo, cambiando el agua las veces necesarias hasta que salga completamente limpia. Escurrirlas y triturarlas con la batidora de mano en varias veces junto con la mitad del agua hasta dejarlas en una pasta fina y lechosa. Dejar reposar el preparado unas dos horas en el frigorífico. Mientras tanto, disolver el azúcar en el resto del agua, removiendo bien hasta que se haya disuelto por completo. Añadir unos trocitos de piel de limón, la barrita de canela y reservar la preparación. Pasadas 2-3 horas filtrar la leche de chufas, primero pasarla por el chino poniendo poca cantidad cada vez y apretando bien la pasta para extraer todo el jugo. Después debe pasarse el concentrado de chufa por un colador metálico bien tupido. Pasarlo las veces necesarias hasta conseguir un líquido de aspecto lechoso y sin restos sólidos. Añadirle el agua donde tenemos el azúcar disuelto y unir bien el preparado, removiéndolo hasta que el azúcar esté completamente disuelto y obtengamos una leche densa. Meter en el congelador del frigorífico.

Presentación

Servir la horchata en vasos de cristal largos e individuales.

Nota

La horchata se toma muy fría, acompañada de tortas de moño (véase receta de tortas de moño).

Sorbete al cava

Ingredientes para el granizado de naranja

- 300 ml de zumo de naranja, la piel de tres de estas rallada
- 750 ml de agua
- 200 g de azúcar

Para el granizado de limón

- 60 ml de zumo de limón, la piel de un limón rallado
- 250 ml de agua mineral
- 100 g de azúcar
- 100 ml de Grand Marnier
- 100 ml de Armagnac
- 1 botella de cava Raimat muy frío

Preparación del granizado de naranja

Lavar las naranjas con agua y frotarles la piel con un cepillo. Rallar la piel de tres de ellas y echarla en un cazo junto con 200 ml de agua. Poner el cazo al fuego y llevar el agua al punto de ebullición. Hervir la ralladura despacito durante solo un minuto. Retirar el cazo del fuego, taparlo y dejarlo en infusión hasta que enfríe. Una vez frío, colar la infusión y reservarla. Por otra parte, se exprime el zumo de las naranjas hasta conseguir los 300 ml de jugo, se cuela echándolo a un recipiente de cristal y se le añade los 200 g de azúcar. Remover hasta que el azúcar se haya disuelto por completo en el zumo. Añadirle la infusión reservada junto con 550 ml de agua. Mezclar bien el conjunto y reservarlo.

Preparación del granizado de limón

Lavar los limones con agua y frotar la piel con un cepillo. Rallar la piel de un limón y echarla en un cazo junto con 100 ml de agua. Poner el cazo al fuego y llevar el agua al punto de ebullición. Hervir la ralladura despacito durante solo un minuto. Retirar el cazo del fuego, taparlo y dejarlo en infusión hasta que enfríe. Una vez fría la infusión, colarla y reservarla. Por otra parte, se exprime el zumo de limón hasta conseguir los 60 ml de zumo, se cuela echándolo a un recipiente de cristal y se le añade los 100 g de azúcar. Remover hasta que el azúcar se haya disuelto por completo en el zumo. Añadirle la infusión reservada junto con 150 ml de agua. Mezclar bien el conjunto y reservarlo.

Granizar en heladora ambos preparados por separado o, en su defecto, poner estos en moldes individuales y meterlos en el congelador del frigorífico. Mover con frecuencia la mezcla hasta obtener una especie de nieve densa. Cuando esté en su punto no remover más. Justo en el momento de servir el sorbete mezclar los granizados, añadir los licores, remover el conjunto y por último, añadirle el cava muy frío.

Presentación

Servir el sorbete en copas de cristal anchas.

Sorbete de piña con macedonia de frutas al cava

Ingredientes para el sorbete

200 ml de zumo de piña fresca

100 ml de zumo de limón ecológico

200 ml de zumo de naranja ecológico

400 ml de vino blanco Somontano gewürztraminer

250 g de azúcar

Para la guarnición

Una piña en su punto óptimo de madurez

200 g de peras

200 g de fresas

200 g de cerezas

150 g de plátanos

200 g de melocotones

200 g de naranjas

Azúcar al gusto

Dos copas de cava Raimat chardonnay

Preparación del sorbete

Lavar las naranjas y limones. Exprimir las naranjas hasta conseguir los 200 ml de zumo necesario. Exprimir los limones hasta conseguir los 100 ml de zumo necesario. Limpiar bien la piña y extraer el zumo hasta conseguir los 200 ml necesarios. En un bol poner el zumo de las tres frutas, añadirle el azúcar, removerlo con frecuencia hasta que se haya disuelto en los zumos por completo. Añadir el vino, mezclarlo bien y poner los zumos a granizar en la heladora o, en su defecto, ponerlo en un recipiente vidriado que soporte el frío y meterlo tapado en el congelador del frigorífico. Mover la preparación con frecuencia para evitar que se formen cristales al helarse, hasta conseguir una especie de nieve densa y los zumos hayan tomado consistencia. Cuando esté en su punto, no removerlo más y reservar el sorbete en el congelador hasta el momento de ser consumido.

Preparación de la macedonia

Limpiar y lavar todas las frutas; lavar y quitar las semillas a las cerezas, limpiar las fresas lavándolas muy bien al chorro de agua, tenerlas en esta el menor tiempo posible. Pelar y partir los plátanos en rodajitas. Lavar y pelar los melocotones, peras, naranjas, piña y partirlos en trocitos regulares. Colocar todas las frutas en una fuente o frutero de cristal y añadirles azúcar más o menos al gusto y verter sobre estas las dos copas de cava muy frío. Dejar las frutas en maceración al menos dos horas con el recipiente tapado dentro del frigorífico.

Presentación

Presentar la macedonia en cuencos individuales, cubierta con el sorbete de piña.

Tartas, cremas, pastas y mermeladas

En la mayoría de los pueblos y ciudades de todo el mundo la repostería va unida, en general, a celebraciones de todo tipo. Tradicionalmente se preparaban unos dulces determinados en función de las fechas del santoral o en determinadas épocas del año.

Los dulces en la Antigüedad probablemente fueron simples tortas endulzadas con miel y frutas, aromatizadas con especias. Los egipcios, descubridores de la fabricación del pan con levadura, es probable que elaboraran los primeros pasteles. En los banquetes atenienses y festines de los romanos, los dulces y confituras abundaban en sus mesas. La repostería bizantina tuvo un gran prestigio a través de sus grandes maestros dulceros y artesanos de las golosinas perfumadas, de estos aprendieron los recetarios árabes. En un manuscrito anónimo de cocina hispanomagrebí del siglo XIII, se encuentran numerosas recetas de dulces, figuras revestidas de azúcar, rosquillas, jarabes de frutas, que bien seguro colmarían los deseos de los más golosos.

En la celebración de la Pascua ortodoxa los conventos de los monjes rivalizaban en la confección de dulces tras el duro período de ayuno.

Hoy en día, en nuestro país, los dulces de convento se siguen manteniendo tradicionalmente.

Almendras garrapiñadas

Ingredientes

250 g de almendras sin cáscara, pero con la piel interior sin tostar

250 g de azúcar moreno

75 ml de agua

Una pizca de vainilla o canela en polvo

Elaboración

Echar el azúcar, el agua y la vainilla en una sartén de fondo grueso y ponerla a fuego medio. Mezclar todos los ingredientes y llevar al punto de ebullición. En cuanto el almíbar empiece a hervir y bien disuelto el azúcar, se echan las almendras y se les da una vuelta. Hervir las almendras sin removerlas y sin tocarlas, pero con cuidado para que no se quemen, hasta que empiezan a crujir dos o tres veces. ¡Ojo!, hay que estar muy atentos a este momento, entonces se retira la sartén del fuego y se va removiendo el conjunto con una espátula hasta que el azúcar se vuelve como una especie de arena. Volver a poner la sartén a fuego bajo y remover las almendras hasta que se cubran de grumos y garrapiñas, dando vueltas para que las almendras vayan tomando las garrapiñas por igual. Retirar la sartén del fuego, verter el contenido sobre una fuente amplia y dejar enfriar.

Nota

Las almendras garrapiñadas se conservan muy bien en un bote de cristal bien cerrado.

Arroz con leche

Ingredientes

1 litro de leche entera

100 g de arroz Bomba

100 ml de agua

125 g de azúcar

Canela en rama y en polvo

La piel de medio limón ecológico (solo la parte amarilla)

Una pizca de sal

Elaboración

En un cazo se echan los 100 ml de agua, se arrima al fuego y se lleva el agua al punto de ebullición. Se echa el arroz, una pizca de sal y se deja cocer el arroz durante unos cinco minutos a fuego moderado o hasta que el agua se haya absorbido por completo en el arroz. Retirar el cazo del fuego. Mientras tanto cuece el arroz, en otro cazo se echa la leche junto con una barrita de canela y la piel de limón. Poner el cazo al fuego y en cuanto la leche rompa a hervir añadir el arroz al que previamente hemos dado un hervor y se deja cocer a fuego muy suave durante unos 50 minutos. Remover el arroz con frecuencia y con mucho cuidado para no romper los granos, llegando bien hasta el fondo del cazo para evitar que el arroz se pegue en él. Transcurridos los 50 minutos, retirar la rama de canela y la corteza de limón e incorporar el azúcar, dar unas vueltas y seguir cociendo el arroz cinco minutos más, sin dejar de remover hasta que el arroz tenga su punto óptimo. Retirar el cazo del fuego y pasar a una fuente o a recipientes individuales. Dejar que se enfríe, taparlo y reservarlo en el frigorífico.

Presentación

A la hora de presentar el arroz en la mesa, justo en el momento de servirlo espolvorear con canela en polvo y azúcar.

Buñuelos de viento

Ingredientes

4 o 5 huevos (según su tamaño) medir su capacidad, que no debe sobrepasar un cuarto de litro

150 g de harina

125 ml de leche entera

125 de agua mineral

50 ml de aceite de oliva virgen extra

Un pellizco de sal

2 cucharadas de azúcar

La piel de medio limón

Aceite de oliva para la fritura

Azúcar glas y canela en polvo para espolvorear los buñuelos

Elaboración

Echar en un cazo el aceite, la leche, el agua, la sal, el azúcar y la piel de limón. Poner el cazo a fuego medio y en cuanto la mezcla hierva a borbotones retirar el cazo del fuego, sacar la piel de limón y echar de un solo golpe la harina. Removerla con una espátula, dando vueltas siempre en el mismo sentido de giro hasta que la masa resulte muy fina y no tenga grumos. Volver a poner el cazo a fuego lento, removiendo la masa lentamente y sin cesar para que no se pegue en el fondo, hasta conseguir una masa arenosa en el fondo de la cacerola. Retirar la cazuela del fuego y dejar enfriar la pasta un poco sin parar de removerla. Incorporar a la masa los huevos de uno en uno y poco a poco, sin dejar de remover cada vez que se incorpore uno. La masa debe absorber cada huevo antes de añadir el siguiente. Batirla sin parar y trabajarla bien hasta que desaparezcan los grumos. Cuanto más batida esté la masa, mejor saldrán los buñuelos. En su punto, la masa tiene que quedar lisa pero no líquida, se retira del fuego y se deja reposar un poco.

Modelado de los buñuelos

Echar aceite abundante en una sartén honda (los buñuelos deben flotar) y ponerla al fuego a una temperatura no demasiado alta para que los buñuelos suban más (véase normas de fritura). Se van echando pequeñas porciones de masa (tamaño nuez) en la sartén, con una cuchara engrasada en aceite, empujando la masa con el dedo y dejándola caer suavemente en el aceite. Freír los buñuelos hasta que estén dorados, sacarlos del aceite con una espumadera y dejarlos escurrir sobre papel absorbente de cocina. Se fríen varios a la vez.

Presentación

Servir los buñuelos bien calientes espolvoreados con azúcar glas y canela en polvo.

Nota

El aceite no debe calentarse demasiado porque los buñuelos se doran demasiado por fuera y quedan crudos por dentro.

Leche frita

Ingredientes

- ½ litro de leche entera ecológica
- 120 g de azúcar molido
- 4 yemas de huevo
- 50 g de harina
- Dos trocitos de piel de limón
- ½ barrita de canela en rama
- Azúcar glas y canela en polvo para espolvorear (dos partes de azúcar y una parte de canela)
- Huevo y harina para rebozar
- Aceite de oliva para la fritura

Preparación

Lavar los huevos, secarlos y separar las yemas de las claras, reservando estas para otra preparación. Trabajar las yemas con el azúcar hasta que la mezcla se vuelva más clara y esponjosa. Lavar y cepillar el limón.

Elaboración

En un cazo echar la leche junto con la piel de limón y la canela. Ponerlo al fuego y llevar la leche al punto de ebullición, retirarla del fuego y reservarla tapada para que no se forme nata en la superficie. En otro cazo, se echan las yemas y el azúcar y, se incorpora la harina, previamente diluida aparte con un poco de leche. Mezclar el conjunto y, cuando esté bien unido, se va vertiendo la leche caliente poco a poco, de tal manera que cada vez que se añada leche se trabaje bien hasta que esta quede absorbida en la masa, y así sucesivamente se va trabajando hasta que hayamos vertido toda la leche sobre la masa y esté totalmente incorporada. Poner el cazo a fuego lento, removiendo la masa sin cesar para que no se pegue al fondo y moviéndola deprisa con el batidor para que no se formen grumos. Cuando la pasta llegue al punto de ebullición, cocerla durante un par de minutos. Retirar el cazo del fuego, sacar la barrita de canela y la piel de limón y verter la pasta en una fuente plana y lisa (previamente engrasada con un poco de aceite de oliva) y extenderla por igual, de tal manera que la masa quede lisa en la superficie y con un grosor no superior a un centímetro y medio. Dejarla enfriar y meterla luego en el frigorífico tapada. Esta pasta se puede preparar de un

día para otro. En el momento de la fritura se corta la masa con un cuchillo con buen filo en trocitos regulares cuadrados de 4 × 4 centímetros (tamaño ración) y se van pasando ligeramente por harina y justo en el mismo momento de la fritura se pasan por abundante huevo ligeramente batido. En una sartén se echa aceite abundante y media cáscara de limón, se pone a calentar a fuego medio y cuando está caliente el aceite se van echando los trozos de crema, que previamente habremos rebozado, y se fríen en este aceite caliente (véase normas de fritura). Dorados los trozos de crema, se van sacando de la sartén uno a uno y, con cuidado para que no se rompan, se escurren bien del aceite y se van colocando sobre papel de cocina en una fuente.

Presentación

A la hora de presentar los dulces a la mesa se pasan por una mezcla de azúcar y canela y se colocan en una fuente de servicio.

Nota

Si el aceite de la fritura se pone oscuro hay que renovarlo y quitar la espuma de la sartén que se va formando en la superficie.

Natillas

Ingredientes

- 4 yemas de huevo
- 100 g de azúcar
- ½ litro de leche entera ecológica
- ½ barrita de canela en caña
- Canela en polvo para espolvorear
- Un trozo grande de cáscara de limón (solo la parte amarilla)
- 4 bizcochos de espuma

Preparación

Lavar los huevos, secarlos y separar las yemas de las claras, reservando estas para otra preparación. Trabajar las yemas con el azúcar hasta que la mezcla se vuelva más clara y esponjosa. Lavar y cepillar el limón.

Elaboración

Poner a hervir la leche en un cazo junto con la barrita de canela en rama y la piel de limón. Retirar la leche del fuego, cuando llegue al punto de ebullición taparla y reservarla. Echar la leche caliente, (¡ojo!, no hirviendo) encima de las yemas y, sin dejar de remover, unir bien la preparación. Se pone la crema al baño María y se va dando vueltas, removiendo sin cesar con una cuchara siempre en el mismo sentido de giro para que la crema no se corte y llegando bien al fondo del recipiente.

Cuando la espuma que se forma en la superficie de la crema desaparece y al sacar la cuchara se percibe que está cubierta por una ligera capa delgada aterciopelada, las natillas han llegado a un espesor medio y están en su punto óptimo. ¡Ojo!, las natillas en ningún momento deben llegar a hervir. Retirar la crema del baño María, pasarla por un colador y dejarla enfriar en un recipiente de cristal, removiendo con frecuencia hasta que esté fría para evitar que se forme nata en la superficie.

Presentación

Presentar las natillas en boles o platos individuales, colocando encima unos bizcochos y espolvoreando con canela en polvo.

Nota

Las natillas en ningún momento deben llegar al punto de ebullición ya que se cortarían, hay unos segundos que determinan el punto exacto, este se adquiere con la experiencia pero es el momento más importante de la preparación, ya que si lo traspasamos el paso siguiente es pasar al punto de ebullición e inmediatamente la crema se corta.

Tortas, pastas y galletas

Ingredientes

- 2 huevos más una yema para pintar
- 250 g de harina
- 125 g de azúcar
- 60 g de pasas sultanas o Corinto
- 60 g de nueces cortadas en trocitos pequeños
- 100 ml de aceite de oliva virgen extra
- 1 sobre doble de gasificante El Tigre sin endulzar
- Piel rallada de un cuarto de limón
- 1 bolsita de té
- 2 cucharadas soperas de ron moreno
- Azúcar y canela en polvo para espolvorear

Preparación

Limpiar y lavar las pasas y ponerlas en infusión dentro de una taza de té hirviendo. Añadirles el ron moreno y dejarlas en infusión, al menos una media hora. Cortar las nueces en trocitos y reservarlas. Lavar el limón con agua y frotarlo con un cepillo. Rallar la cuarta parte de su piel y reservarla. Tamizar la harina en un bol y mezclarle el gasificante y los trocitos de nuez. Batir los huevos con el azúcar y la piel rallada de limón; echar el aceite y seguir batiendo la mezcla hasta que se haya incorporado. Hacer un hueco en el centro de la harina y echar dentro la mezcla de huevos y aceite, poco a poco se va atrayendo la harina hacia el centro hasta unir bien la preparación y conseguir una masa fina que no se pegue a las manos, pero a la vez resulte blandita. Finalmente, incorporar las uvas pasas maceradas bien escurridas y unirlas a la masa. Hacer una bola y dejar reposar un poco.

Modelado

Precalentar el horno a una temperatura de 180 °C. Coger trocitos pequeños de pasta y formar una bola aplastándola entre las dos manos hasta conseguir un disco. Depositarlos en la bandeja del horno, que previamente se habrá engrasado con aceite y espolvoreado de harina. Batir la yema de huevo restante, diluirla con una cucharada de leche y pincelar con ella la parte superior de la galleta. Meter a horno precalentado y cocer solamente hasta que las galletas estén rubias. Sacarlas del horno y dejarlas enfriar en rejilla.

Torta casera de limón

Ingredientes

- 3 huevos de 70 g cada uno
- 125 g de azúcar
- 100 ml de aceite de oliva virgen extra
- 100 ml de leche
- La piel rallada de dos limones
- 2 sobres dobles de gasificante El Tigre sin endulzar
- 400 g de harina
- Canela en polvo y azúcar a partes iguales para espolvorear por encima

Preparación

Engrasar ligeramente un molde rectangular bajo para bizcocho y espolvorearlo con harina, dándole la vuelta para que caiga la harina que sobra. Mezclar la harina y el gasificante.

Lavar los limones, frotarlos con un cepillo y rallar la piel. Separar las yemas y las claras y colocarlas en dos boles distintos. Añadir a las yemas 100 g de azúcar y batirlas trabajándolas hasta conseguir que el azúcar se haya disuelto y la mezcla se vuelva más clara y esponjosa. Rallar encima de las yemas la piel de los limones y seguir batiendo hasta unir bien la preparación. Incorporar el aceite en la pasta y después echar la leche y unir bien. Precalentar el horno a 150 °C. Batir las claras a punto de nieve con una pizca de sal. Cuando las claras estén bien duras incorporarles los 25 g de azúcar restante y batir enérgicamente para unir bien el azúcar con el punto de nieve, evitando que bajen las claras. Incorporarlas a la crema anterior junto con la harina, uniendo bien la preparación con una espátula hasta que la pasta esté como una crema espesa. Se vierte la pasta enseguida sobre el molde, se reparte por igual y se espolvorea la superficie con azúcar y canela en polvo. Meter en el horno durante unos treinta minutos. Verificar el punto de cocción antes de sacar la torta del horno pinchando en el centro con la punta de un cuchillo; si esta sale sin restos de pasta es señal de que la torta está cocida. Sacar el molde del horno cuando la torta esté ligeramente dorada y dejarla enfriar, después se trocea.

Roscos de San Antonio

Ingredientes

- 250 g de harina
- 125 ml de aceite de oliva virgen extra
- 70 ml de vino blanco dulce
- 25 g de azúcar (opcional)
- 1 cucharadita de semillas de anís
- Una pizca de canela en polvo
- Una pizca de sal
- Una tira de piel de limón
- Un sobre doble de gasificante El Tigre sin endulzar

Preparación

Poner una sartén a fuego suave, echar el aceite y la piel de limón, lavada, cepillada y seca. Freírla suavemente unos instantes y retirar la sartén del fuego. Añadirle las semillas de anís y dejar enfriar el aceite. Tamizar la harina en un bol, hacer un hueco en el centro y echar dentro el aceite colado, el vino, el azúcar, la sal y el gasificante o el bicarbonato. Incorporar la harina atrayéndola al centro, poco a poco, hasta conseguir una masa suave que pueda trabajarse con las manos. La masa tiene que resultar blandita pero a su vez no debe pegarse a las manos. Tapar la masa con un paño y dejarla reposar durante una hora en sitio fresco.

Modelado de los roscos

Encender el horno a 200 °C. Preparar una bandeja para horno forrándola con papel repostero. Engrasarla ligeramente con aceite y espolvorearla con harina.

Colocar la masa encima de una mesa de cocina espolvoreada de harina y separar pellizcos de la masa haciendo con las manos unos roscos pequeños, no muy gruesos y con el agujero del centro más bien grande, ya que al cocerlos aumentan de tamaño y puede cerrarse.

Colocar los roscos en una bandeja del horno y cocerlos hasta que estén dorados, alrededor de 8-10 minutos. Sacar los roscos del horno y dejarlos enfriar en rejilla. Una vez fríos, se pasan por azúcar glas y se envuelven en papeles de seda tipo polvorón.

Tortas de moño

Ingredientes

¼ kg de masa de pan

100 g de azúcar

150 ml de aceite de oliva virgen extra

4 huevos

Una naranja y una manzana a trozos

Anís en grano al gusto

250 ml del agua de cocer la naranja, la manzana y los anises

Harina: la necesaria

Una pizca de levadura de panadero

Preparación

Se echan en un cazo 350 ml de agua, la naranja, la manzana y el anís en grano. Se lleva el agua al punto de ebullición y se deja cocer unos cinco minutos hasta que el agua ha tomado el color y aroma de las frutas. Retirar el cazo del fuego, colar la infusión y reservarla al calor. Batir los huevos junto con el azúcar hasta dejar la mezcla espumosa. Disponer la masa de pan en un recipiente hondo, añadir 250 ml de agua de la infusión a 25 °C (templada) y deshacer poco a poco la masa de pan, bien con un batidor o con la mano (seguir el mismo procedimiento que las tortas mallorcas, véase receta).

Cuando la masa esté en su punto, se vuelca sobre la mesa previamente espolvoreada de harina, se aplasta con las manos para quitarle el aire y romperla, y se le da unos golpes para que la masa adquiera cuerpo y correa. La masa debe trabajarse mucho hasta que adquiere elasticidad. Bien trabajada, se vuelve a poner en el recipiente donde estaba antes para que vuelva a levar.
La segunda vez la masa leva mucho antes que la primera, necesitando alrededor de un par de horas, según la temperatura ambiente. ¡Ojo!, la masa no debe pasar el límite de fermentación. Cuando empieza a agrietarse es señal de que ha alcanzado el punto más alto. El punto exacto se aprende a conocerlo cuando se hace una sola vez.

Modelado

Se vuelca la masa sobre la mesa espolvoreada previamente de harina y se separan trozos de 250 g. Se hacen unas bolas, se les da forma de pan y se van colocando encima de papel de horno a la medida de la torta, engrasado ligeramente con aceite y espolvoreado de harina. Colocar las tortas dentro de una bandeja de horno, coger un pellizco de masa de la parte superior de la torta, tornearlo, darle la forma de un moñito y pintar la superficie con yema de huevo disuelta en una cucharada sopera de agua. Dejar reposar las tortas en sitio templado cuidando de que no les dé el aire, hasta que vuelvan a subir de nuevo. Se meten al horno previamente precalentado 20 minutos antes a 180 °C y se hornean durante unos 45 minutos hasta que se doren. Vigilar las tortas para que no se quemen. Al sacarlas del horno, se espolvorean con azúcar fino y se dejan enfriar en rejilla.

Bollos de leche

Ingredientes

- 2 huevos, más una yema para pintar
- 100 g de azúcar
- 150 ml de leche
- 125 ml de aceite virgen extra
- 15 g de levadura de panadero
- 1 pizca grande de sal
- 500 g de harina

Empezar por la elaboración del fermento o primera masa

Disolver la levadura en 50 ml de leche tibia y añadirle 75 g de harina. Mezclar ambos ingredientes hasta obtener una masa blanda y lisa. Poner en un bol enharinado, cortar la superficie de la masa en forma de cruz, tapar con un paño de cocina húmedo y dejar levar unos 30 minutos en un sitio tibio (entre 20 y 25 °C) hasta que el fermento haya duplicado su volumen y la cruz se haya borrado.

Preparación de la segunda masa

Batir los huevos junto con el azúcar hasta dejar la mezcla espumosa. Tamizar el resto de la harina en un bol junto con la pizca de sal. Hacer un hueco en el medio y poner en el centro los dos huevos batidos con el azúcar. Unir los huevos con la harina, añadiendo poco a poco la leche restante y amasarlo hasta confeccionar una masa fina y bien trabajada. Añadir la primera masa (si está en su punto y si no, esperar hasta que esté) a la segunda. Trabajar ambas masas con fuerza encima de la mesa de cocina, de forma que se mezclen perfectamente y la masa resultante se despegue de las manos. Si es necesario se añadirá más harina. Cuando esté lisa y elástica, incorporar el aceite en tres veces, amasando bien cada vez que lo echemos y trabajando esta hasta que el aceite se haya incorporado. Añadir más harina si fuera necesario, ya que la masa no debe pegarse en las manos pero a la vez debe resultar blandita. Hacer una bola y echarla en una vasija honda, tapar con un paño húmedo de cocina y dejarla crecer en un sitio tibio con cuidado de que no le dé el aire, hasta que haya doblado o triplicado su volumen.

Modelado

Cuando la masa esté en su punto, se vuelca sobre la mesa previamente espolvoreada de harina y se aplasta para quitarle el aire y romperla. Cortar unos trozos de pasta del tamaño de una naranja mediana de 80 g de peso y darles la forma que más guste: redondos, alargados, ovalados. Pincelarlos por encima con yema de huevo diluida en una cucharada de agua y colocar los bollos encima de una bandeja de horno engrasada ligeramente con aceite y espolvoreada de harina. Dejar levar los bollos y en cuanto hayan duplicado su volumen se meten a cocer en el horno precalentado a 210 °C durante unos 15 minutos hasta que estén dorados. Sacar los bollos del horno y dejarlos enfriar en rejilla.

Pan dulce de pasas y nueces

Ingredientes

- 2 huevos, más una yema para pintar
- 75 g de pasas sultanas o Corinto
- 75 g de nueces
- 80 g de azúcar
- 100 ml de leche
- 100 ml de aceite virgen extra
- 15 g de levadura de panadero
- Una pizca grande de sal
- 400 g de harina
- 20 ml de ron (2 cucharadas)

Empezar por la elaboración del fermento o primera masa

Disolver la levadura en 50 ml de leche tibia. Añadir 75 g de harina. Mezclar hasta obtener una masa blanda y lisa. Poner en un bol enharinado, cortar la superficie de la masa en forma de cruz, tapar con un paño de cocina húmedo. Dejar levar unos 30 minutos en un sitio tibio (entre 20 y 25 °C) hasta que ha duplicado su volumen y la cruz se haya borrado.

Preparación de la segunda masa

Batir los huevos junto con el azúcar. Tamizar el resto de la harina en un bol junto con la pizca de sal. Unir los huevos con la harina añadiendo poco a poco la leche restante. Amasar hasta confeccionar una masa fina y bien trabajada y añadirle la primera masa o fermento (seguir los mismos pasos que en el bollo de leche). Cortar las nueces en trocitos. Lavar las uvas pasas, secarlas, ponerlas junto con las nueces y rociarlas con el ron. Dejar las frutas en maceración hasta el momento de incorporarlas a la masa.

Modelado

Cuando la masa esté en su punto, se vuelca sobre la mesa previamente espolvoreada de harina y se aplasta para quitarle el aire y romperla. Incorporar las uvas pasas y nueces, espolvoreadas de harina para que no se depositen en el fondo y unirlas bien hasta conseguir que todos los ingredientes estén incorporados y formen una masa homogénea. Engrasar ligeramente con aceite un molde rectangular de bordes altos como el utilizado para el pan de molde. Adelgazar la masa dándole una forma alargada igual a la largura del molde, con cuidado de no sobrepasar 1/3 de la altura del mismo y colocarla dentro del molde. Pincelar la superficie del pan con yema de huevo diluida en una cucharada de agua y dejar levar la masa en un sitio tibio hasta que haya duplicado su volumen.

Precalentar el horno a 210 °C. Meter el molde en el horno caliente alrededor de unos 30 minutos. Pasado este tiempo, verificar el punto de cocción con la punta de un cuchillo, si esta sale limpia sin restos de masa es señal de que el pan está cocido. Sacar el molde del horno, desmoldarlo y dejarlo enfriar en una rejilla.

Bizcocho al limón

Ingredientes para la base (6 personas)

5 huevos

125 g de azúcar

125 g de harina floja tamizada

50 ml de aceite de oliva virgen extra (5 cucharadas)

1 sobre de gasificante El Tigre sin endulzar

1 limón ecológico

1 pizca de sal

Para el almíbar al limón

2 limones ecológicos

60 g de azúcar

Elaboración

Precalentar el horno a 180 °C. Engrasar ligeramente un molde rectangular alto para bizcocho, poner una hoja de papel repostero a la medida en el fondo y espolvorearlo con harina, dándole la vuelta para que caiga la harina que sobra. Mezclar la harina y el gasificante.

Lavar los limones, frotarlos con un cepillo y exprimir el zumo de dos de ellos. Colarlo y disolver los 60 g de azúcar para el almíbar. Reservarlo hasta el momento de bañar el bizcocho. Reservar el otro limón para la elaboración del bizcocho.

Separar las yemas y las claras de tres de los huevos y colocarlas en dos boles distintos. Añadir dos huevos enteros a las yemas y 100 g de azúcar. Batir los huevos con el azúcar hasta conseguir que el azúcar se haya disuelto y la mezcla esté espumosa. Rallar encima de los huevos la piel de un limón y añadirle tres cucharadas soperas de zumo del mismo y el aceite. Seguir batiendo hasta unir bien la preparación.

Batir las claras a punto de nieve con una pizca de sal. Cuando las claras estén bien duras incorporarles los 25 g de azúcar restante y batir enérgicamente para unir bien el azúcar con el punto de nieve, evitando que bajen las claras.

Incorporar a los huevos las claras a punto de nieve y la harina tamizada; poco a poco, ambos ingredientes deben incorporarse a la vez y con movimientos envolventes suaves y delicados. Unir a los huevos con una espátula, nunca un batidor, claras y harina hasta conseguir una pasta homogénea. ¡Ojo!, no se debe batir la pasta. Se vierte la crema en el molde que tenemos preparado y se mete a cocer al horno en la parte media, alrededor de 30-35 minutos, vigilando el bizcocho hasta que esté ligeramente dorado. Verificar el punto de cocción a los 30 minutos pinchando en el centro del bizcocho con la punta de un cuchillo, si esta sale sin restos de pasta es señal de que el bizcocho está cocido. Sacar el molde del horno y dejar enfriar el bizcocho en una rejilla unos 10 minutos.

Rociar la parte superior del bizcocho con el almíbar al limón, vertiendo el jarabe lentamente con una chuchara sopera. ¡Ojo!, el bizcocho debe quedar empapado solo en la superficie del mismo, sin que el jarabe llegue a calar a las capas intermedias.

Tarta de queso italiana

Ingredientes para la base

4 huevos

150 g de azúcar

50 ml de aceite de oliva virgen extra (5 cucharadas)

300 g de ricotta

1 limón ecológico, piel rallada y zumo

Para el glaseado de la tarta

125 g de mermelada de mora (véase la receta de Mermelada de mora)

2 cucharadas de agua

Unas gotas de zumo de limón

Preparación

Precalentar el horno a 200 °C. Preparar un molde de 26 cm. de diámetro. Lavar el limón, cepillarlo, rallar la piel y exprimir el zumo. Separar las claras de las yemas y reservarlas por separado. Echar las yemas en un bol junto con el aceite y el azúcar, trabajar los ingredientes con una espátula hasta que la mezcla se vuelva más clara y esponjosa. Mezclar con la batidora el queso, el zumo de limón y la ralladura del mismo. Triturarlo bien hasta conseguir una crema suave y homogénea. Añadirlo en el preparado de las yemas y mezclar bien. Montar las claras a punto de nieve e incorporarlas delicadamente en la preparación anterior. Unir los dos preparados hasta obtener una crema suave y homogénea.

Verter la crema resultante sobre el molde preparado y meterlo en el horno, bajando la temperatura del mismo a 150 °C. Dejar cocer la tarta pausadamente, alrededor de unos 20-25 minutos o hasta que la crema esté cuajada. Verificar el punto de cocción de la misma con la punta de un cuchillo; si esta sale limpia, sin restos de crema, es señal de que la crema está cuajada. La tarta debe sacarse del horno cuando tiene la textura de un flan y está ligeramente blandita. Sacar el molde del horno, dejar enfriar la tarta y reservarla tapada en el frigorífico hasta el momento de presentarla a la mesa. En el momento de servir la tarta, glasearla con una capa de mermelada de mora rebajada con dos cucharadas de agua y un chorrito de zumo de limón.

Glaseado de la tarta

Echar en un cazo la mermelada junto con las dos cucharadas de agua y las gotas de limón. Poner a fuego moderado hasta que llegue al punto de ebullición, bajar la temperatura y dejar que hierva a fuego lento 1-2 minutos removiendo hasta unir bien el conjunto. Retirar el cazo del fuego y verter sobre la superficie de la tarta extendiendo el glaseado con un cuchillo, para igualar bien la superficie.

Nota

Si estamos en temporada de fresas se pueden añadir estas a la composición. Para ello cogeremos medio kilogramo de fresas bien limpias, se trocean en láminas y se ponen a macerar un ratito con unas cucharadas de azúcar y un chorrito de zumo de limón. En el momento de servir la tarta se cubre la superficie con estas láminas y finalmente se glasean por encima con la mermelada de mora, como hemos indicado.

Tortada rellena

Ingredientes para el bizcocho

4 huevos

150 g de azúcar

75 g de almendras ralladas

50 g de harina fina

Piel rallada de limón ecológico (solo la superficie amarilla)

Una pizca de canela

Una pizca de sal para batir las claras

Para el almíbar al ron

60 ml de agua mineral

60 g de azúcar

Piel de limón ecológico (solo la superficie amarilla)

1 cucharada sopera de ron moreno

Para la crema de relleno

2 yemas de huevo

125 g de azúcar

50 ml de agua mineral

50 g de almendras ralladas

Preparación del bizcocho

Preparar un molde desmontable para tartas de 22-24 cm de diámetro. Cortar un disco de papel de horno del diámetro del molde y colocarlo en el fondo. Engrasarlo ligeramente con aceite, espolvorearlo con harina y darle la vuelta hacia abajo para que caiga la harina que sobra. Lavar y cepillar el limón y rallar su piel. Rallar las almendras y reservarlas. Limpiar los huevos, secarlos y separar las yemas de las claras y reservarlas en dos boles distintos. Echar en un bol las yemas, la piel rallada del limón y el azúcar (reservando de este dos cucharadas para montar después las claras) y trabajar las yemas con el azúcar hasta que la mezcla se vuelva más clara y esponjosa.
Incorporar la almendra rallada, unir hasta conseguir una pasta homogénea y reservarla. Encender el horno a 150 °C. Montar las claras a punto de nieve con una pizca de sal. Cuando estén bien firmes y hayan aumentado de volumen, incorporarles el azúcar que habíamos reservado y seguir batiendo hasta unir bien el azúcar con el punto de nieve, evitando que bajen las claras. Incorporar las claras a la crema anterior y a la vez se va echando la harina previamente tamizada, en forma de lluvia, echando primero una tercera parte y luego el resto y uniendo a la vez bien los dos preparados con la harina, con movimientos envolventes y sin batir la pasta. ¡Ojo!, hay que actuar con rapidez pero removiendo poco y muy suavemente la masa. Rápidamente, se vierte la preparación en el molde reservado y se mete en la parte media del horno. Cocer el bizcocho alrededor de unos 45-50 minutos vigilándolo para que no se queme. Verificar el punto de cocción

con la punta de un cuchillo, si esta sale limpia, sin restos de masa, es señal de que el bizcocho está cocido. Sacar la tarta del horno, desmoldar y dejar enfriar en una rejilla. Cuando la tarta esté fría separarla en dos discos iguales utilizando un cuchillo largo y de filo fino.

Almíbar ligero

Echar el agua, el azúcar y la corteza de limón en un cazo. Ponerlo a fuego suave y llevar el agua al punto de ebullición. Hervirlo durante unos tres minutos hasta conseguir un almíbar clarito, retirar el cazo del fuego, dejar el almíbar enfriar un poco y pasarlo por un colador fino y cuando esté tibio añadirle el ron.

Crema de relleno

Poner el azúcar a hervir en 50 ml de agua hasta que llegue a unos 110 °C, alrededor de unos 6-8 minutos. Comprobar este punto vertiendo una gota de almíbar en un vaso de agua fría, la gota tiene que formar una bolita en el agua del vaso.

Echar las yemas de huevo en un cazo, batirlas y verter el almíbar tibio poco a poco, para evitar que las yemas se corten y unirlos bien. Poner el cazo al fuego a baño María y cocer la crema hasta espesarla un poco, revolviendo deprisa con un batidor y llegando bien al fondo y las paredes del cazo para que no se peguen las yemas. En su punto, retirar la crema del fuego y añadirle las almendras tostadas y reducidas a polvo. Unir bien la preparación y utilizarla enseguida.

Montaje de la tarta

En primer lugar rociar con el almíbar la base del disco inferior de la tarta, vertiendo el jarabe lentamente con una chuchara sopera. ¡Ojo!, el bizcocho tiene que quedar empapado solo en la superficie del mismo, sin que el jarabe llegue a calar a las capas intermedias.

Cubrir esta base con una capa de crema y colocarle encima el otro disco de bizcocho, dejando la tarta en su primitiva forma. Aplicar por toda la superficie una capa fina de glaseado de naranja caliente y extenderlo finamente, acentuando ligeramente el reborde circular superior. Si gusta, también podemos aplicar una ligera capa de chocolate de cobertura fundido sobre esta base de glaseado. Conservar la tarta tapada hasta el momento de ser consumida.

Nota

Esta tarta no necesita conservarse en el frigorífico.

Brazo de gitano

Ingredientes para el bizcocho

4 huevos

120 g de azúcar

60 g de harina

Vainilla en polvo

Piel rallada de medio limón ecológico

Una pizca de sal

Para la crema

3 yemas de huevo

125 g de azúcar

50 g de harina

350 ml de leche entera ecológica

Piel rallada de medio limón ecológico

Un trocito de vaina de vainilla

Preparación de la crema

Lavar los huevos, secarlos y separar las yemas de las claras, reservando estas para otra preparación. Trabajar las yemas con el azúcar hasta que la mezcla se vuelva más clara y esponjosa. Lavar y cepillar el limón. Diluir la harina en unas cucharadas de leche.

Elaboración de la crema

Poner a hervir la leche en un cazo repostero, junto con la barrita de canela en rama y la piel de limón. Retirar la leche del fuego cuando llegue al punto de ebullición, taparla y reservarla. Echar la leche caliente (¡ojo!, no hirviendo), encima de las yemas y sin dejar de remover, unir bien la preparación. Añadirle la harina diluida y unirla a las yemas y la leche. Se pone la crema a fuego suave y se va dando vueltas, removiendo sin cesar con una cuchara, siempre en el mismo sentido de giro para que la crema no se corte y llegando bien al fondo del recipiente. Cuando la crema llegue a un punto de espesor (¡ojo!, no debe llegar a hervir), retirarla del fuego y pasarla por un colador chino, verterla en un bol y dejarla enfriar. Remover la crema de vez en cuando hasta que esté fría para evitar la formación de una telilla en la superficie y se conserve fina. Reservarla hasta el momento de ser utilizada.

Elaboración del bizcocho

Separar las claras de las yemas y reservarlas en dos boles distintos.

Preparación de la bandeja del horno.

Forrar el fondo de la placa del horno con una hoja de papel vegetal, engrasarla ligeramente y espolvorearla con harina. Echar en el bol de las yemas una pizca de vainilla y el azúcar (reservar de este dos cucharadas para montar después las claras) y trabajarlas hasta que la mezcla se vuelva más clara y esponjosa. Precalentar el horno a 160 °C. Montar las claras a punto de nieve con una pizca de sal. Cuando estén bien duras y hayan aumentado de volumen, añadir el azúcar que tenemos reservado. Seguir batiendo, e inmediatamente, incorporar las claras a la preparación anterior, a la vez que se incorpora la harina en forma de lluvia previamente tamizada, echando primero una tercera parte y luego el resto. Con una espátula se van mezclando ambos preparados, sin batir, y de abajo arriba, con cuidado y mimo. ¡Ojo!, hay que unir bien ambos preparados con movimientos envolventes y operando con rapidez; el preparado tiene que mezclarse suavemente ya que este pierde su consistencia esponjosa. Verter la pasta enseguida en la bandeja de horno preparada, extender la masa de manera uniforme con una espátula, alisando la crema y meter la bandeja, rápidamente, en el horno, precalentado de antemano a 160 °C en la parte media, para que el bizcocho se esponje más. Cocer el bizcocho durante unos 10-15 minutos hasta que se vea un tono ligeramente dorado y vigilarlo para que no se queme. Verificar el punto de cocción. ¡Ojo!, como la capa de pasta es fina, se cuece enseguida. En su punto, sacar el bizcocho del horno.

Cuando el bizcocho está fuera del horno, hay que actuar con rapidez y tenerlo todo preparado. Preparar de antemano un paño húmedo con agua y perfectamente escurrido (hay que extraer bien toda el agua). Sacar el bizcocho del horno y ponerle encima de la masa el paño humedecido. Darle la vuelta al bizcocho y posarlo sobre la mesa de cocina. Enrollarlo sobre sí mismo, con el paño sin apretar, con el fin de que adquiera flexibilidad y no se rompa al rellenarlo después. Dejarlo enfriar enrollado.

Montaje del brazo de gitano

Desenrollar el bizcocho con cuidado y despegar el papel vegetal adherido, humedeciendo este, si se precisa, con un pincel mojado. Cubrirlo por encima con una capa de la crema reservada y volverlo a enrollar de nuevo y envolverlo en papel repostero hasta que esté frío. Una vez frío el bizcocho, cortar los dos cabos o extremos al bies y espolvorearlo por encima con azúcar glas y reservarlo tapado en un sitio fresco. Si se desea se puede decorar la superficie haciéndole unos dibujos. Para ello calentaremos un cuchillo al rojo vivo o un hierro candente y quemando el azúcar se forma el dibujo que se quiera.

Carne de membrillo

Ingredientes

2 kg de membrillos muy sanos y en su punto óptimo de madurez

Azúcar (el mismo peso que los membrillos una vez bien pelados y limpios)

Preparación

Limpiar los membrillos, frotarlos bien para quitar la pelusa, lavarlos y colocarlos en un recipiente amplio.

Elaboración

Se cubren los membrillos de agua fría y se pone el recipiente a fuego medio. Cuando el agua empieza a hervir se dejan cocer los membrillos, vigilándolos hasta que estén blandos al tacto y se pueda atravesar la carne con un tenedor. El proceso de cocción dura alrededor de 30-40 minutos, según el tamaño de los membrillos. Una vez cocidos retirar el recipiente del fuego, sacar los membrillos y pelarlos en caliente extrayéndoles la pulpa y desechando el corazón. Trocearlos y pasar la pulpa por el pasapurés, no con la batidora. Se pesa el puré obtenido y se calcula la misma cantidad de azúcar, es decir, el mismo peso de azúcar que la de pasta de membrillo obtenida.

En una cazuela para confituras, echar el azúcar junto con el puré de membrillos, mezclar bien ambos ingredientes y poner la cazuela destapada a fuego lento. Remover la pasta con frecuencia con una cuchara de mango largo, raspando bien hasta el fondo para que no se pegue la pasta. ¡Ojo!, hay que tener mucho cuidado en el momento de dar la vuelta a la pasta, ya que al espesar hace una especie de volcanes que pueden llegar a salpicarnos y quemarnos. Cuando la carne de membrillo, al darle la vuelta, forme una especie de surcos y tenga buena consistencia, es señal que está en su punto. Este proceso suele durar hacia la hora y media. Retirar la cazuela del fuego y echar la pasta caliente en recipientes más bien planos o cajas metálicas cubiertos con papel de cocina y mantener los recipientes en un lugar seco y aireado. Mantenerlos así durante unos días, hasta que la capa de arriba esté seca y firme al tacto. Tarda unos cuantos días en endurecer la capa superior. La carne de membrillo está en su punto cuando forma un bloque compacto y se puede cortar fácilmente. Una vez secos los bloques se pueden guardar envueltos en papel repostero conservándose durante mucho tiempo.

Nota

La carne de membrillo puede enmohecerse si se guarda antes de que esté bien seca.

Mermelada de moras

Ingredientes

1,5 kg de moras

Azúcar, según peso del puré de moras obtenido

200 ml de agua mineral

El zumo de un limón

Preparación

Coger moras en su punto óptimo de madurez. Limpiarlas y lavarlas muy bien, en varias aguas, hasta que esta salga limpia y dejarlas escurrir. Este proceso tiene que hacerse muy bien para que la mermelada no salga con hojitas o cualquier otro resto de desecho. Lavar el limón y exprimir el zumo.

Elaboración

En una cazuela para confitura echar las moras junto con los 200 ml de agua, poner la cazuela al fuego y calentar hasta que el agua llegue al punto de ebullición. Cocer las moras durante unos cinco minutos y retirar la cazuela del fuego. Triturar las moras con la batidora de mano y pasarlas por el colador chino, apretando bien la pasta con una espátula para extraer bien todo el jugo. Se pesa el puré obtenido y se calcula la misma cantidad de azúcar, es decir, igual peso de azúcar que de puré de moras. En la cazuela de confitura (limpia) se echan el azúcar, el jugo de moras y el zumo de limón. Poner la cazuela al fuego y dejar cocer la confitura lentamente, durante unos 45 minutos, removiendo con frecuencia para que no se pegue. Transcurrido este tiempo, verificar el punto final de la mermelada. Para ello, se vierte una cucharadita de dulce sobre un plato frío y se deja enfriar en el frigorífico. Si después de fría la mermelada no se desliza en el plato, es señal de que está en su punto, en caso contrario, continuar la cocción de la misma y probar de nuevo. En su punto verter la mermelada en tarros previamente esterilizados, llenándolos completamente y tapándolos en caliente.

Mermelada de naranja amarga

Ingredientes

- 1 kg de naranjas
- 1 naranja amarga
- 2 limones
- 1 kg de azúcar
- 350 ml de agua mineral

Preparación

Lavar y cepillar las naranjas y limones. Secar y rallar las cortezas de las naranjas, excepto la naranja amarga y ponerlas a hervir en un cazo con abundante agua. Hervir las pieles durante cinco minutos y retirarlas del fuego, escurrirlas y pasarlas debajo del grifo de agua fría. Escurrir de nuevo y reservar en un bol. Quitar la piel blanca que cubre las naranjas con un cuchillo económico, cortar la pulpa de las naranjas en rodajas, después picarlas finamente y reservarla en un bol. Exprimir el zumo de los dos limones y echarlo sobre la pulpa de las naranjas. Lavar la naranja amarga y cortar la piel en tiritas y luego en trocitos pequeños.

Elaboración

Empezar elaborando un almíbar. Echar en una cazuela para confitura el azúcar junto con los 350 ml de agua. Poner la cazuela al fuego y calentar hasta que el agua llegue al punto de ebullición. Incorporar en el almíbar la ralladura de las naranjas, la pulpa troceada, la pulpa de la naranja amarga y las trocitos de su piel y la pizca de canela. Dar unas vueltas y dejar hacer la mermelada, lentamente, unos 60 minutos, removiéndola con frecuencia, para que no se pegue al fondo de la cazuela. Transcurrido ese tiempo, verificar el punto final de la mermelada. En su punto óptimo, retirar la cazuela del fuego y verter la mermelada en tarros previamente esterilizados y tapar los tarros, de inmediato, en caliente.

Menús festivos

Sopa suprema

Ingredientes para el caldo (6 personas)

1 pechuga de pollo grande

Dos zanahorias

Dos puerros

Una ramita de apio (opcional)

Una cebolla pequeña

Sal yodada y pimienta

Para la sopa

1,5 litros de caldo de ave

Dos huevos cocidos duros

Dos cucharadas de vino blanco ajerezado

50 g de jamón ibérico

50-75 g de carne de ave cocida, que la sacaremos del caldo de ave

½ trufa vegetal

Preparar los ingredientes para el caldo de pollo

Limpiar la pechuga de grasa y pieles y lavarla debajo del agua del grifo. Raspar y lavar las zanahorias, rallarlas y reservarlas en un bol. Limpiar los puerros, quitar la capa externa, abrir bien las hojas del extremo que está más verde para quitarles todo resto de tierra y lavarlos debajo del agua del grifo. Cortarlos en trocitos pequeños y reservarlos junto con las zanahorias. Limpiar y lavar la rama del apio, ponerla con las demás verduras. Pelar la cebolla y cortarla a rodajas.

Elaboración del caldo de pollo

Poner a hervir tres litros de agua en una olla. Cuando el agua llegue al punto de ebullición se echa la carne y se espera a que el agua vuelva a hervir de nuevo para quitar la «espuma» que se forma en la superficie del agua. Esta operación es importante y sirve para extraer todas las impurezas que se forman en la superficie del caldo. ¡Ojo!, espumarlo bien, ya que todo ello transmite mal sabor a la sopa. Añadirle todas las verduras reservadas y dejar hervir el caldo pausadamente alrededor de 60 minutos, según la dureza del ave. Si se desea acortar los tiempos de cocción se puede utilizar una olla a presión.

Transcurrido el tiempo de cocción, retirar la olla del fuego, pasar el caldo por el colador y reservar la carne en un plato para que se enfríe. Extraer la carne de ave que hemos cocido, reservarla y mantenerla en el frigorífico hasta el momento de hacer la sopa suprema. Este caldo debe hacerse el día antes y conservarlo en el frigorífico para poder desengrasarlo bien.

Antes de ser utilizado el caldo tendremos que volverlo a colar con la finalidad de desengrasarlo, es decir, retirar la capa de grasa que se haya formado en la superficie. Con este caldo se elabora la sopa suprema.

Preparación de la sopa suprema

Lavar los huevos y ponerlos a cocer en un cazo durante 10-12 minutos. Sacarlos, pasarlos por agua fría, pelar y reservar. Cortar el jamón a trocitos pequeños. Sacar del frigorífico la carne de pollo reservada y cortarla a cuadritos.

Elaboración de la sopa

Separar las yemas de las claras, estas las reservaremos para otra preparación. En un mortero se machacan las dos yemas de huevo duro. Desleir poco a poco con caldo de ave hasta conseguir una salsita muy homogénea.

Poner una sartén al fuego y engrasarla ligeramente con unas gotitas de aceite. Poner los cuadraditos de jamón en la sartén, dar unas vueltas, sacarlos y ponerlos sobre papel blanco de cocina para que suelten la grasa que sobra. En la misma sartén, poner una cucharada de aceite si se precisa y rehogar ligeramente los trocitos de la carne de ave. Sacarla y ponerla sobre papel blanco de cocina.

En una cazuela se pone el caldo de ave y en cuanto rompa a hervir se incorporan las yemas de huevo y las dos cucharadas de vino blanco ajerezado. Retirar la cazuela del fuego e incorporar el jamón, la carne de ave y la trufa vegetal, muy picadita en el mortero. Comprobar el punto de sal y pimienta, y rectificar si es preciso.

Presentación

Presentar la sopa muy calentita en una bonita sopera y servirla en tazas de consomé.

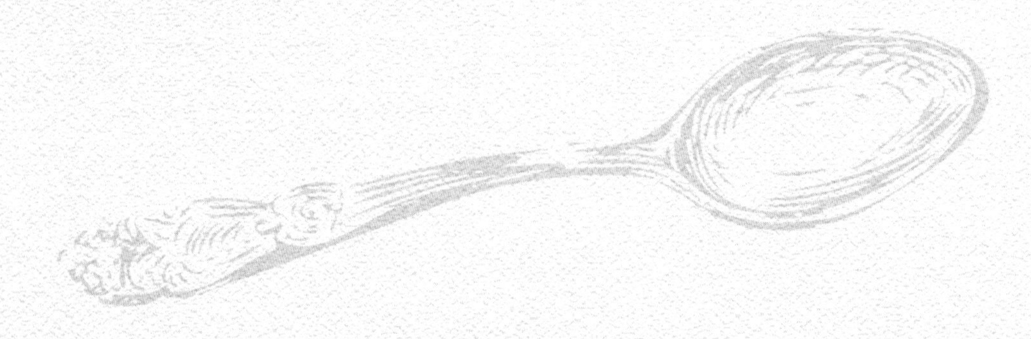

Pollo relleno trufado con castañas glaseadas

Ingredientes para el pollo (6-8 personas)

1 pollo de corral de 2-3 kg limpio

100 ml de buen vino blanco seco

50 ml de aceite de oliva virgen extra (5 cucharadas)

Sal yodada y pimienta

Para el relleno

300 g de ternera

200 g de lomo de cerdo sin grasa

50 g de jamón de Teruel

50 ml de Jerez oloroso

2 yemas de huevo duro

Un trocito de trufa vegetal (se puede adquirir en tiendas especializadas)

Una pizca de nuez moscada rallada

Sal yodada y pimienta negra recién molida

Glaseado de las castañas, para acompañar la carne

24 castañas

20 ml de aceite de oliva virgen extra (2 cucharadas)

7 g de azúcar moreno

Preparación

Pedir al carnicero que deshuese el pollo dejándole solo los huesos de las alas.

Empezar por la preparación del relleno

La noche anterior a que se vaya a cocinar el ave, picar las carnes: ternera, lomo de cerdo y jamón. Estas tienen que estar finamente picadas; si es preciso, se pasarán dos veces por la máquina de picar la carne. Poner la carne picada en un bol y sazonarla con sal, pimienta y nuez moscada rallada al gusto. ¡Ojo con la sal!, el jamón aportará la suya al relleno. Amasar la pasta muy bien, para que quede sazonada uniformemente. Probar un poco de carne para ver el punto de salazón, poniéndola previamente a freír en la sartén. Rectificar la carne si fuera necesario. ¡Ojo!, es muy importante darle el punto exacto de salazón al picadillo; por ello es necesario poner las especias y la sal poco a poco, e ir probando las veces necesarias hasta conseguir dar con el punto exacto. Incorporar a la carne las yemas de huevo, el vino de Jerez y la trufa vegetal muy picadita. Unir bien el preparado hasta que resulte una pasta uniforme. Dejar reposar la carne unos 30 minutos para que se armonicen los sabores y quede la carne lista para rellenar el ave. Deshuesado el pollo, se limpia bien el interior y el exterior y después se sazona por dentro, con sal y pimienta, quedando listo para efectuar su relleno. Rellenar el pollo por el buche (parte abierta de arriba) con la pasta preparada y cerrarlo con la piel, cosiéndola. No conviene estirar mucho la piel, pues si queda demasiado tirante corre el riesgo de romperse al cocer y que salga fuera el relleno. Otra manera de cerrar la abertura del pollo es la siguiente: colocar una corteza de pan en la abertura del pollo para que esta mantenga el relleno dentro y evite que este salga fuera, y se termina cosiendo la apertura con una aguja o hilo de bramante muy fino. El relleno debe ocupar el lugar de los huesos, estos solo deben quedar en las alas, como ya se dijo, quedando el resto deshuesado y relleno. Atar todo el pollo con hilo de bramante, como si se tratase de cualquier otro trozo de carne y dejarlo reposar en el frigorífico tapado toda la noche.

Elaboración

A la mañana siguiente: echar el aceite en una cazuela honda y ponerla a fuego suave. Cuando el aceite esté caliente, se introduce el pollo con mucho cuidado, y se le da las vueltas necesarias para que se dore por igual. ¡Ojo!, hay que tener mucho cuidado al darle la vuelta al pollo y, además, no se debe quemar ni el aceite ni el ave. Cuando el pollo empieza a tomar color se pone un poco de sal y pimienta y se añade el vino blanco. Se tapa la cazuela con otra cazuela de igual diámetro para que conserve el vaho y se deja guisar el pollo pausadamente, para que se haga con calma y quede bien cocido por dentro. Darle la vuelta al pollo de vez en cuando y rociar el ave con su propio jugo hasta que esté tierno. Si es necesario, se le añadirá un poco de caldo. Rectificar de sal y pimienta, si se precisa.

Mientras se está guisando el ave, se glasean las castañas. Se eligen castañas muy sanas y hermosas, se hace una pequeña incisión en la piel de cada una de ellas con la punta de un cuchillo fino y se van echando en una cazuela con agua fría ligeramente salada. Poner la cazuela a fuego lento y en cuanto el agua llegue al punto de ebullición se apaga el fuego y se van sacando las castañas del agua con una espumadera de 4 en 4 cada vez y se les quita la cáscara y la piel. Repetir la misma operación hasta terminar con todas las castañas. ¡Ojo!, las castañas deben pelarse en caliente para que podamos quitar la piel más fácilmente. Una vez peladas, se ponen a cocer al vapor. Retirar las castañas del fuego en cuanto se las pueda traspasar con la punta de un cuchillo fácilmente. Echar el aceite y el azúcar en una sartén, poner a fuego suave y añadir las castañas y freírlas lentamente, hasta que estén glaseadas.

Presentación

Depositar el pollo entero, en una fuente ovalada, decorarlo con las castañas glaseadas alrededor y acompañarlo con la salsa muy caliente servida aparte. Cortar la carne en filetes finos.

Nota

Este pollo tiene que hacerse con anticipación, pues debe cortarse en frío. Una vez que el pollo esté frío, quitarle el hilo de bramante y presentarlo a la mesa.

Crema helada con peras en almíbar y salsa de chocolate caliente

Ingredientes para la crema

- 1 litro de leche entera ecológica
- 8 yemas de huevo
- 300 g de azúcar
- 50 g de chocolate de cobertura negra
- ½ vaina de vainilla

Para la guarnición

- 1,5 kg de peras maduras de carne firme
- 300 g de azúcar
- 500 ml de agua
- ½ vaina de vainilla

Preparación de la crema

Hervir la leche en un cazo junto con la vaina de vainilla. Retirar el cazo del fuego cuando la leche llegue al punto de ebullición, taparla y reservarla un poco. Mientras tanto batir las yemas con el azúcar hasta que la mezcla se vuelva más pálida y esponjosa. Echarles la leche caliente encima, sin dejar de remover para unir bien la preparación, y poner la crema al baño María. Retirar la crema en su punto óptimo. ¡Ojo!, la crema no debe hervir (seguir el mismo procedimiento que la receta de natillas, véase receta). Colar la crema y reservar la cuarta parte para confeccionar la salsa de chocolate después y dejarla enfriar. Poner la crema (excepto la que tenemos reservada para la salsa de chocolate) bien fría en heladora o, en su defecto, echarla en un molde o recipiente vidriado que soporte el frío y meterlo en el congelador del frigorífico. Mover con frecuencia la crema para evitar que se formen cristales, hasta que la crema haya tomado consistencia. Bien trabado el helado y en su punto, no remover más. Reservarlo en el congelador hasta el momento de ser utilizado.

Preparación de la salsa de chocolate

Poner el chocolate de cobertura en un recipiente al baño María hasta que esté fundido. ¡Ojo!, el agua del baño no debe hervir y la cobertura no debe pasar de los 32 °C de temperatura ya que esta pierde brillo y textura. Añadir el chocolate fundido a la cuarta parte de la crema que tenemos reservada. Unir bien ambos preparados hasta que el chocolate esté bien incorporado a la crema y esté uniforme. Conservarla en frío hasta el momento de ser utilizada, en que la pondremos al baño María con el agua caliente sin que llegue a hervir.

Preparación de las peras en almíbar

Pelar las peras y partirlas por la mitad en el sentido de la largura, quitarles las semillas y el corazón. Preparar un almíbar a fuego lento con el azúcar, el agua y la vainilla partida por la mitad en un cazo repostero. Arrimar al fuego y en cuanto el agua llegue al punto de ebullición, echar las peras. Taparlas y cocerlas a fuego muy lento hasta que las peras estén tiernas pero a la vez enteras, comprobar el punto de cocción. Retirar el cazo del fuego y depositar las peras en un bol. Echarles el jarabe por encima y dejarlas enfriar. Conservarlas en el frigorífico una vez que estén frías hasta el momento de ser utilizadas.

Presentación

Disponer el helado en platos de postre acompañado de las peras bien escurridas y secas, y vertiendo la salsa de chocolate caliente por encima del helado y las peras.

Sopa de pescado

Para el caldo de pescado (6 personas)

1 cabeza de merluza

1 cabeza de rape

2 dientes de ajos con la piel roja

Un manojito de hierbas aromáticas (laurel, hinojo)

2 litros de agua y sal

Para el sofrito

½ cebolla

½ tomate

½ diente de ajo

30 ml de aceite de oliva virgen extra (3 cucharadas)

Para la sopa

1,5 litros de caldo de pescado

300 g de rape limpio sin espinas

100 g de gambas

100 g de almejas finas

2 cigalas por persona

¼ de guisantes frescos con la vaina

Una zanahoria

2 huevos duros

Un par de rebanadas finas de pan duro cortado a cuadritos

Perejil

Una pizca de pimentón dulce

Sal yodada y pimienta

Preparación

Preparar los ingredientes para el caldo. Limpiar bien el pescado (cabeza de merluza, congrio, etc.).

Empezar por la elaboración del caldo de pescado

Poner los ingredientes indicados para el caldo en una cazuela junto con los dos litros de agua y un poco de sal. Arrimar la cazuela al fuego y en cuanto el agua levante el hervor, se espuma bien el caldo para quitar las impurezas, se tapa la cazuela y se deja hacer lentamente unos 20-25 minutos a fuego suave. Apartar la cazuela del fuego, dejar reposar el caldo un poco y pasarlo por un colador fino.

Mantenerlo caliente y tapado hasta el momento de incorporarlo a la sopa. Desechar los restos de pescado. Mientras se hace el caldo, preparar los ingredientes para la elaboración de la sopa. limpiar el rape y lavarlo. Lavar las almejas, cigalas y gambas. Pelar la cebolla y rallarla. Lavar el tomate y rallarlo. Pelar el ajo, partirlo por la mitad y rallar solo una parte. Raspar la zanahoria, lavarla y cortarla en cuadritos muy pequeños. Desgranar los guisantes. Lavar el perejil.

Elaboración de la sopa

Lavar los huevos y ponerlos a cocer en un cazo durante 10-12 minutos. Sacarlos, pasarlos por agua fría, pelarlos, cortarlos en cuadraditos pequeños y reservarlos. Mientras tanto, se echa el aceite en una cazuela y se pone a calentar a fuego suave.

Cuando esté caliente el aceite, se echa la cebolla rallada, se saltea rehogándola y dándole unas vueltas y antes de que tome color, incorporarle el tomate y el ajo picado. Rehogarlo un poco durante unos cinco minutos, añadirle una puntita de pimentón (ojo con el pimentón, no quemarlo) e inmediatamente incorporarle 1,75 litros de caldo de pescado hirviendo que habíamos reservado. Subir la intensidad del fuego para restablecer la ebullición lo antes posible, e inmediatamente incorporar los guisantes y zanahorias y seguir cociendo las verduras durante unos 10 minutos a fuego suave hasta que estén *al dente*. Añadir al caldo el rape, las gambas y cigalas y hervirlo todo justo cuatro minutos desde que rompe a hervir el caldo. Probar el punto de sal y rectificar si fuera necesario. Retirar la cazuela del fuego y sacar las gambas, cigalas y rape del caldo. Pelar las gambas y cigalas y reservar solo las colas. Cortarlas en trocitos pequeños y reservarlas. Desmenuzar el rape y reservarlo junto con el marisco.

Poner las almejas con un par de cucharadas de agua al fuego, en un recipiente tapado y cocerlas al vapor. Sacarlas del agua en cuanto se abran. Reservarlas hasta el momento de introducirlas en la sopa. Colar el caldo que soltaron al abrirse e incorporarlo a la sopa.

Calentar de nuevo el caldo de pescado y cuando llegue al punto de ebullición incorporar el rape y todos los mariscos, almejas y el caldo que soltaron al abrirlas y los huevos duros. Retirar la cazuela del fuego sin que llegue de nuevo a hervir y servir la sopa de inmediato.

Presentación

Presentar la sopa muy calentita en una bonita sopera y servirla en tazas de consomé. Acompañarla de pan tostado bajo el grill del horno, poner por encima perejil cortado a tijera.

Pescado relleno

Ingredientes para la merluza (6 personas)

1,5 kg de merluza cogida de la parte de la cola

1 limón cortado en rodajas finas

Miga de pan desmenuzada para espolvorear por encima

Sal yodada y pimienta

Para el relleno

200 g de gambas

2 yemas de huevo

1 cucharada sopera de aceite de oliva virgen extra

Unas hojitas de perejil

Para el sofrito

50 ml de aceite de oliva virgen extra (5 cucharadas)

2 dientes de ajo

Unas hojitas de perejil

Para condimentar

Sal yodada, pimienta y una pizca de nuez moscada

Preparación

Pedir al pescadero que quite todas las escamas de la merluza y espinas de los costados, la limpie bien y la abra por el lado del vientre, haciéndole un corte desde arriba. Debe sacar la espina dorsal con cuidado para no romper el pescado y dejarlo unido por el lomo. Sazonar por dentro con sal, pimienta y unas gotas de limón. Lavar el limón, cepillarlo, secarlo y cortarlo en rodajas finas. Pelar los ajos y cortarlos a láminas. Lavar el perejil y picarlo.

Elaboración de la pasta de relleno

Escaldar las gambas en agua hirviendo durante 2-3 minutos. Sacarlas del agua, dejarlas enfriar y pelarlas. Picar la carne de las colas muy fina, añadirle las yemas de huevo, la cucharada de aceite y unas hojas de perejil. Salpimentar al gusto y darle un toque de nuez moscada. Unir esta preparación hasta conseguir una pasta fina y homogénea. Con este preparado se rellena la cola de pescado en el lugar donde tenía la espina dorsal. Doblar la merluza con el relleno dentro. Hacer unos cortes superficiales, por la parte de arriba de la merluza y en cada corte colocarle una rajita de limón. Untar con aceite de oliva una fuente de horno o besuguera. Disponer el pescado en ella y espolvorear por encima con la miga de pan rallado. Precalentar el horno a 180 °C unos 15 minutos antes de introducir el pescado.

Elaboración del sofrito

Se calienta el aceite en una sartén y se añaden las láminas de ajos. Dar unas vueltas hasta que el ajo esté transparente, retirar la sartén del fuego e incorporar el perejil. Se vierte el sofrito por encima del pescado y enseguida se mete la fuente al horno durante unos 20-25 minutos, hasta que el pescado esté ligeramente dorado. Retirar la fuente del horno cuando el pescado esté en su punto, es decir, asado y ligeramente doradito. ¡Ojo!, no pasar el punto de cocción del pescado, ya que la carne pierde parte de su jugo y resulta insípida a la hora de comerla. Rociar el pescado con su jugo de vez en cuando para que no se seque.

Presentación

Poner por encima del pescado unas gotas de aceite de oliva y de limón y servir de inmediato en la misma fuente.

Nota

Este plato se puede tener preparado con anticipación y meterlo al horno justo 30 minutos antes de ser consumido. También se puede elaborar con otro tipo de pescado, lubina, besugo, etc.

Tronco de Navidad

Ingredientes para el bizcocho (6-8 personas)

5 huevos

150 g de azúcar

150 g de harina tamizada

50 g de mantequilla

Una pizca de vainilla en polvo

Una pizca de sal

Para el relleno

100 g de chocolate de cobertura negro

100 g de chocolate de cobertura con leche

100 g de mantequilla

300 g de crema de castañas dulce (véase receta de crema de castañas)

Una pizca de vainilla en polvo

Para el almíbar

50 ml de agua mineral

50 g de azúcar

Un trocito de vainilla

20 ml de ron (2 cucharadas)

Para el glaseado del tronco

1 cucharada de agua

125 g de chocolate de cobertura negro

Preparación del bizcocho

Separar las claras de las yemas y reservarlas en dos boles distintos. Cortar el chocolate en pedazos. Cortar la mantequilla blanda en cubitos.

Preparación de la bandeja del horno

Poner una hoja de papel vegetal en el fondo de la bandeja de horno, engrasarla ligeramente con una nuez de mantequilla y espolvorearla con harina.

Elaboración del bizcocho

Precalentar el horno a 160 °C. Batir las cinco yemas de huevo, la pizca de vainilla y el azúcar (reservando de este dos cucharadas para montar después las claras). Trabajar las yemas hasta que la mezcla se vuelva más clara y esponjosa. Incorporar la mantequilla en las yemas y unir bien todos los elementos hasta que resulte una crema uniforme. Aparte, montar las claras a punto de nieve con una pizca de sal. Cuando las claras estén bien duras y hayan aumentado de volumen, añadirles el azúcar que tenemos reservado. Seguir batiendo e inmediatamente incorporar las claras a la preparación anterior, a la vez que se incorpora la harina en forma de lluvia, previamente tamizada, echando primero una tercera parte y luego el resto.
Con una espátula se van mezclando ambos preparados sin batir y de abajo a arriba con cuidado y mimo.

¡Ojo!, hay que unir bien ambos preparados con movimientos envolventes y operando con rapidez; el preparado debe mezclarse suavemente ya que este pierde su consistencia esponjosa. Verter la pasta enseguida en la bandeja de horno preparada, extender la masa de manera uniforme con una espátula, alisando la superficie y meter la bandeja rápidamente en el horno, precalentado de antemano a 160 °C, en la parte media para que el bizcocho esponje más. Cocer el bizcocho durante unos 15 minutos, hasta que se vea un tono ligeramente dorado y vigilándolo para que no se queme. Verificar el punto de cocción. ¡Ojo!, como la capa de pasta es fina, se cuece enseguida. En su punto, sacar el bizcocho del horno.

Cuando el bizcocho está fuera del horno, hay que actuar con rapidez y tenerlo todo preparado. Preparar de antemano un paño húmedo con agua y perfectamente escurrido (hay que extraer bien toda el agua). Sacar el bizcocho del horno y ponerle encima de la masa el paño humedecido. Darle la vuelta al bizcocho y posarlo sobre la mesa de cocina. Enrollarlo sobre sí mismo, con el paño sin apretar, con el fin de que adquiera flexibilidad y no se rompa al rellenarlo y dejarlo enfriar enrollado. Mientras se enfría el bizcocho, elaborar una masa para trufas con los ingredientes indicados.

Elaboración del relleno

Con las dos coberturas de chocolate, la mantequilla y la crema de castañas elaborar una pasta de trufas (véase receta de trufas de castaña y chocolate).

Elaboración del almíbar al ron

En un cazo para repostería, echar el azúcar, el agua y la vaina de vainilla partida por la mitad. Ponerla a fuego lento y cuando el agua llegue al punto de ebullición, hervirla durante tres minutos. Retirar el cazo del fuego y dejar el almíbar enfriar un poco. Cuando el almíbar esté tibio, añadirle los 20 ml de ron y mezclarlo bien.

Montaje del tronco

Desenrollar el bizcocho con cuidado y despegar el papel vegetal adherido, humedeciéndolo si es preciso con un pincel mojado. Regar ligeramente con el jarabe al ron la parte del bizcocho donde estaba el papel, ayudándonos con una cuchara. ¡Ojo!, no empaparlo. Después, cubrirlo con una capa de pasta de trufa encima y volverlo a enrollar de nuevo y envolver el tronco en papel repostero hasta que esté frío. Una vez frío, cortar los dos cabos o extremos al bies y reservarlo tapado en un sitio fresco.

Preparación del glaseado de chocolate

Para glasear bien el tronco es muy importante que el bizcocho esté relleno y frío en el momento en que vayamos a glasearlo.

Recortar un cartón de la medida del tronco y colocar el bizcocho enrollado sobre el cartón. A su vez, colocar el cartón y el bizcocho sobre una plancha pastelera.

Elaboración del chocolate

En un cazo de repostería se echan la cobertura de chocolate y una cucharada de agua y se pone el cazo al baño María a fuego lento. Remover el chocolate con una espátula repostera hasta que la cobertura esté fundida. ¡Ojo!, el agua del baño no debe hervir y la cobertura no debe pasar de 32 °C. Cuando la cobertura tenga la consistencia deseada, es decir, esté lisa, templada y espesa pero a su vez un poco fundida, verterla lentamente sobre la parte central de la superficie del tronco, justo en medio. Distribuir el glaseado uniformemente sobre toda la superficie con una paleta, alisándola y llegando hacia los bordes que se deslice regularmente para cubrir bien los lados. Hay que dejarlo bien cubierto por encima y por los costados. Unificar la superficie con la espátula y alisar los bordes. ¡Ojo!, hay que actuar con rapidez ya que el chocolate al perder temperatura se endurece enseguida. Cuando todo el tronco esté cubierto de chocolate, cortar rápidamente los restos que se han derramado sobre la plancha con la ayuda de un cuchillo y pasar una espátula metálica ancha por debajo del pastel para despegarlo del cartón y poderlo transportar después a la fuente de servicio, cuando el glaseado se haya endurecido. Guardar el tronco bien envuelto en papel repostero, en sitio fresco, hasta el momento de ser consumido. En el momento de presentar el tronco a la mesa retirar el papel repostero.

Presentación

Presentar el tronco posado en una bonita bandeja rectangular adornado en un extremo con tres trufas de chocolate hechas con la pasta del relleno.

Nota

Este tronco se debe hacer el día antes de consumirlo y bañarlo de chocolate el mismo día que se vaya a consumir.

Índice alfabético de recetas

A

B

C

E

F

G

H

R

S